도마복음서 연구

도마복음 연구 시리즈 2

도마복음서 연구

1983년 5월 30일 초판 1쇄 발행
2023년 5월 30일 개정판 1쇄 발행

지 은 이 | 김용옥
펴 낸 이 | 조성진
펴 낸 곳 | 도서출판 예술과영성
등   록 | 제2017-000147호(2017년 11월 13일)
주   소 | 서울시 중구 퇴계로 30길 29 4층 407
전   화 | (02) 921-2958
홈페이지 | www.artmin.org

ISBN 979-11-983321-1-0 04200
ISBN 979-11-983321-0-3 (도마복음 연구 시리즈)

도마복음 연구 시리즈 2

도마복음서 연구

김용옥 지음

예술과영성

재 출 간 에   부 쳐

1945년 12월 이집트의 한 마을에서 나그함마디(Nag Hammadi) 문서가 발견되면서 도마복음서도 세상에 널리 알려지기 시작했다. 그런데 1964년도에 한국인으로서는 처음으로 도마복음을 연구 주제로 하여 박사학위를 받았다고 한다면, 이것은 매우 빠른 연도이다. 그 주인공은 다름 아닌 1965~1981년까지 감리교신학대학에서 신약학을 가르친 김용옥 학장(1923~1981)이다.

2,000년대 들어 국내에서도 도마복음에 관한 책들의 번역과 연구가 상당히 증가했다. 그런데 아쉬운 것은 한국 도마복음(영지주의 포함) 연구자들조차 김용옥 학장이 쓴 이 책의 존재를 알지 못하는 경우가 허다하였다. 그래서 마침 (사)한국영성예술협회(Korea Association of Spirituality & Arts: KASA)의 창립10주년에 즈음하여 그 기념으로, 본 협회는 "도마복음연구회"를 설립하면서 이 책의 재출간 계획을 세우게 되었다. 나그함마디 문고가 사막의 굴에 묻혀 잠자고 있다가 1,500년 만에 발견되어 세상에 알려졌다면, 김용옥 학장의『도마복음서 연구』역시 출간 40년 만에 재출간됨으로써 세상에 다시 알려지게 되는 것이다. 은밀한 비밀의 구원 지식은 모두 이러한 운명을 겪는가 보다. 1983년의 출간이 유고집이었기 때문에 세간에서 거의 주목받지 못한 것 같다. 그런데 안타까운 것은 이 책의 서지 사항도 전혀 기록되어 있지 않다. 언제 어디서 발표한 글들인지 도무지 알 수가 없다. 주 내용과 부록으로 3편의 논문과 도마복음 번역이 덜렁 실려 있을 뿐이다.

김용옥 교수가 도마복음 연구로 박사학위를 받았다는 사실은 익히 알려져 있었기 때문에, 지인을 통해 미국 드루대학교(Drew University)에 문의한 결과 1964년에 "*The Christological Problem in the Gospel according to Thomas*"라는 제목으로 학위논문을 제출했음이 확인되었다. 나그함마디 문고가 발굴된 지 20년도 채 안 되는 시점에 한국인이 도마복음서로 학위논문을 썼다는 것 자체가 크게 기념할 만한 일이다. 따라서 이 논문은 한국 도마복음 연구사에 주춧돌 역할을 해야 한다고 생각한다. 『도마복음서 연구』의 주 내용이 도마복음의 '기독론적 문제'인 것으로 볼 때, 이 책은 박사학위 논문의 번역임이 추론 가능하다. 그러나 책의 서지 정보에는 누구의 번역인지 나와 있지 않으며, 한국의 도서관에서는 학위논문이 없어 비교할 수도 없는 실정이다. 그렇지만 거침없는 명쾌한 문체로 보아 아마 저자 자신이 평소에 이미 해놓은 번역일 것 같다.

책은 전체 4장으로 구성된다. 1장에서 저자는 도마복음의 대표적 연구가들의 특징과 도마복음과 영지주의의 관계를 언급한다. 2장은 기독론과 관련된 주제들을 기독론의 특징을 다루기 전에 일반적으로 먼저 다루고 있다. 그것은 하나님의 나라, 종말론, 세계관, 인간관, 구원관 등이다. 3장은 가장 중요한 기독론적 주제들을 다룬다. 4장은 도마복음서 기독론의 특징이며 가장 중요한 장이라고 할 것이다.

결론적으로 한국교회에서는 도마복음서를 영지주의 문서, 심지어 이단 문서라고 왜곡하는 무리들이 아직도 건재하다. 경박한 이해일 뿐이다. 저자는 도마복음서가 기존의 사복음서나 극단적인 영지주의에 대하여 모두 불만을 느끼면서, 오히려 그가 알고 있는 어느 복음서

보다도 예수 말씀의 진정성에 가깝다는 것을 의심하지 않는다. 그러면서 도마복음서가 예수의 말씀의 진정한 의미를 전할 수 있는 가장 좋은 복음서로 만들려고 했다는 것이 김용옥 학장이 이 책에서 밝히고자 하는 논지이다.

끝으로, 도마복음 연구를 위해 아낌없이 지원해 주시는 구자만 박사님(주식회사 신흥지엔티 회장)과 도마복음 연구자들 그리고 출판을 위해 애써주신 도서출판 동연의 김영호 사장님과 직원 여러분께 감사를 드린다.

2023년 5월 KASA 10주년에 즈음하여,
(사)한국영성예술협회

차 례

서 론

논문의 목적, 방법론 및 구조

이 논문의 목적은 나그함마디(Nag-Hammadi) 문서에서 발견된 콥트어 도마복음서의 자료들로부터 기독론을 구성해 보는 일이다. 전통적인 기독교 신학의 경우와 마찬가지로 이 외경 복음서의 기독론이 주요한 핵심적 위치를 차지하고 있다는 점은 두말할 나위도 없다. 이 문서 안에는 우리가 살펴보아야 할 신학적 주제들이 많이 있다. 그러나 그런 주제들은 기독론적인 관점으로부터와 또한 그 관점과 관련해서만 올바로 이해될 수 있다.

좀 더 정확히 말하자면 이 논문의 목적은 이 도마복음서에서는 예수가 어떻게 이해되어 있고 또 어떻게 제시되어 있는가를 살펴보는 것이며, 저자의 예수 이해를 경전복음서들의 예수 이해와 비교하면서[1] 두 종류의 복음서 간에 어떤 유사점이 있고 또 어떤 차이점들이 있는가를 지적하고 평가하는 것이다. 그리고 마지막으로는 도마복음서의 기독론이 갖고 있는 독특한 요소들과 또한 일반적인 요소들을

---

1 R. McL. Wilson의 저서인 *Studies in Gospel of Thomas* (London: A.R. Mowbray and Co. Ltd., 1960), 145가 주로 우리 복음서에 평행 본문이 있는 말씀들에 대해 관심을 집중시키고 있다.

규명해 보고, 도마복음서가 초대 기독교 시대의 신학적 환경 가운데서 어떤 위치에 처해 있는가를 활성지어 보는 데 있다.

필자의 소망은 이 연구를 통해 새로이 발견된 도마복음서를 좀 더 잘 이해하는 데, 그것을 경전복음서들과 비교해봄으로써 경전복음서까지도 좀 더 잘 이해하는 데 도움이 되었으면 하는 것이다. 맨 처음 이 문서가 발견된 이후로 많은 학자들이 이 복음서에 대해 귀중한 연구 작업을 많이 벌려왔지만, 필자가 아는 바로는 도마복음서의 기독론이란 주제에 대한 치밀한 신학적 연구는 별로 없었다. 필자가 많은 학자들의 이전 연구에 크게 힘입었다는 점은 이 논문의 여러 곳에서 분명히 드러나게 될 것이다. 그러나 이 논문은 단지 그들의 연구를 수집하여 다시 소개하는 데 그 뜻이 있는 것이 아니라, 과거의 연구를 비판적으로 더욱 발전시켜서 특히 도마복음서의 기독론 문제와 관련해서 그 문서의 연구에 독자적인 공헌을 이룩해 보려는 데 그 목적이 있다.

이 논문의 목적을 감안해서 다음과 같은 방법론과 구조를 택하기로 했다:

1장은 우선 여러 학자들이 과거에 도마복음서에 대해 어떤 연구를 해 왔는지에 대해 간단히 살펴보게 될 것인데, 그 목적은(아직 중요한 문제들이 미해결로 남아 있기는 하지만) 이제까지 어떤 문제들이 연구되어 왔고, 어떤 연구들이 출판되었는지 그리고 아직 다루어지지 않은 문제들은 어떤 것인지를 알아보기 위한 것이다. 필자는 이런 개론적인 연구를 통해서 일반적으로 도마복음서에 대한 그리고 특히 그 기독론에 대한 신학적 연구의 필요성과 그 의의를 밝히게 되기를 기대하는 바이다. 다음으로는 도마복음서와 영지주의 문제와의 연관성, 초대 기독교회에 대한 보다 나은 이해 그리고 도마복음서와 복음 전승사[2] 간의 관계 등을 알아보기 위해서 도마복음서가 어떤 의의를 갖고 있는지에 대해 논의하게 될 것이다.

이런 중요성을 일단 인정한다고 하더라도 이 문서와 관련된 어려운 문제들이 많이 있다는 사실을 간과해서는 안 된다. 그와 같이 복잡한 자료로부터 신학을 구성하고자 할 경우에는 반드시 그 사실을 염두에 두어야만 한다. 도마복음서와 관련해서 아직 해결되지 아니한 어려운 문제들이 많이 있는데, 그런 문제들 중에는 우선 자료 문제가 있고, 또한 이 복음서의 영지주의적 성격에 관한 문제도 있다. 그중 자료 문제가 가장 큰 문제이며, 그래서 많은 학자가 이 문제를 연구하고 있는데, 흔히 그 결론은 여러 가지로 다르게 나타나고 있다. 마지막으로는 콥트어로 되어 있는 도마복음서와 희랍어로 기록되어 있는 옥시린쿠스 파피루스들 간의 관계에 대해서도 살펴보게 될 것인데, 그것은 이 두 문서의 비교가 이 논문과 관련된 어떤 중요한 문제들을 지시해 줄 것이기 때문이다.

이런 문제들을 고찰하게 되는 주요 이유는 그런 문제들이 도마복음서의 기독론에 대한 방법론적 토론에 관련되어 있기 때문이다.

2장은 주요 토론에 들어가기 위한 예비 조치로 기독론적인 문제들과 관련이 있는 이 복음서의 여러 가지 신학적 주제들을 일반적으로 고찰해 보려고 한다. 왜냐하면 기독론적 주제가 결코 독립된 주제가 아니라 오히려 다른 주제들과 연관되어 있다고 생각되었기 때문이다.

---

2 William Schoedel에 의하면 도마복음서가 이룩한 중요한 공헌은 복음 전승이 발전하게 된 방법에 대한 우리의 이해를 풍부하게 해 주는 것이다("The Rediscovery of Gnosis," *Interpretation*, 16, 1961, 396).

2장에서 논의될 주제들은 하나님 나라, 종말론, 세계관, 인간관, 구원론 등이다. 이런 주제들은 모두가 다 기독론적인 주제와 관련된 것들이며, 그 주제에 핵심을 두고 있는 것들이다. 따라서 그런 주제들을 먼저 이해하지 않고서는 기독론에 대한 주제도 이해할 수가 없을 것이다.

3장 여기서는 기독론적 주제와 밀접히 관련되어 있는 여러 신학적 주제들(2장)에 대한 지식을 배경으로 하여 도마복음서의 기독론적 주제를 광범위하게 다루게 될 것이다. 이 문서의 내용은 우리가 이 문제를 연구하는 데 도움이 될 만한 기독론적 명칭을 전혀 제공하지 않으며 또한 이 문서는 예수의 생애에 관한 자료를 전혀 제시하지 않기 때문에 우리는 대중적인 전기(傳記)조차도 작성할 수가 없을 정도이다. 도마복음서의 기독론적 문제들을 다룰 수 있는 유일한 길은 얼마 되지도 않는 기독론적 주제들을 표현하고 있는 몇몇 개개의 말씀들과 어구들을 골라내어 분석해 보는 일이다. 이런 말씀들 중 어느 것들은 어떤 중요 단어들에 의해 서로 연결되어 있는 것으로 보이는데, 다른 말씀들은 복음서 전반에 산재해 있기 때문에 저자가 논의하고 있는 내용의 논리적 발전을 추적하는 일이 거의 불가능하다. 따라서 관련된 말씀들을 그 말씀들이 편입되어 있는 문맥 속에서 연구하는 일이 필요하지만, 또한 똑같은 주제나 유사한 주제가 나타나 있는 다른 문맥에까지 연구를 확대시키는 일이 필요하다. 우리는 이런 식으로 기독론적 주제에 대해 비교적 포괄적인 설명을 제시할 수 있게 된다. 체계적으로 논의해 나가기 위해서는 관련된 말씀들을 다음과 같은 부제에 따라 분류하고 분석하게 될 것이다. 즉, 예수와 살아계신 분이신 계시자, 지상의 예수와 부활하신 예수, 예수와 성부

(聖父) 그리고 하나님(창조자) 간의 관계, 예수와 '전체'(All) 등의 주제이다.

4장, 이 마지막 장에서는 도마복음서 기독론의 특성 문제를 다루게 된다. 3장에서 기독론적 말씀들의 문학적이며 신학적인 성격을 고찰하였기 때문에 여기서는 도마복음서 기독론의 특성들을 경전복음서 및 영지주의의 관점으로부터 밝히게 될 것이며, 그 복음서가 속하고 있는 신학적 환경을 확정 짓게 될 것이다.

도마복음서에서 두드러지게 나타나 있는 사실 중의 하나는 경전복음서에 나오는 말씀들과 평행을 이루고 있는 말씀들을 많이 포함하고 있다는 사실이다. 그러나 공관복음서 형태의 말씀들은 거의 예외 없이 경전복음서에 나오는 평행 본문과 문헌적으로 동일하지 않다는 점에 주목하게 된다. 필자가 이 도마복음서에 많은 관심을 갖게 된 것이 바로 이 점이다. 도마의 사상을 경전복음서들과 비교하되 복음서에 나오는 말씀들과 경전복음서에 나오는 평행 본문들 간의 차이점과 유사점들을 주의 깊게 살피면서 도마의 사상을 규명하는 일이 중요하다.

특별히 도마의 기독론적 사상들을 요한복음의 사상과 비교하며 평가하는 일에 많은 관심을 기울이게 될 것인데, 그것은 기독론적 사상에 있어서 두 복음서 간에 많은 유사점뿐만 아니라 근본적인 차이점들도 드러나 있기 때문이다. 문헌적으로는 도마복음서에 나오는 많은 말씀들이 공관복음서에 그 평행 본문들을 갖고 있는 것이 사실이다. 그러나 사상의 패턴에 있어서는 요한복음과 도마복음서 사이에 밀접한 연관성이 있다는 것은 흥미 있는 일이다.

문제를 밝혀 규명하기 위해서는 도마의 기독론적 사상을 영지주의에 비추어 살펴보는 것도 필요하다. 왜냐하면 도마복음서가 일반적으로 영지주의적인 것으로 생각되어 있는 나그함마디 문고에서 발견되었기 때문이다. 그러나 중요한 문제는 도마복음서 안에 영지주의적 요소가 얼마나 포함되어 있는가 하는 것을 밝히는 일이다. 만일 우리가 도마복음서를 많은 학자가 그렇게 생각해 왔던 것처럼 영지주의적인 문서라고 생각해야 한다면, 우리는 어느 정도나 그리고 어떤 의미에서 그 복음서가 영지주의적인 문서로 생각될 수 있는가 하는 문제를 밝혀야만 한다.

| 1장 |

도마복음서에 대한
예비적 고찰

I. 도마복음서에 대한 이전의 연구들

나그함마디 문고에서 다른 문서들도 발견되었지만, 그중에서 도마복음서가 발견된 이후로 굉장한 기대와 함께 많은 관심이 이 새로운 복음서에 집중되어 왔다. 많은 학자가 상당한 기대와 호기심을 가지고 이 복음서를 연구해 왔다. 결과적으로 연구의 초기 단계에서는 도마복음서가 경전복음서에 못지않은 가치를 가지고 있다고 생각하여 심지어 '제5복음서'란 명칭을 붙이기도 하였다.

그러나 이런 평가가 정당한 것이 아니라는 점이 곧 발견되었다. 왜냐하면 전체적으로 볼 때 도마복음서의 성격이 경전복음서들과는 아주 다르기 때문이다.[1] 콜린즈(Collins)는 도마복음서에 관한 그의 짧은 논문 가운데서 도마복음서를 제5복음서로 생각하는 그 같은 잘못된 오해를 시정하려고 했었다.[2] 우리가 이 복음서를 면밀히 검토해 본다면 이 문서가 결코 순수한 의미에서의 복음서가 아니라는 점을 분명히 알 수 있게 된다. 왜냐하면 이 복음서에는 설화들이 하나도 없으며, 이적 이야기들도 전혀 없고, 예수의 생애와 사역에 대한 설명도 없고 또한 예수의 수난과 부활에 대한 언급도 전혀 없기 때문이다. 이 문서는 예수의 말씀들을 모아놓은 수집록에 지나지 않는다.[3] 베어(Beare)[4]는 도마복음서 안에 영지주의적 성격이 책 전반에 걸쳐

---

1 B. Gärtner, *The Theology of the Gospel according to Thomas*, Trans, by Eric J. Sharpe (New York: Harper & Brothers, 1961), 11.

2 John J. Collins, "A Fifth Gospel?," *Theology Digest* (1959): 365-367.

3 O. Cullmann, "Gospel of Thomas and Problems of Age of the Tradition," *Interpretation* 16 (1961), 419; Wilson, *Studies in the Gospel of Thomas*, 4.

4 F.W. Beare, "The Gospel according to Thomas — A Gnostic Manual," *Canadian*

분명히 드러나고 있기 때문에 이 책을 '제5복음서'라고 생각하는 것은 우스꽝스런 일이라고 지적하고 있다. 또한 도마복음서가 같은 저자인 도마에 의해 기록된 것으로 생각되는 '유아기 복음서'(Infancy Gospel)5와도 아무런 상관이 없다는 사실이 발견되기도 했다.

그럼에도 불구하고 많은 사람이 이 도마복음서를 나그함마디 문고에서 발견된 모든 문서 가운데서 가장 중요한 문서라고 생각하고 있지만, 그것은 이 복음서 안에 백여 개의 말씀들이 수록되어 있으며, 그것들이 모두 예수의 말씀으로 생각되어 있기 때문이다. 이 말씀들 중 거의 절반 정도만이 경전복음서에 평행 본문으로 나타나 있을 뿐이다.

오직 최근에 와서야 나그함마디 문고의 발견을 통해 도마복음서의 완전한 콥트어 역본이 나타나게 되었지만, 이 복음서는 이미 고대 기독교 문헌의 일부로 되어 있었다.6 주후 230년경에 히폴리터스(Hippolytus)는 자신을 이단으로 보는 생각에 대한 반대 논문(Philosophumena) 가운데서 "도마복음서(τὸ κατὰ θωμᾶν ἐπιγραφομενον εὐαγγέλιον)란 명칭으로 된 문서를 언급하며 인용했었다."7 오리겐(Origen)

Journal of Theology 6 (2, 1960): 102-112.

5 H-Ch. Peuch, *Revue de l'Histoire des Religions*, CLI (1957), 269; A. Guillaumont, "Semitismes dans les logia de Jesus," *Journal Asiatique*, CCXLVI (1958), 181ff; W.C. Till, "New Sayings of Jesus in the recently discovered Coptic Gospel of Thomas," *BJRL*, XLI (1959), 447ff; R. McL. Wilson, "The Coptic Gospel of Thomas," *NTS*, 5(1959), 276.

6 Hennecke-Schneemelcher, *New Testament Apocrypha*, Vol. I, Gospels and Related Writings, Trans. by R. McL. Wilson (Philadelphia: The Westminster Press, 1959), 278; Jean Doresse, *The Secret Books of the Egyptian Gnostics*: An Introduction to the Gnostic Coptic Manuscripts Discovered at Chenoboskiontrans. rev. by Philip Mairet (New York: The Viking Press, 1960), 334; Cullmann, 422.

도 누가복음에 대한 그의 설교 가운데서 도마복음서를 언급한 바 있다.[8] 가이사랴의 유세비우스[9]는 도마복음서(θῶμα εὐαγγέλιον)를 이단적 외경의 범주에 속하는 것으로 생각하였다. 주후 348년에 예루살렘의 시릴(Cyril)은 도마복음서를 잘못 판단했었다. 그는 이 복음서가 열두 사도 중의 한 사람으로부터 나온 것이 아니라, 마니(Mani)의 세 악한 제자 중의 한 사람으로부터 나온 것이라고 하여 기독교인들이 받아들여서는 안 될 책이라고 말하였다.[10] 그는 이 복음서가 마니교도들에 의해 사용되었다고 말하였다. 그러나 이 판단은 잘못된 것이다. 왜냐하면 마니교가 발생하기 이전에 이미 도마복음서가 입증되고 있기 때문이다.[11]

이와 같이 이 도마복음서는 이미 초대 기독교 문서들 가운데서 언급되고 인용되어 왔으며, 때로는 잘못 언급되거나 인용되기도 하였다. 그러나 최근에 와서 콥트어로 기록된 도마복음서가 발견되고 난 이후부터 비로소 도마복음서 연구를 위한 증거를 이용할 수 있게

---

7 "나를 찾는 자는 일곱 살 이상의 어린아이들 가운데서 나를 찾을 것인데 열네 번째 시대에 감추어진 이들을 위해 내가 계시되었기 때문이다"(Hippolytus, Ref. 5, 7, 20. cf. Logion 4.) 그러나 새 문서와 Hippolytus 5, 7, 20이 언급한 도마복음서 간의 관계를 확정 짓기는 어렵다. 왜냐하면 그의 인용이 콥트어 도마복음서에는 같은 것으로 나타나 있지 않기 때문이다.

8 Origen, Luc. hom. I. 5. 13-14 Rauer (Quoted from Hennecke-Schneemelcher, "N.T. Apoc.," 278).

9 Eusebius, *Ecclesiastical History*, III, 25,6 (Quoted from Hennecke-Schneemelcher, *Ibid.*).

10 Doresse, *The Secret Books of the Egyptian Gnostics*, 32.

11 그러나 Doresse는 마니교의 문헌에 나오는 "Kephalaia"에서는 또는 마니의 "Chapter"나 그들의 "Psalms"들에서는 우리의 현재 도마복음서에 나온 인용문들이 많이 있다고 주장한다(Doresse, *The Secret Books of the Egyptian Gnostics*, 336).

되었다. 도마복음서가 특별히 중요한 이유는 우리가 현재 갖고 있는 초기의 외경 복음서 중에서 도마복음서만이 완전한 외경 복음서로[12] 전해지고 있기 때문이다. 물론 19세기 말경으로부터 도마복음서에 대한 희랍어 번역본의 단편들이 옥시린쿠스 파피루스들의 발견을 통해 알려지기는 했었다.[13] 그러나 이런 단편들은 오로지 콥트어 번역본으로부터 부분적으로 재구성될 수 있는 불완전한 문서들이었다.[14]

도마복음서의 연구는 짧은 역사를 갖고 있다. 현재에 이르기까지 유럽이나 미국 등 여러 지역에서 수많은 학자가 계속 이 복음서에 대해 연구해 오고 있다. 그러나 대개의 경우 오직 단편적인 연구만을 해왔다. 즉, 학자들이 자료의 문제를 밝히는 일에만 치중해 왔거나 또는 도마복음서를 오직 영지주의의 눈을 가지고 읽으려고만 하였다.

우리가 여기서 지적할 수 있는 사실은 대체로 보아 도마복음서에 대한 미국 학자들의 연구는 도마복음서에서 공관복음서 이전에 있었던 초기의 복음 전승들을 찾아낼 수 있다는 가능성에 대해 별로 강조하지 않았다는 점이다. 오히려 도마복음서가 경전복음서에 의존되었을 가능성만을 밝히려고 노력하였다.

다른 한편으로 유럽의 학자들은 도마복음서에서 좀 더 오래된 고대 전승(예를 들어 아랍어 전승)을 찾아내는 일에 더 많은 관심을 갖고

---

12 R. M. Grant and D. N. Freedman, *The Secret Sayings of Jesus* (New York:Doubleday and Co. Inc., 1960), 98.

13 옥시린쿠스 파피루스들과 콥트어 도마복음서 간의 관계에 대한 문제는 이 장의 제3항목에서 좀 더 상세히 논의될 것이다.

14 옥시린쿠스 파피루스들과 콥트어 도마복음서가 처음으로 연관된 것은 1954년에 Puech에 의해서였다. cf. J A. Fitzmyer, "The Oxyrhynchus Logia of Jesus and Coptic Gospel of Thomas," *Theological Studies*, 20 (1959), 510.

있는데, 그들은 예수의 순수한 말씀들,[15] 즉 경전복음서와는 독립된 전승으로부터 나온 순수한 예수의 말씀들을 도마복음서에서 더 많이 찾아낼 수 있을 것으로 기대하였다.[16]

여하간 도마복음서에 대한 대부분의 연구는 주로 그 외적인 구조, 개개 말씀의 형성 그리고 그 말씀과 경전복음서에 나온 본문 전승들 간의 관계만을 다룬 반면에 도마복음서의 신학적 성격을 연구하는 데에는 별다른 노력을 기울이지 못했다.

도마복음서의 영지주의적 성격에 관해서는 대부분의 학자가 비록 정도의 차이는 다소 있었을지언정 영지주의적 전제들을 갖고 도마복음서를 읽으려는 경향을 띠고 있었다.[17] 나중에 더 상세히 밝혀지겠지

---

15 Van Unnik은 다음과 같이 말하고 있다. "…초기 기독교인들 가운데서 신약에 기록되지 않은 수많은 예수의 말씀들이 유포되어 있었다는 것이 알려져 왔다." W. C. van Unnik, *Newly Discovered Gnostic Writings* (Naperville, Ill. Alec R. Allenson, Inc., 1960), 47.

16 H. Montefiore는 H. E. W. Turner와 함께 편집한 그의 책 *Thomas and the Evangelists* (Naperville, Il: Alec R. Allenson Inc., 1962), 40-78에서 비유가 말씀의 대부분을 이루고 있다고 말하고, 그 비유를 Jeremias가 말한 '변형의 법칙들'을 따라 분석해 보려고 하였다. 그는 이런 분석으로부터 도마복음서가 공관복음서와는 다른 자료들을 사용했다고 결론짓고 있다. 그러나 그의 공동 편집자였던 Turner는 유대 기독교적 자료를 포함해서 다른 자료들이 사용되었음을 부인하지 않으면서도 도마복음서가 공관복음에 의존해 있다고 강조하고 있는데, 흥미 있는 일이다. cf. L. Cerfaux는 하나님의 나라 비유들에 대한 그의 연구를 확증하고 있는데, 그는 그런 비유들을 모두 공관복음서에 비해 2차적인 것으로 간주하고 있다. L. Cerfaux, "Les Paraboles du Royaume dans L'Évangile de Thomas," *Le Muséon*, 70 (1957), 315ff.

17 Puech는 도마복음서를 도마행전, 다른 외경 복음서들, 교부들의 문헌, 영지주의 및 마니교의 문헌들과 연관시키려고 시도했다. H-Ch. Puech, "Une Collection de Paroles de Jésus récemment retrouveé: L'Évangile selon Thomas," *Comptes Rendus de l'Academie des Inscriptions et Belles Lettres* 2 (1957): 146-168. Kasser의 가설이 흥미롭기는 하지만 설득력은 없다. 그는 도마복음서가 영지주의 찬양시에 근거한 것인데 여러 가지 종류의 부록이 첨가되어 확대되었으며, 나중에 이 자료가 로기아의 수집록으로 확대된 것이라고 생각한다. *Rev. Th. Ph.* (1959), 357ff.

만, 영지주의적 전제들을 억지로 도마복음서에 적용시키거나 혹은 경전복음서들과의 유사점들을 독단적인 방법으로 끌어내는 일은 정당화될 수 없을 것이다. 우리가 주목해야 할 점은 도마복음서가 그 나름의 독특한 특징들을 갖고 있으며, 그런 특징들은 이른바 이단이나 정통과 같은 범주에는 속하지 않는다는 사실이다. 우리는 너무 성급히 그리고 편견을 갖고 도마복음서를 평가하지 말고, 도마복음서를 그 나름대로 읽을 수 있어야 한다. 제 4장에서 밝혀지게 될 사실이지만, 필자 자신의 견해로는 도마복음서가 결코 배타적인 의미에서 정통적인 기독교 문서도 아니며 또한 영지주의적 문서도 아니다. 도마복음서에는 영지주의 사상의 주류와 일치되지 않는 요소들이 있으며 또한 정통적 기독교 사상의 재판도 아니다. 현재로서는 도마복음서가 초대 기독교 시대에 나타난 다른 여러 이단적 운동 중의 한 분파를 보여주고 있는 것이라고 말해야 할 것이다.

II. 도마복음서의 의의

우리가 다음과 같은 질문을 던져볼 수도 있다. 즉, 도마복음서의 기독론 연구가 그렇게도 중요한 이유는 무엇인가? 이 새로운 문서가 일반적인 기독론 연구들에 어떤 빛을 던져줄 수가 있는가? 좀 더 구체적으로 말하자면 신약성서를 연구하는 학도들은 다음과 같은 질문을 해보고자 할 것이다. 즉, 도마복음서가 신약성서 연구에, 특히 기독론 문제에 관해 어떤 공헌을 할 수 있을까 하는 질문이다. 이런 질문들은 한번 꼭 생각해 보아야 할 문제들이다. 왜냐하면 이 논문은 도마복음서가 몇 가지 중요한 점에 있어서 초대 기독교의 기독론 문제에 관한 중요한 지식을 제공하고 있다는 가정에 의해 시작되었기 때문이다. 그러므로 기독론 문제를 논의하기 위한 예비적 연구의 일환으로 도마복음서의 중요한 요점들을 이해하는 일이 우리의 목적을 위해서도 필요하다.

도마복음서의 의의를 여러 가지 방법으로 말할 수가 있을 것이다. 신약성서와 초대교회사를 연구하는 학자들은 도마복음서가 그들의 연구 분야에서 그들이 갖고 있던 지식을 풍성하게 해주었음을 기뻐하고 있다. 그러나 이 항목에서의 필자의 의도는 다른 학자들이 이 문제에 관해 이미 표명했던 견해들은 그냥 번복하는 데 있는 것이 아니라, 도마복음서의 의의를 필자 자신의 관심과 관점으로부터 평가해 보려는 데 있는데, 이것이 바로 이 논문의 동기이기도 했다.

1. 영지주의 문제를 위한 의의

영지주의 문제를 연구하는 데 있어서 도마복음서가 중요한 의의를 갖고 있다는 점에 대해서는 이미 많은 학자가 지적한 바 있다. 대체로 나그함마디의 문서들은 학계로부터 사해 문서만큼이나 많은 관심을 받아 왔다. 역사적인 관점에서 볼 때, 영지주의 운동은 일반적인 교회 역사 가운데서 쿰란의 종파적 운동보다도 훨씬 더 중요하다.

영지주의 운동이 초대 기독교를 이해하는 데 있어 매우 중요하기는 하지만, 수세기가 경과하는 동안 수많은 영지주의 문서들이 사라져버린 것은 유감스런 일이다. 그처럼 영지주의 문서들이 손실되어 버렸기 때문에 영지주의 운동은 극히 부분적으로만 이해되어 왔으며, 흔히는 영지주의 운동에 대한 평가가 많이 왜곡당해 오기도 했다. 그러나 주목해야 할 사실은 영지주의에 대한 단편적인 지식이 주로 영지주의를 반대하는 사람들의 저서들을 통해, 대체로 초대교회의 교부들로부터 나오고 있다는 점이다.[1] 그렇기 때문에 초대 기독교를 위협했던 것으로 언급되어 있는 이 놀라운 이단 운동의 성격에 대해서는 불확실한 점들이 많이 있다.

그런데 이제 나그함마디 문고가 영지주의자들 자신의 말을 담은 문서들을 우리에게 제시하고 있다. 바로 이런 이유 때문에 이런 문서들은 그 유례를 찾아보기 힘든 발견이라고 생각되는 것이다.

---

1 영지주의에 대한 초대 교부들의 설명 중 지금까지 전해 내려오는 것들도 몇 가지 있는데, 예를 들면 다음과 같다. Ephiphanius가 보존했던 "A Letter of Ptolemaeus to Flora"; 알렉산드리아의 Clement가 기록한 "Excerpts from Theodotus"; Origen이 그의 주석서에 포함시킨 "Heracleon's Commentary on the Gospel of St. John"; "Pistis Sophia" 그리고 "Books of Jeu"; 몇몇 외경 복음서들과 외경 사도행전들.

영지주의에 대한 드페(De Faye)의 위대한 연구[2]가 나온 이후로는 초대교회 교부들이 영지주의를 반대하는 사람들에 대해 말해준 내용에 대해 의심하는 것이 거의 관례로 되어 왔다.[3] 그러나 나그함마디의 문서들이 발견된 이후로부터는 영지주의와 관련된 영적인 투쟁과 그 투쟁의 목적에 대해 좀 더 잘 알 수 있는 위치에 나서게 되었다. 이런 중요한 발견으로 인해 이제는 관련된 사실들에 대한 지식을 많이 얻을 수 있게 되었기 때문에 영지주의에 대한 순전히 가설적인 설명에 의존하지 않아도 될 것으로 기대되고 있다.

그러나 여기서 상당히 조심하는 것이 필요하다. 왜냐하면 나그함마디의 문서들, 특히 도마복음서가 발견됨으로 인해서 영지주의에 관한 주제에 대한 많은 지식을 얻게 되었고 또한 우리의 지식에 상당한 수정을 가하기도 했지만, 그렇다고 그 문서가 영지주의에 관한 모든 골칫거리의 문제들을 만족스럽게 다 해결해주는 것은 아니기 때문이다. 그러나 여하간 그 문서들은 우리에게 중요한 사실들을 제공해 주며, 그래서 우리가 영지주의의 문제를 새롭게 연구할 수 있게 해주는 것같이 보인다.

영지주의에 대한 주요 문제는 영지주의의 기원과 발전에 대한 문제이다. 많은 학자가 그 문제에 대해 여러 가지로 많은 해답을 제시하기는 했지만, 그러나 아직도 해결되지 않은 문제들이 남아 있다. 문제가 두 가지의 서로 다른 방법으로 제기되고 있는데, 그중 첫 번째 질문은 영지주의가 기독교적인 이단인가 하는 문제이고, 두 번째

---

2 E. de Faye, *Gnostiques et Gnosticisme* (Paris:Ernest Leroux Éditeur, 1913).

3 H.-Ch. Peuch, G. Quispel, and van Unnik, *The Jung Codex*, trans. and ed. by F.L. Cross (London:A.R. Mowbray and Co. Ltd. 1955), 123.

것은 영지주의가 기독교와는 상관이 없는 운동, 즉 다른 말로 표현하여 이교주의의 한 형태인가 하는 문제이다. 불트만⁴이 영지주의는 기독교 교회 안에서 처음으로 생겨난 현상이 아니라고 주장한 것은 이미 잘 알려진 사실이다. 영지주의의 뿌리는 동방으로부터 헬라 사상에도 침입해온 이원론적 구원 종교에 있다. 다른 한편으로는 영지주의자들이 기독교의 복음을 그 당시의 사상에 일치시키려고 했던 기독교인들이란 주장도 있었다.⁵ 여하간 이런 질문들에 대해 주어졌던 대답들은 여러 가지로 크게 다르다. 이런 전통적인 문제를 설명하는 것이 이 논문의 목적은 아니다. 우리의 목적을 위해 중요하고 또 그 목적에 관련된 일은 일반적으로 나그함마디의 문서들이 그리고 특별히 도마복음서가 과연 그 문제를 밝히는 데 도움을 줄 수 있을는지를 알아보는 일이다.

나그함마디의 문서가 영지주의의 기원을 밝히는 데 어떤 의미가 있는가 하는 문제에 관해서는 두 가지의 주장이 제시되어 왔다. 예를 들어 도레스(Doresse)⁶는 나그함마디의 문서들이 본래는 비기독교적 형태였던 영지주의가 기독교화되어 있는 증거를 보여주고 있다고 주장한다. 이런 주장에 반대하여 그랜트(Grant)는 자신의 견해를 다음과 같이 밝히고 있다: "최소한 도마복음서와 빌립복음서에서 우리는 영지주의를 기독교 이전에 나타난 현상으로 생각해야 할 이유를 찾아볼 수 없다. 그것은 본래 기독교적 기원을 갖고 있는 자료들을 바라보

---

4 R. Bultmann, *Theology of the New Testament*, trans. by Kendrick Grobel (New York:Charles Scribner's Sons, 1951), Vol. I, 109.

5 예를 들어 F. C. Burkitt, *Church and Gnosis* (Cambridge, England, 1932), 27f.

6 Doresse, *The Secret Books of the Egyptian Gnostics*, 300ff.

는 특별한 관점처럼 보인다."7

나그함마디의 문서들에 기독교 이전 시대에 속하는 영지주의적 요소들이 약간 포함되어 있다는 도레스의 주장을 일축해버릴 수는 없다. 그러나 이런 문서 중 어느 것도 주후 2세기 이전에 기록된 것은 하나도 없으며 또한 그 문서들이 모두 이런저런 방법으로 기독교와 접촉을 하고 있기 때문에 그의 주장은 약간의 가능성이 있는 하나의 가설로만 남게 된다. 따라서 이런 문서들이 발견되기는 했지만, 아직도 우리는 기독교 이전의 영지주의에 대한 확고한 증거를 갖고 있지 않다. 특히 도마복음서와 관련해서 기독교 이전의 영지주의에 대한 증거의 가능성은 더욱 희박해지고 있다. 그러나 도마복음서의 저자 혹은 저자들이 본래 기독교적인 사상들을 어느 정도 영지주의화시켰을 것이라는 가능성은 남아 있다.

더욱 중요한 것은 우리가 도마복음서에서는 특수한 형태의 영지주의를 발견할 수 있게 된다는 사실이다. '영지주의'란 용어가 아주 일반적인 그리고 아주 포괄적인 개념이기 때문에 초대 기독교 시대에 나타났던 여러 가지 형태의 절충주의적 운동들을 모두 여기에 포함시킬 수도 있다. 여러 형태의 영지주의 가운데 어느 정도 공통된 요소들이 있기는 하지만, 그렇다고 영지주의가 그 사상 내용에 있어 통일성을8 갖고 있다고 주장할 수는 없다.

도마복음서 안에 나타난 영지주의의 형태가 발렌티안과 바실리디

---

7 R. M. Grant, "Two Gnostic Gospels," *JBL*, 79 (1960), 10.
8 E. Haenchen은 도마복음서가 우리의 영지주의 이해를 수정하고 풍요롭게 할 것임을 알아야 한다고 주장한다. 그러나 그는 우리가 영지주의를 오로지 절충주의로만 혼합주의로만 생각하여 영지주의의 통일성을 잊어버려 왔다고 언급하기도 한다. E. Haenchen, *Die Botschaft des Thomas-Evangeliums* (Berlin:Verlag Alfred Töpelmann, 1960), 68.

안의 영지주의 형태가 아니라는 점에 주목해야 한다. 즉, 도마복음서의 영지주의는 아직 완전히 발전된 영지주의가 아니다. 도마복음서의 신학 사상 중 어떤 점에 있어서 기본적인 영지주의적 요소가 나타나 있다고 말할 수 있다. 도마복음서는 기독교 복음서와의 밀접한 접촉을 보여주고 있는 것으로 보이며, 기독교회와 더불어 좀 더 나은 신학적 이해를 위해 몸부림치고 있다.

따라서 도마복음서의 저자가 자기의 예수 이해를 어떻게 제시해 주고 있는지를 살펴보고, 예수에 대한 이해를 제시하는 데 있어서 도마복음서와 경전복음서들 간에 어떤 차이점이 있고, 어떤 유사점들이 있는지를 규명하고 평가하는 일이 중요하다.

2. 복음 전승사를 위한 의의

앞에서 이미 언급했던 바와 마찬가지로 도마복음서에 있어서 가장 매혹적인 사실은 그 복음서에는 백여 개나 되는 말씀들이 포함되어 있는데, 그 말씀들이 모두 예수의 말씀으로 알려지고 있다는 사실이다. 도마복음서가 가진 이런 독특한 사실 때문에 그 복음서는 나그함마디에서 발견된 다른 문서들과 구별되어 있다. 한스 요나스(Hans Jonas)9는 도마복음서에 나오는 말씀들의 내용을 다음과 같이 분류하고 있다: "20여 개의 말씀들이 약간의 평행 본문을 갖고 있는데, 이 경우에는 단어와 내용에 있어 오직 부분적으로만 일치되어 있다. 그리고 대략 25개의 말씀들은 이미 알려진 로기아를 은연중에 반영하

---

9 Hans Jonas, *The Gnostic Religion* (Boston: Beacon Press, 1963), 308.

고 있으며, 대략 35개의 말씀들은 신약성서에서 전혀 그 흔적을 찾아볼 수가 없다."

도마복음서의 구성이 이렇게 되어 있기 때문에 도마복음서와 복음서 전승 간의 관계에 대한 중요한 문제가 생겨나게 된다. 즉, 도마복음서에는 우리 경전복음서들과는 독립된 예수의 순수한 말씀들이 보존되어 있는가 또는 도마복음서가 우리의 경전복음서에 의존되어 있는 것은 아닌가 하는 문제이다.

퀴스펠(Quispel)[10]은 도마복음서의 중요성이 거기에 독자적인 아주 오래된 복음 전승이 포함되어 있다는 사실에 있다고 주장한다.[11] 그는 도마복음서에 아랍어 전승의 흔적을 찾아낼 수 있으며, 복음서의 가설적 자료인 Q자료도 그 전승으로부터 유래된 것이라고 주장한다. 라이폴트(Leipoldt)[12]는 도마복음서가 경전복음서들과는 독립된 공관복음 전승의 흐름을 이용했다고 주장한다. 몽테피오르(Montefiore)[13]는 도마복음서에 나오는 몇몇 비유들을 분석해 본 후에 도마복음서에 나오는 어떤 비유들은 공관복음서와는 다른 어떤 자료로부터 나왔을 것이라는 견해 쪽으로 기울고 있다.

---

10 G. Quispel, "The Gospel of Thomas and the New Testament," *Vig. Chr.* 11 (1957), 189-207; "Some Remarks on the Gospel of Thomas," *NTS*, 5 (1959), 276-290; "L'Évangile selon Thomas et les Clementines," *Vig. Chr.* 12 (1958), 181-196.

11 Quispel (*Vig. Chr.* 11, 1957, 205)은 65편 로기아에서 하나의 실례를 찾아내서(cf. 눅 20:9-19), 이 비유의 본문이 공관복음서를 알고 있던 저자에게서 나온 것이라 생각할 수는 없다고 말한다. 이 비유가 독립된 전승, 아마도 유대 기독교적 자료로부터 나왔을 가능성이 더 크다. 그는 이 전승이 우리 경전복음서의 영향을 받지 않았으며 또한 경전복음서들을 위한 자료로 이용되지도 않았다고 생각한다.

12 J. Leipoldt, *"Ein neues Evangelium?,"* *TLZ*, 83 (1958), 494ff.

13 Turner · Montefiore, *Thomas and the Evangelists,* 64, 66, 71, 73.

로기아 82편에는 "내게 가까이 있는 자는 누구나 불에 가까이 있으며, 내게로부터 멀리 떨어져 있는 자는 하나님 나라로부터 멀리 떨어져 있다"라는 말씀이 나오는데, 예레미아스(Jeremias)[14]는 그 말씀을 가리키면서 그 말씀이 마가복음 9:49과 12:34을 반영하고 있기 때문에 예수의 순수한 말씀을 나타내는 점에 대해서 의심할 여지가 없다고 주장한다. 더구나 예수는 대구적인 평행 구문을 즐겨 사용하고 있기 때문이다.

헌징거(C. H. Hunzinger)[15]는 다음과 같은 점을 지적하고 있다. 즉, 첫째로 도마복음서의 구조, 둘째로 공관복음서와 비교해볼 때 나타나는 말씀들의 순서의 차이 그리고 셋째로 도마복음서의 저자가 우리 복음서에 흩어져 있는 말씀들을 다시금 배열하고 있는 사실 등의 모든 것들이 도마복음서는 독자적인 전승으로부터 자료를 끌어내고 있음을 암시하고 있다고 주장한다. 바르치(Bartsch)[16]의 입장은 몽테피오르, 헌징거 및 그 외 다른 학자들과 비슷한데, 그는 독자적인 복음 전승을 반영하고 있는 초기 수집의 증거를 도마복음서에 나오는 몇몇 비유들에서 찾아볼 수 있다고 주장한다. 예를 들어본다면 결혼식 손님 비유(로기아 64편), 악한 포도원 농부 비유(로기아 65편), 밭에 감추인 보화 비유(로기아 109편) 등이다.

---

14 J. Jeremias, *Unknown Sayings of Jesus*, trans. by R. H. Fuller (London: S.P.C.K. 1958), 55.

15 C. H. Hunzinger, "Unbekante Gleichnisse Jesu aus dem Thomas Evangelium," "Judentum, Urchristentum, Kirche," Beiheft 26 zur *ZNW* (1960): 209-220; *TLZ*, 85 (1960), 845ff. Hunzinger는 공관복음서에 평행 본문을 갖고 있는 비유들에 특별한 관심을 기울이고 있다.

16 H. W. Bartsch, "Das Thomas Evangelium und die synoptischen Evangelien"; G. Quispel, "Bemerkungen zum Thomas-Evangelium," *NTS* 6 (1960): 249-261.

다른 한편으로는 우리가 도마복음서에 순수한 예수의 말씀을 찾아낼 수 없다고 주장하는 사람들도 있다. 예를 들어 게르트너(Gärtner)는 도마복음서에 나오는 '지금까지 알려지지 않은' 말씀들의 진정성 문제를 다루면서 다음과 같이 말하고 있다: "대부분의 이런 말씀들이 그 복음서를 사용하던 영지주의 그룹에 독특한 종교 사상의 흔적을 분명히 보여주고 있기 때문에 그런 말씀들이 예수의 순수한 말씀이라고 말할 수는 없을 것이다."[17] 그래서 그는 도마복음서가 우리 복음서들에 근거한 영지주의적 저술에 지나지 않는다고 생각한다.[18]

그랜트(Grant)[19]는 도마복음서의 형식에 관한 한, 그 복음서는 진정한 예수의 말씀들을 전하고 있는 인상을 보여준다고 말한다. 그러나 그는 공관복음서에 대한 '형식적' 분석이 진정성 문제를 결정하는 데 있어서는 실제로 아무런 기준도 되지 못한다고 덧붙이고 있다. 더구나 그랜트는 나세네스파(Naassenes)가 말씀들을 인용하고 있는 방법들을 검토한 후에 그리고 그런 검토의 결과로 도마복음서 안에서도 똑같은 방법이 나타나 있음을 발견한 후에는 도마복음서가 예수의 순수한 말씀들을 정확히 소개할 것이라는 가능성에 대해 상당한 의욕을 표명하고 있다.[20]

키(H. C. Kee)는 우리가 도마복음서에서 예수의 순수한 말씀을 발견할 수 있을 것이라고 생각하는 예레미아스의 확신에 도전하여 다음

---

17 Gärtner, *The Theology of the Gospel according to Thomas*, 49.
18 그러나 Gärtner는 그 복음서 안에 순수한 말씀이 약간 있을 가능성을 부인하지는 않는데, 가령 Logia 102, 31, 25, 52와 같은 것들이다(Gärtner, *op. cit.*, 151).
19 Grant · Freedman, *The Secret Sayings of Jesus*, 103.
20 R. M. Grant, "Notes on the Gospel of Thomas," *Vig. Chr.* 13 (1959), 314.

과 같이 말하고 있다: "잘 알려진 공관복음서 자료를 도마복음서가 변형시키고 있는 사실은 잘 알려지지 않는 자료 가운데서 우리가 독자적인 진정한 전승을 찾아볼 수 있다고 생각하는 가정을 배격하고 있다."[21]

도마복음서에서 독자적인, 순수한 예수의 말씀을 찾아볼 수 있다고 주장하려는 사람들은 일반적으로 도마복음서가 우리의 경전복음서들에 의존했을 가능성이 많다고 주장하고 있다. 그래서 게르트너는 다음과 같이 말하고 있다: "… 공관복음서 전승들이 이루어 놓은 토대를 근거로 해서 그 당시의 관습에 따라 그 전승들을 한데 묶어서 동일한 복음서를 제시하려는 시도가 있었던 것으로 보인다."[22] 그랜트는 또 도마복음서가 우리의 복음서들에 의존하고 있을 가능성에 대해서도 많은 관심을 기울이고 있다. [23] 카세르(Kasser)[24]는 깊이 연구하면 할수록 도마복음서가 공관복음서에 의존했다는 사실이 더욱더 분명해진다고 주장하고 있다. 마찬가지로 파이퍼(Piper)는 "콥트어 본문이 공관복음서 본문의 기초가 되고 있는 구전 전승에 근거하고 있다기보다는 오히려 공관복음서 자체에 근거하고 있는 것으로 보인다"고 말한다.[25] 헨첸(Haenchen)[26] 자신의 판단은 도마복음서가 극단적으

---

21 H. C. Kee, "Becoming a Child' in the Gospel of Thomas," *JBL* 82 (1963), 314.

22 Gärtner, *The Theology of the Gospel according to Thomas*, 68.

23 Grant · Freedman, *The Secret Sayings of Jesus*, 106.

24 Rodolphe Kasser, "Les Manuscrits de Nag-Hammádi:faits, documents, problèmes," Rev. Th. Ph. (1959), 364.

25 Otto A. Piper, "Gospel of Thomas," *Princeton Seminary Bulletin,* Vol. 53 (Oct. 1959), 22.

26 E. Haenchen, "Literatur zum Thomas Evangelium," *Theologische Rundschau,* 27 (1961): 147-178.

로 다양한 자료들을 사용하고 있는 것으로 보이지만, 그러나 사실상 가장 중요한 자료는 공관복음서 전승으로부터 나오고 있다는 것이다. 마지막으로 쉬르만(H. Schürmann)27은 그의 최근 논문 가운데서 도마 자신이 복음서 기자 누가가 그의 특수 자료(L)를 끌어냈던 경전 이전 자료들을 자기가 갖고 있었다는 증거를 제시하고 있지 않으며 또한 도마복음서가 누가의 편집에, 즉 경전 누가 복음서에 의존되어 있다고 결론 내리고 있다. 이렇게 학자들의 견해는 도마복음서와 공관복음서 간의 관계에 대해 여전히 일치를 보지 못하고 있다.

필자의 생각으로는 도마복음서 안에 독자적인 전승으로부터 나왔을 자료들이 약간 있었을 가능성(비록 미미하다고 할지라도)을 배제해서는 안 될 것이다. 도마복음서가 우리 경전복음서들에만 의존했다고 말하는 것은 옳지 않은 것으로 보인다. 왜냐하면 경전복음서에서 평행 본문을 찾아볼 수 없는 그런 말씀들이 어느 정도 도마복음서에 나오고 있기 때문이다. 도마복음서에 공관복음서 안의 평행 본문이 없는 말씀들이 나올 때마다 도마가 독자적인 전승을 갖고 있다는 가능성을 (비록 조심은 해야겠지만) 배제하지 말아야 하며, 반면에 도마복음서에 나오는 말씀들이 공관복음서와 약간 다를 경우 그 차이가 공관복음서를 이용한 저자의 편집 활동 때문인 것으로 설명할 수도 있음을 인정해야 할 것이다. 아마도 터너(Turner)의 다음과 같은 말이 옳을 것이다: "도마가 경전복음서 전승을 사용했을 때와 경전 이외의 전승을 사용했을 때의 차이는 생각하기보다 그렇게 큰 것이 아닐 수도 있다. 왜냐하면 도마복음서가 경전복음서 전승에 직접 의존했다

---

27 Heinz Schürmann, "Das Thomasevangelium und des Lukanische Sondergut," *Biblische Zeitschrift* (July, 1963), 259ff.

고 주장하는 사람들도 복음서들의 다른 부분들(비유들 이외)에서 경전 이외의 전승 자료를 사용했을 가능성을 배제하지 않기 때문이다."[28]

자료 문제가 어느 정도까지는 말씀들의 신학적 의미를 밝히는 데 도움이 되기는 하지만, 도마복음서의 기초가 되는 자료 문제를 다루는 것이 이 논문의 목적은 아니다. 그러나 현재로서는 도마복음서의 자료 문제를 해결할 길이 없다. 그럼에도 불구하고 자료 문제를 해결하지 않은 상태에서 계속 도마복음서를 우리의 목적을 위해 다룰 수는 있다. 왜냐하면 자료 문제에 손을 대지 않고서도 현재의 형태 그대로 도마복음서에 대한 신학적 설명을 할 수 있을 것으로 기대되기 때문이다.

도마복음서가 다양한 자료들로부터 구성되었다는 것을 의심하는 사람은 없다. 저자는 여러 자료로부터 재료를 끌어내서 서로 엮었는데, 아마도 자기 자신의 신학적 목적에 따라 그렇게 했을 것으로 보인다. 우리에게 있어서 가장 중요한 문제는 저자의 편집 작업의 기초가 되었을 신학적 의도를 연구해내는 일인데, 아마도 저자의 마음속에선 기독론이 가장 중요한 핵심적 위치를 차지하고 있었을 것이다. 신학적 의도를 연구하는 일은 자료 문제에 대한 연구만큼이나 중요하다. 따라서 여러 가지 자료들을 사용한 도마의 편집 활동 가운데서 저자가

---

28 Turner · Montefiore, *Thomas and the Evangelists*, 39. cf. Wilson, *Studies in the Gospel of Thomas*, 147-148. 또한 102 참조. Wilson은 자료 문제에 관한 한 오히려 좀 더 온건한 입장을 취하고 있는 것으로 보인다. 그는 어느 정도 예수의 순수한 말씀을 포함하고 있을 초기 전승의 요소를 발견해 낼 수 있다는 가능성을 부인하지는 않는다. 그러나 그는 전승 발전의 후기 단계로부터 이런 형태의 말씀들의 형태와 편집 작업이 경전복음서들의 영향을 받았으며 또한 도마복음서가 현재의 형태를 이루게 된 것은 자료 전체를 편집한 영지주의적 편집 방식을 통해서였다고 주장한다.

예수를 어떻게 이해하고 있는지 그리고 그가 그의 복음서에서 예수를 어떻게 제시하려고 뜻하고 있는지를 알아보는 일은 중요하고도 흥미 있는 일이다. 이런 이유 때문에 도마복음서가 기독론 문제에 아주 중요한 의미를 갖고 있는 것이다.

복음서 전승을 이해하는 데 있어서 도마복음서가 중요한 의미를 갖고 있다는 것과 관련해서 우리는 도마복음서가 복음서 비평에 있어서도 중요한 의미를 갖고 있음을 알 수 있다. 도마복음서와 우리의 경전복음서들을 초대 기독교 시대의 절충주의적 세계를 배경으로 연구해봄으로써 우리는 이 새로운 복음서의 성격을 이해하게 될 뿐만 아니라, 우리 복음서에 나오는 예수의 선포의 의미를 더 잘 이해할 수 있게 되기도 할 것이다.

만약 우리는 도마복음서가 우리의 경전복음서에 의존되었다고 생각한다면, 이 점은 문학적인 관점에서 중요한 의미를 갖게 될 것이다. 왜냐하면 우리는 우리의 경전복음서들과 거기에 나오는 예수의 말씀들의 발전에 대해 더 많은 것을 알 수 있게 될 것이기 때문이다. 그러나 만일 도레스(Doresse)[29]가 생각하고 있는 것처럼 도마복음서가 일반적인 복음서 전승과는 다른 복음 전승을 이용했을 가능성을 생각한다면, 우리는 본문 비평을 위해 도마복음서로부터 긍정적인 결과들을 기대할 수 있게 될 것이다.[30] 터너(Turner)는 이런 가능성을

---

29 Doresse는 어떤 말씀들의 경우 도마복음서가 꼭 한 가지 형태만을 제시하고 있는 것이 아니라 형태, 의미, 심지어 교리에 있어서까지도 서로 다른 두 가지 혹은 세 가지의 형태를 보여주고 있음을 지적하고 있다. Doresse, *The Secret Books of the Egyptian Gnostics*, 343.

30 Wilson도 다른 문서들 및 신약성서 사본들과 관련된 다른 독법들이 본문 비평의 문제에 중요한 영향을 줄 수 있음을 깨닫고 그런 가능성을 인정하고 있다.

인정하면서 다음과 같이 말하고 있다: "도마복음서 연구는 복음서 비평의 원칙과 방법론을 밝혀 주는 데 큰 역할을 할 수 있으며, 우리로 하여금 정통적인 비평 방법이 해결해 놓은 것으로 보이는 많은 문제를 재고하게끔 만들어 줄 수 있을 것이다."[31]

도마복음서가 본문 비평을 위해 중요한 의미를 갖고 있다는 점과 함께 우리는 또한 도마복음서가 양식 비평 연구에도 아주 중요하다는 점을 말할 수 있을 것이다. 도마복음서에 놀라운 사실들 가운데의 하나는 말씀들, 비유들 그리고 대화들이 설화적인 구조 없이 그냥 연속적으로 제시되어 있다고 하는 점이다. 이 사실이 양식 비평의 기본 가정들을 확증해 주는 요소로 이용될 수도 있다. 도마복음서에 나오는 비유들과 은유들은 공관복음서에 나오는 평행 본문들과 함께 양식 비평 연구의 매혹적이며 근본적인 문제를 제기하고 있다. 쿨만(Cullmann)[32]은 경전복음서들, 외경 복음서들, 교회 교부들의 문서들 그리고 영지주의 및 마니교 문헌들과의 관계를 밝힐 수 있을 것이란 목적을 갖고 도마복음서에 있는 개개의 말씀들을 철저히 연구하였다. 결과적으로 그는 도마가 예수의 말씀들을 새로운 형태로 배열한 구체적 실례를 찾아낼 수가 있었다.

우리가 도마의 자료 배열 가운데서 일정한 형태들을 찾아낼 수 없을지는 몰라도 그러나 최소한 전승의 전달 과정 가운데서 예수에 관한 전승들을 수정한 방법만은 찾아낼 수 있을 것이다. 이 작업은 양식 비평의 방법을 적용함으로써 해낼 수 있다.

---

31 Turner · Montefiore, *Thomas and the Evangelists,* 7.
32 O. Cullmann, 431.

3. 초대 기독교 역사를 위한 의의

마지막으로 도마복음서가 초대 기독교 역사를 재구성하는 데 있어 얼마나 중요한 의미를 갖고 있는가에 대해 몇 마디 언급해야만 하겠다. 사실상 초대 기독교 시대로부터 우리에게 전해진 역사적 자료는 많이 있다. 그러나 이 시대의 범위와 또한 지리적 구역의 범위에서 비교해볼 때, 초대 기독교에 대한 우리 지식은 놀라운 정도로 보잘것없는 상태이다. 우리는 2세기에 속한 기독교의 증거들 가운데 많은 것이 없어졌음을 알고 있다. 따라서 초대 기독교의 증거들을 재구성하는 데 도움이 될 수 있는 것이라면, 그것이 어떤 것이든 상당히 중요한 자료가 될 것이다. 이런 의미에서 다른 나그함마디 문고들과 더불어 도마복음서는 초대 기독교 연구에 귀중한 자료가 되는데, 그것은 이 복음서의 기원이 2세기 중엽에까지 소급되는 것으로 보이기 때문이다.

도마복음서와 다른 나그함마디 문고들을 통해서 우리는 초대교회를 위해 아주 중요한 시기에 대해 훨씬 더 잘 알 수 있게 되었는데, 사실 그 시기에 대한 상세한 내용은 아주 애매한 가운데 있다.[33] 그러나 그렇다고 해서 도마복음서가 이 시기의 기독교회에 대한 지식을 직접적으로 전하고 있다는 말은 아니다. 오히려 도마복음서가 초대 기독교 운동이 발전되던 사상 세계로 우리를 인도하고 있다는 뜻이다. 도마복음서에 대한 연구의 결과로 초대교회에 대한 우리의 관념이 상당히 수정될 필요가 있을 것이라고 기대할 수도 있다.

---

33 Gärtner, *The Theology of the Gospel according to Thomas*, 10.

우리가 이미 알고 있는 바와 같이 2세기는 기독교 신앙과 절충주의적 이교주의 간의 투쟁의 시기이다.[34] 이 시기에 기독교 교회 안에서는 영지주의 운동이 가장 두드러지게 대두되었다. 우리가 과거에는 정통 기독교와 영지주의 간의 근본적인 차이점들과 유사점들을 쉽게 구별할 수가 없었는데, 이제는 도마복음서가 그런 문제를 해결하는 데 도움을 줄 수 있게 되었다. 이 점에 대해 터너(Turner)는 귀중한 발언을 하고 있다: "도마복음서의 상당한 내용이 신약성서와 어느 정도 연관되어 있기 때문에 영지주의 종파들의 신앙과 태도들 그리고 기독교회의 신앙과 태도들 그리고 기독교회의 신앙과 태도들 간의 차이가 아마도 다른 추상적인 논문들에서보다도 여기서 더욱 분명히 드러나 있다."[35]

우리는 우리의 경전이 2세기에 있었던 기독교와 이교주의 간의 생사를 건 투쟁으로부터 형성되었다고 생각한다. 그러나 경전의 역사와 그 형성에 관해서는 아직도 상당히 애매한 점들이 남아 있다. 도마복음서가 중요한 이유는 교회의 저자들이 경전의 역사와 신약 해석을 위해 공격하려고 했던 교리들이 어떤 것인지를 우리가 도마복음서를 통해 들을 수 있기 때문이다. 그렇기 때문에 우리는 도마복음서가 경전 형성의 역사적 및 신학적 배경에 대한 귀중한 지식을 전해줄 수 있을 것이라고 바랄 수 있게 되었다.

---

34 Van Unnik, 43.

35 Turner · Montefiore, *Thomas and the Evangelists*, 7.

III. 미해결의 문제들

도마복음서가 여러 가지 점에 있어서 상당히 중요한 의미를 갖고 있다는 점을 인정하면서도, 또 다른 한편으로는 공관복음서 전승과 관련된 자료 문제 이외에도 새로 발견된 이 도마복음서와 관련해서 아직 해결되지 않는 문제들이 많이 있다는 점도 인정해야만 한다. 도마복음서가 1945년경에 발견되기는 했지만, 이 복음서의 완전한 본문은 오직 최근에 와서야 이용이 가능하게 되었다. 학자들의 집중적인 연구들에도 불구하고 중요한 문제들은 여전히 해결되지 않은 상태로 남아 있다. 그 자료의 이질적 성격과 그 사상의 복잡성만은 쉽게 지적할 수가 있다.

이 항목의 목적은 이 부분의 연구가 현재 어떤 단계에 이르렀는가 하는 것을 간단히 밝히기 위해서 아직 해결되지 않은 몇 가지 문제들을 언급하고 또한 이 논문의 연구 범위 및 이 논문에서 채택하려고 하는 방법론을 분명히 밝히는 데 있다.

1. 도마복음과 히브리인의 복음서 및 애굽인의 복음 간의 관계

필자는 이미 유능한 학자들이 해결하려고 했던 문제 중의 하나를 간단히 논의했는데, 그것은 곧 도마복음서의 저자가 과연 그의 자료들을 독자적인 복음서 전승으로부터 끌어왔는가에 대한 문제였다. 이 문제는 현재까지 아직 해결되지 않은 주요 문제 중의 하나이다. 사실상 도마와 복음서 기자들을 비교하는 것만이 목적이라면, 우리 복음서들에 평행 본문이 있는 말씀들만을 다루는 것으로 끝날 수도 있다.

그러나 기독론적 문제를 다루는 데 있어서는 우리가 우리의 관심을 경전복음서들에 평행 본문이 있는 자료들에만 국한시킬 수는 없다. 그처럼 관심을 좁게 제한시키게 되면 도마를 충분히 다룰 수 없게 된다. 왜냐하면 경전복음서에 정확한 평행 본문을 갖고 있지 않은 말씀 중에는 기독론적으로 중요한 의미를 갖는 말씀들이 적지 않기 때문이다. 그 경우에는 그런 말씀들의 기독론적 의미를 파악하기 위해서 우리는 먼저 그런 말씀들이 어디로부터 나온 것이며 또 도마복음서의 저자가 그런 자료를 어떤 목적을 갖고 어떻게 다루고 있는가를 질문해 보아야 할 것이다. 이것은 역사적인 문제일 뿐만 아니라, 중요한 신학적 문제이기도 하다.

도마복음서에서 원시적인 독자적 복음 전승을 발견해낼 수 있는 가능성과 밀접히 관련해서 중요한 그러나 아주 어려운 문제가 계속 제기되어 왔는데, 그 문제는 곧 도마복음서, 히브리인의 복음서 그리고 애굽인의 복음서 안에 어떤 관계가 있는가 하는 것이다.

퀴스펠(Quispel)은 도마가 그의 자료를 유대 기독교적 자료로부터, 즉 히브리인의 복음서로부터 끌어왔다고 강력히 주장했던 사람이다. 그는 "같은 말씀들에 대한 상이한 두 가지 역본이 한 문서 속에서 발견될 때(예를 들어 로기아 113편과 5편 그리고 48편과 106편), 이 문서의 저자가 두 가지 자료를 사용했다고 가정하는 것이 안전한 원리이다" 라고 말한다.[1] '두 가지 자료들'이라고 말할 때 퀴스펠은 히브리인의 복음서와 애굽인의 복음서를 의미한다. 그에 의하면 도마복음서에

---

1 Quispel, *NTS*, 5 (1959), 288.

나오는 말씀들 거의 절반가량이 유대 기독교적 자료로부터 나온 것들이다. 퀴스펠은 특히 우리 복음서들에 나오는 수많은 '중복 본문들'에 관심을 기울이고 있다. 그는 이런 중복 본문들이 상이한 두 가지 자료로부터 나온 것이라고 생각하고 있다. 즉, 어떤 자료는 히브리인의 복음서로부터 그리고 또 다른 것들은 애굽인의 복음서로부터 나왔다고 보는데, 퀴스펠은 그 두 자료 중에서도 애굽인의 복음서가 유대 기독교적 문서들을 영지주의화시킨 문서라고 생각하고 있다.

또 다른 점에서 퀴스펠은[2] 도마복음서와 디아테사론(Diatessaron)이 우리 복음서 전승과는 다르면서도 서로 일치점을 보이고 있는 다른 본문들을 40여 개나 발견해내고 있다. 그의 가설은 타티안(Tatian)과 도마복음서의 저자가 그들의 자료들을 유대 기독교적인 공통 자료로부터 끌어왔다고 하는 것인데, 이 공통 자료를 퀴스펠은 '히브리인의 복음서'라고 명명하고 있다. 그는 또한 "… 도마복음서에 나오는 공관복음서 형태의 말씀들이 이른바 서방 본문(the Western Text)의 여러 계통과 상당히 비슷하다"[3]는 점을 증명하려고 한다. 퀴스펠의 주장은 '서방 본문'이 아주 초기로부터 아랍어로 기록되었다가 나중에 희랍어로 번역된 한 유대 기독교적 복음서에 의해 영향을 받았다고 하는 것이다.

게르트너,[4] 터너[5] 그리고 그랜트 · 프리드만(Grant · Freedman)[6]과

---

2 Quispel, *Vig. Chr.* II (1957), 193ff.

3 *Ibid*, 201.

4 Gärtner, *The Theology of the Gospel according to Thomas*, 129. Gärtner는 13편 말씀에 나오는 '술취한'이란 단어와 관련해서 이 은유에 비교될 만한 자료들이 유대 본문들 가운데서 많이 발견된다고 말한다. Gärtner는 유대 기독교적 전승에 속하는 것으로 볼 수 있는 단어들과 말씀들에 대한 다른 실례들을 찾아내고 있다(234, 261ff.). 예를 들어

같은 학자들은 어느 정도 퀴스펠과 의견을 같이하는 것으로 보인다. 몽테피오르와 파이퍼(Piper)는 비록 퀴스펠과 의견을 같이하기는 하지만 몇 가지 점들을 더 첨가하고 있다. 예를 들어 몽테피오르는[7] 유대 기독교적 전승 가운데서 도마의 변형을 약간 발견하였기 때문에 복음서 자료가 아랍어로부터 희랍어로 번역되기 전에 이미 도마복음서가 공관복음서 전승과 달랐을 것이라고 주장한다. 몽테피오르는 이 사실이 도마가 히브리인의 복음서를 그가 사용한 많은 비유의 자료로 사용했음을 암시해 준다고 결론짓는다. 파이퍼도 흥미 있는 주장을 내세우고 있다. 그는 다음과 같이 말한다: "도마는 궁극적으로 아마도 애굽에 있었을 한 유대 기독교적 그룹에로 소급되어 있는데, 이 그룹이 본래는 초대교회의 구전 전승에 의존했었지만, 그들 나름대로 예수의 말씀들을 수립하여 결국 경전 문서들의 내용을 보충해 주었다."[8]

8편 말씀에 나오는 '물고기'의 상징이다. 유대 전승에 의하면, 메시아 잔치 때의 손님들은 '커다란 물고기'를 먹는 것으로 언급되어 있다. 2편 말씀: "찾는 자는 찾을 때까지 쉬지 않고 찾을 것이다." 2편 말씀에 평행을 이루고 있는 좋은 말씀은 「히브리인의 복음서」에 나오고 있는데 알렉산드리아의 클레멘트가 그 말씀을 인용하였다(*Strom* V. 14, 96): "그가 찾을 때까지 찾는 일을 쉬지 않을 것이며 찾고 나서는 그가 놀랄 것이며, 놀라고 나서는 다스릴 것이며, 다스린 후에는 쉬게 될 것이다." 이 말씀들이 실제로 *Oxy. Pap.* 654, 5-9와 일치되어 있는 점이 주목할 만하다.

5 Turner · Montefiore, *Thomas and the Evangelists*, 23. Turner는 알렉산드리아의 클레멘트가 2편 말씀을 히브리인의 복음서의 것으로 생각하고 있음을 지적하고 있다(Clem. *Strom* 5, 14).

6 Grant · Freedman도 2편 말씀이 알렉산드리아의 클레멘트가 히브리인의 복음서에서 찾아볼 수 있다고 말하는 본문과 아주 비슷하다는 점을 인정하고 있다. Grant · Freedman, *The Secret Sayings of Jesus*, 74.

7 Turner · Montefiore, *Thomas and the Evangelists*, 78.

8 Otto Piper, 23.

그러나 퀴스펠의 제안에 반대하는 학자들도 더러 있다. 크로그만 (Krogmann)9은 퀴스펠이 인용했던 본문들을 주의 깊게 그리고 비판적으로 검토해 본 후에 이런 본문들이 퀴스펠의 주장을 증명해 주지 못한다고 반박한다. 쿨만은 도마복음서에 나오는 '중복 본문들'에 대해 설명하면서 그 본문들이 퀴스펠이 주장하고 있는 것처럼 서로 독립된 두 '복음서', 즉 히브리인의 복음서와 애굽인의 복음서에서 나온 것으로 볼 수 없다고 말한다. 쿨만은 다음과 같은 생각을 갖고 있다: "… 편집자가 같은 자료의 두 가지 형태, 즉 그중 하나가 다른 자료로부터 발전되어 나온 두 가지 형태를 갖고 있었다고 보아야 할 것이다. 중복 본문은 편집자가 초기의 자료를 이용했다는 사실을 지시해주기도 한다."10

카세르(Kasser)11는 도마복음서와 디아테사론 간의 관계에 대한 퀴스펠의 주장에 관해 해설하는 가운데서 우리에게는 경전 이외의 자료들에 나오는 예수의 말씀들의 진정성 문제를 결정지을 수 있는 객관적 기준이 없기 때문에 (퀴스펠이 제안했던) 가능성은 단지 가설적인 이론으로만 남을 수밖에 없다고 말한다.

앞의 내용에서 알 수 있는 바와 같이 퀴스펠의 제안과 거기에 동조하는 여러 견해나 그를 반대하는 자들의 반대 주장은 모두가 다 가능성의 범위를 넘어서지 못하고 있는 것으로 보인다. 이런 모든 제안은 거의 다 단순한 가설적 이론에만 근거되어 있다. 우리로서는

---

9 W. Krogmann, "Heiland, Tatian, und Thomasevangelium," *ZNW* 51 (1960): 255-268.

10 O. Cullmann, 428.

11 R. Kasser, *L'Évangile selon Thomas* (Neuchatel, Suisse:Editions Delachaux and Niestle, 1961), 19.

증명된 사실로부터 이미 알려진 내용과 단순한 추측을 혼동하지 않도록 조심해야만 한다.

퀴스펠의 제안은 너무나 가설적인 전제에 근거하고 있다. 현재로서는 아랍어 전승에 대한 지식에 비교해볼 때, 퀴스펠이 언급하고 있는 유대 기독교적 그룹에 대해 우리가 확실히 아는 것이 거의 하나도 없음을 인정해야만 한다. 더욱 중요한 것은 비록 도마가 그의 자료들을 유대 기독교적 자료로부터 끌어왔다는 사실을 증명할 수 있다고 하더라도, 도마가 유대적 색채를 갖고 있다는 말은 아니라는 점이다. 오히려 그 반대의 경우가 사실에 더 가까운 것으로 보이는데, 그것은 이 복음서 안에 반(反)유대적 요소들이 있기 때문이다. 이 점은 다음 장에서 지적해 보려고 한다.

여하간 피상적인 형태와 자료보다는 오히려 말씀들 자체의 실제적 내용이 더욱 중요한 것으로 보인다. 더구나 우리의 목적을 위해서는 경전에 없는 말씀들이 이 복음서의 문맥들 가운데서 어떻게 다루어지고 있는지를 연구하는 것이 더욱 중요하다. 우리가 비록 그 말씀들의 정확한 자료를 추적해 낼 수는 없지만, 도마가 그 말씀들을 그의 복음서에서 이용할 때 그 말씀들이 그에게 어떤 의미를 가지고 있는가 하는 것은 연구할 수가 있다. 우리가 항상 염두에 두어야 할 점은 거의 동일한 단어나 말씀들이 두 개 이상의 문서들 가운데서 나타날 때 한 문서 안에 나타난 의미가 같은 식으로 다른 문서에도 그대로 적용될 수 없다고 하는 점이다. 비록 평행 본문들을 참고자료로 이용할 수 있다고 하더라도 방법론적으로는 본문을 그 문서 자체의 전체적 문맥으로부터 이해하는 것이 옳은 일이다.

도마복음서가 애굽인의 복음서에 의존했다고 하는 생각[12]은 가설적인 전제에 지나지 않는 것으로 보아야 한다. 그 이유의 일부는 애굽인의 복음서가 완전히 없어져 버렸다는 데 있으며, 또 다른 일부 이유는 애굽인의 복음서로부터 직접 유래된 재료들을 영지주의 자체 안에서 실제로 저작된 말씀들로부터 구분해내기가 어렵다는 데에 있다.13 비교적 확실하게 말할 수 있는 것은 오직 도마복음서에서 애굽인의 복음서와 평행을 이루고 있는 말씀들의 대부분이 좀 더 영지주의적인 색채를 띠고 있다는 점이다. 저자가 본래의 자료와는 상관없이 이런 말씀들을 영지주의적 목적을 위해 사용했을 가능성은 많다.

2. 콥트어 도마복음서와 옥시린쿠스 파피루스들 간의 관계

오늘날 널리 인정되어 있는 가장 중요한 사실 중의 하나는 콥트어

---

12 Gärtner (op. cit., 250ff.)는 37편 말씀에서 도마복음서에 애굽인의 복음서의 자료가 들어 있을 가능성을 인정하고 있다: "너희가 아무런 부끄럼 없이 너희 옷을 벗어, 어린아이들처럼 그 옷들을 너희 발밑에 놓고 그것들을 짓밟는다면, 그때에 너희는 살아계신 자의 자녀들이 될 것이며, 두려움이 없게 된 것이다." cf. 알렉산드리아의 Clement가 인용했던 말씀(Strom III, 13,92 그리고 9,63)도 애굽인의 복음서에서 나온 것으로 생각되어 있다: "너희가 부끄러움의 옷을 밟아 뭉갤 때 그리고 둘이 하나가 되어 남자가 여자와 함께 더 이상 남자나 여자가 아닐 때, … 구주 자신께서 말씀하시기를 내가 여자의 일을 말하러 왔노니." 그러나 두 복음서 간에 몇 가지의 차이점들이 있음을 인정해야만 한다. 애굽인의 복음서 단편들을 정확히 그리고 분명히 인용했던 일은 아직 나타나지 않은 것으로 보인다. 그러나 도마복음서에 애굽인의 복음서가 수없이 반영되어 있기는 하다(예를 들어 22, 37, 61, 114편 말씀).

13 비록 Grant가 애굽인의 복음서에 평행 본문을 갖고 있는 사상들이 도마복음서에 많이 나타나 있다는 것을 지적하고 있기는 하지만, 그는 도마복음서가 실제로 애굽인의 복음서에 기초된 것인지 혹은 이미 영지주의적 환경을 거쳐 지나온 예수께 대한 전승에 의존되어 있는 것인지 아무런 확인을 갖고 있지 못하다. Grant · Freedman, *The Secret Sayings of Jesus*, 82.

도마복음서의 발견 후 반세기 전쯤에 발견된 바 있는 옥시린쿠스
파피루스들의 희랍어 단편을[14] 이해하는 데 크게 도움을 주고 있다는
점이다. 오랫동안에 걸쳐 전문가들은 이 단편 중 잃어버린 부분들을
찾아내려고 애써왔다. 그러나 그들의 노력에도 불구하고 몇 부분은
아주 애매한 채로 남아 있다. 그런데 콥트어 도마복음서가 발견된
이후에야 비로소 애매했던 내용이 분명해지게 되었고, 불완전했던
그 단편들의 문장들이 비로소 완전한 모습으로 회복될 수 있었다.

연구의 초기 단계에서는 푸에치(Puech)[15]가 옥시린쿠스 파피루스
들의 단편들과 콥트어 도마복음서를 구별하는 일을 해냈다. 그 연구
결과에 의하면[16] 옥시린쿠스 파피루스 654에는 도마복음서의 서론
및 처음 여섯 말씀들의 희랍어 역본이 포함되어 있으며, 옥시린쿠스
파피루스 I에는 로기아 27-28, 77편(마지막 두 줄)과 30-34편이 포함
되어 있고, 옥시린쿠스 파피루스 655에는 로기아 37-40편의 희랍어
역본이 포함되어 있다는 것이다. 그러므로 희랍어로 기록되어 있는
옥시린쿠스 파피루스들에 보전된 14개의 말씀이 이제는 같은 수집록
에 속해 있던 것으로 보이며 또한 세 개의 옥시린쿠스 파피루스들이
서로 연관되어 있던 것으로 그리고 같은 작품인 도마복음서에 속하는
것으로 보인다.[17] 대부분의 학자는 희랍어 역본이 콥트어 역본보다는

---

14 *Oxy. Pap.* I (1897), *Oxy. Pap.* 654와 655(1904)는 P. Grenfell과 A. S. Hunt에 의해
　출판되었다.

15 Puech, *Comptes rendus de l'Academie des Inscriptions et Belles Lettres* (Paris),
　155-156.

16 Doresse도 비슷한 결론을 내리고 있다. Doresse, *The Secret Books of the Egyptian
　Gnostics*, 228-229.

17 Hennecke-Schneemelcher, "N.T. Apoc." 295ff.; J. Munck, "Bemerkungen zum
　Koptischen Thomasevangelium," *Studia Theologica*, 14/2 (1960), 133.

더 초기 형태의 전승이라는 점과 콥트어 역본이 희랍어 역본으로부터 번역된 것이라는 데 의견을 모으고 있다.

그러나 이렇게 간단한 결론으로 끝나버릴 수는 없다. 왜냐하면 희랍어 역본과 콥트어 역본 간에는 일치점들이 별로 없기 때문이다. 어떤 경우에 있어서는[18] 말씀의 순서가 다르며, 다른 경우에 있어서는[19] 희랍어 역본이 콥트어 역본보다 훨씬 더 길다. 이런 것들 이외에도 사소한 차이점들은 얼마든지 많이 있다.

희랍어 역본과 콥트어 역본 간의 이런 차이점들은 도마복음서의 원문이 두 개 이상이 있었던 것이나 아닌가 하는 질문을 제기해왔다. 피츠마이어(Fitzmyer)[20]는 17개나 되는 옥시린쿠스 말씀들을 하나씩 희랍어로 재구성하여 희랍어와 콥트어 역본들 간의 차이점들을 지적해 놓은 후에 우리가 두 가지 종류의 서로 다른 도마복음서 본문을 다루어야 한다고 주장하였다. 그의 견해에 의하면, 아마도 콥트어 본문은 옥시린쿠스 파피루스들보다는 오히려 로기아에 대한 다른 희랍어 역본에 소급될 것이라고 한다.

가리트(Garitte)[21]는 완전히 다른 관점으로부터 놀라운 결론을 끌어내고 있는데, 즉 콥트어 역본이 절대로 희랍어 역본으로부터 번역되었을 리가 없으며, 옥시린쿠스 희랍어가 콥트어로부터 번역되었다는 결론이다. 이런 결론은 두 본문 가운데 나타나 있는 여러 평행 단어

---

18 예를 들어 Logia 30, 77b; cf. *Oxy. Pap.* 1.

19 Logia 36,37; cf. *Oxy. Pap.* 655.

20 J. A. Fitzmyer, "The Oxyrhynchus Logoi of Jesus and the Coptic Gospel according to Thomas," *Theological Studies*, 20/4 (1959): 505-550.

21 G. Garitte, "Les Logoi' d'Oxyrhynque et l'apocryphe copte dit 'Évangile de Thomas'," *Muséon* 73 (1-2, 1960): 151-172.

들을 언어학적으로 연구해본 결과로 도달하게 된 결론이다. 길로몽 (Guillaumont)[22]은 가리트의 견해에 반대하여 옥시린쿠스 단편들이 본래는 희랍어 본문이었으며, 콥트어 도마복음서는 다른 희랍어 역본 으로부터 만들어진 것이라고 결론지으려고 한다. 우리로서는 도마복 음서에 두 가지 역본들, 즉 초기에 나온 희랍어 역본과 나중에 나온 콥트어 역본만 있었으며, 나중에 나온 콥트어 역본이 먼저 나온 희랍 어 역본으로부터 번역된 것이라는 가정을 그대로 받아들일 필요는 없을 것이다. 두 역본 간의 차이들은 옥시린쿠스 파피루스들이 아닌 다른 희랍어 로기아 본문을 가정함으로써 설명하거나 또는 저자가 한 역본을 다른 역본을 기초로 편집했다고 가정함으로써 설명할 수도 있을 것이다. 현재로서는 이런 가능성들을 그대로 인정하는 것으로 만족해야 할 것이다.

주로 언어학적 문제인 번역의 문제가 아니라 할지라도 두 본문에 서 나타나 있는 영지주의적 요소에 관한 중요한 신학적 질문이 제기되 어 왔다. 대부분의 학자는 콥트어 역본이 희랍어 역본보다 더 영지주 의적이라는 생각을 갖고 있다. 푸에치[23]는 콥트어 역본이 좀 더 정통적 인 예수의 말씀의 수집목이지만, 나중에 초기의 역본을 수정한 이단적 개정판이라고 생각하고 있다. 쿨만[24]은 콥트어 수집록에 아마도 희랍 어로부터 번역된 것이라는 점을 인정하면서도 그 번역이 강력한 영지

---

22 A. Guillaumont, "Les 'Logia d'Oxyrhynchus son'tils traduits du copte?," *Muséon* 73 (3,4, 1960): 325-333.

23 Puech's article in Hennecke-Schneemelcher, "N.T. Apoc," 305f. 그는 그의 견해를 위한 증거를 6편 말씀에서 찾고 있는데, 그 말씀의 희랍어 역본은 "묻히지 않은 것은 부활되 지도 않을 것이다"란 예수의 말씀으로 끝나고 있다.

24 Cullmann, 421.

주의적인 방향으로 수정되어 있는 경향을 보인다. 윌슨(Wilson)[25]도 비슷한 생각을 하고 있는데, 즉 대체로 보아 희랍어 옥시린쿠스 파피루스들이 콥트어 도마복음서보다는 영지주의적인 요소가 더 적다는 것이다.

그러나 완전히 다른 관점을 보여주는 다른 종류의 주장도 있다. 카세르는 다음과 같이 말하고 있다: "만약 콥트어 역본이 영지주의적 작품으로 보다는 오히려 기독교적 외경으로 설명될 만큼 성서적 요소를 많이 내포하고 있다면, 희랍어 역본은 분명히 영지주의의 표지를 갖고 있다."[26]

필자의 해(解)로는 이런 두 가지의 상이한 주장들이 다 도마복음서에 대한 충분한 설명이 되지 못한다. 왜냐하면 우리가 다음 장에서 살펴보게 되는 바와 같이, 그 두 문서에는 영지주의적인 요소와 함께 정통주의적인 요소를 보여주는 내용들이 다 들어있기 때문이다. 그러므로 우리는 한 역본이 다른 역본보다 영지주의적인 방향으로 움직이고 있다고 말할 수는 없을 것이다. 따라서 우리는 획일적인 판단을 내릴 수 없을 정도로 이 복음서 안에는 사상의 다양성 혹은 사상의 모순이 있다는 점을 인정해야 하며, 그러나 특수성도 있기 때문에 이 문서의 일반적인 성격을 설명해낼 수도 있을 것이다. 그러므로 우리는 도마복음서를 연구해 나가면서 이 복음서 안에 있는 다양한 사상을 지적하게 될 것이며, 가능한 한 일관된 사상의 연속성도 밝히게 될 것이다.

여기에 언급한 문제들 이외에도 인식 해결되지 아니한 다른 문제

---

25 Wilson, *Studies in the Gospel of Thomas*, 112.
26 *Kasser, Rev. Th. Ph.* (1959), 364.

들이 많이 있기는 하다.27 그러나 앞에서 언급한 문제들이 앞으로의 우리의 연구에 귀중한 자료가 되는 반면에 다른 문제들은 이 논문의 목적에 직접 관련이 없다고 생각된다. 그래서 필자는 다음의 장들에서는 기독론적 문제라는 주제와 관련이 되는 경우에만 여기서 논의한 문제들을 다 논의하게 될 것이다.

---

27 도마와 Naassene 사이의 관계에 대한 문제를 위해서는 Gärtner, *op. cit.*, 214; Wm. Schoedel, "Naassene themes and the Gospel of Thomas," *Vig. Chr.* 14 (1960), 225ff.; Grant- Freedman, *The Secret Sayings of Jesus*, 8, 127; Doresse, *The Secret Books of the Egyptian Gnostics*, 202ff.; Grant, *Vig. Chr.* 13(1959), 174; Munck, 141; K. Th. Schäffer, "Das neuentdeckte Thomasevangelium," *Bible und Legen* I (1960): 62 −74.

도마와 거짓 Clement 간의 관계에 대한 문제를 위해서는 Cullmann, 429-430; Quispel, *Vig. Chr.* 12 (1958): 181−196; Beare, 94, 105.

도마복음서의 연대 문제를 위해서는 Till, *op.cit.*, 451; Gärtner, *The Theology of the Gospel according to Thomas*, 272; Turner · Montefiore, *Thomas and the Evangelists,* 43; Wilson, Gospel of Philpip, 5; Wilson, *Studies in the Gospel of Thomas,* 6f.; Cullmann, 472; Kasser, *L' Évangile selon Thomas,* 17.

도마복음서의 기원(위치) 문제를 위해서는 Jung Codex, 34; Cerfaux, *Muséon* 70 (1957), 319; Guillaumont, 117; Hennecke-Schneemelcher, "N.T. Apoc.," 207; Doresse, *The Secret Books of the Egyptian Gnostics*, 348; Cullmann, 427ff.

도마복음서 안에서의 도마의 위치 문제를 위해서는 Wilson, *Gospel of Philip*, 2; Beare, 106; Gärtner, *The Theology of the Gospel according to Thomas*, 97; Hennecke-Schneemelcher, "N.T. Apoc.," 223.

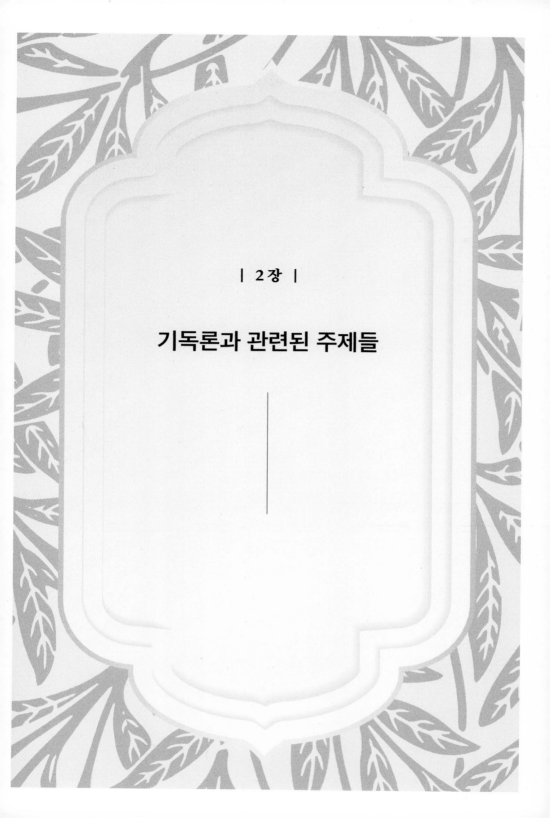

| 2장 |

기독론과 관련된 주제들

서론에서 이미 언급한 바와 같이, 이 논문의 과제는 도마복음서의 기독론적 문제를 다루어보는 것이다. 원칙적으로 말하자면 기독론적인 문제가 예수의 인격에 대한 문제에만 국한되어서는 안 되고, 그의 사역에 대한 문제에까지 확대되어야만 한다. 인격에 대한 문제와 사역에 대한 문제는 결코 따로 떨어진 주제가 아니기 때문에 그 둘을 서로 연결시키지 않은 채 한 가지만을 다룰 수는 없다. 예수의 인격은 그의 사역을 통해서 올바로 이해될 수 있으며, 그의 사역은 그의 인격을 통해 올바로 파악될 수 있다.

우리가 지금 다루고 있는 도마복음서에는 직접 예수의 인격을 다루고 있는 말씀들이 몇 개 있다. 대체로 이 주제는 예수와 그의 제자들 간의 대화 형태로 다루어져 있다(예를 들어 Logia 13, 28, 43, 52, 59, 61, 91, 100편 등). 이런 말씀들은 직접 기독론의 주제와 관련되어 있는 것으로 생각될 수 있으며, 우리는 이 주제를 다음 장들에서 상세히 논의하고자 한다.

그러나 우리가 도마복음서는 경전복음서와 같이 포괄적인 의미에서 예수의 사역에 관한 정보를 얻어낼 수는 없다. 도마는 예수의 교훈 활동 이외에는 그의 활동들에 대해 아무런 언급도 하지 않고 있다.

'가르침'은 도마가 그의 복음서에서 우리에게 말하고 있는 예수의 유일한 활동이다. 그러나 이것은 도마의 기독론을 이해하는 데 있어 중요한 요소가 되어 있는데, 그것은 저자가 예수를 전적으로 말씀들(은밀한 구원의 지식)의 계시자로 이해하고 있기 때문이다: "이 말들은 살아계신 예수께서 말씀하셨던 은밀한 말씀들이다…"(서언). 이 말들은 인간, 세계, 하나님의 나라 및 구원 등 다양한 주제와 관련되어 있다. 도마가 이런 말씀들을 통해서 자신의 예수 이해를 말하고 있다는 점을 주목해야 한다.

그러므로 예수의 인격에 대한 도마의 이해는 앞에서 말한 여러 주제들에 관한 예수의 교훈에 대한 그의 이해와 분리되어 있는 것이 아니다. 정확히 말하자면 사실상 예수의 교훈에 관한 도마의 이해가 그의 기독론적 이해를 설명할 수 있는 배경을 이루고 있다. 다른 말로 표현한다면 도마는 예수의 인격을 세계, 인간, 하나님의 나라 및 구원 방법에 관해 가르친 예수의 교훈에 대한 그의 이해로부터 이해하고 있다. 이런 의미에서 우리는 그런 여러 주제들이 기독론의 주제와 밀접히 연관되어 있다고 생각할 수 있다.

따라서 도마의 기독론을 포괄적으로 이해하기 위해서는 기독론적 주제를 직접 다루고 있는 말씀들뿐만 아니라, 여러 주제들에 관한 예수의 교훈을 다루고 있는 다른 말씀들도 연구해야만 한다.

이런 이유 때문에 이 장에서는 도마복음서의 전체 신학 체계와 연관되어 있는 주제들을 다루면서 그것들을 기독론의 주제와 관련시켜보고자 한다. 물론 그런 주제들을 하나씩 상세히 논의한다는 것은 기대하기 어렵다. 우리는 다만 우리의 주요 관심거리인 기독론 문제에 중요한 의미를 갖는 주제들의 주요 요점들만을 지적하고자 한다.

I. 하나님의 나라

도마복음서에 기독론적 주제와 관련된 주요 주제들 중의 하나는 "하나님의 나라"란 주제이다. 세르포(Cerfaux)[1]는 도마복음서에 나오는 하나님의 나라 비유들을 주의 깊게 검토했었다. 그 결과로 그는 도마복음서가 공관복음서에 나오는 하나님의 나라 비유들을 이용하기는 했지만, 의미뿐 아니라 내용까지도 변화시켰음을 지적하였다.[2] 이 점은 아주 흥미 있는 주장인데, 그 이유는 하나님의 나라 사상에 있어서 도마복음서와 공관복음서 간의 차이를 분명히 구별할 수 있는 것이 바로 이 하나님의 나라 비유이기 때문이다. 우리는 하나님의 나라에 대한 도마의 이해 가운데서 나타나 있는 몇 가지 중요한 요점들을 검토하면서 그것들이 그의 기독론 이해에 어떤 공헌을 하고 있는지를 살펴보고자 한다.

도마복음서의 하나님의 나라 비유들에서 볼 수 있는 가장 두드러진 사실들 가운데 하나는 개개의 인물들에 대한 강조에서 나타나 있다. 예를 들어 본다면 하나님의 나라가 '한 사람'(지혜로운 상인)에 비교되어 있다(76편 말씀). 그런가 하면 '한 목자'(107편 말씀), '권력 있는 사람을 죽이기 원하는 사람'(98편 말씀), '음식이 가득 담긴 항아리를 나르는 여인'(17편 말씀), '지혜로운 어부'(8편 말씀), '좋은 씨앗을 가진 사람'(57편 말씀), '작은 누룩을 가진 여인'(96편 말씀)에 비교되어 있기도 하다.

---

1 Cerfaux, *Le Muséon* 70 (1957), 311ff.

2 Turner · Montefiore, *Thomas and the Evangelists*, 40ff. 저자는 예레미아스가 말한 "변형의 법칙들"을 도마복음서의 비유들에 적용하고 있다.

이런 비유들에서는 하나님의 나라가 종말론적 공동체 안에서 일어나고 있는 하나님의 사건을 가리키고 있는 것이 아니라, 개개 인물의 활동을 가리키고 있다. 개인에 대한 강조는 직접 하나님의 나라의 주제와 관련되지 않은 다른 비유들 가운데서도 나타나 있다.3 우리는 이런 경향이 도마복음서 전반에 걸쳐 나타나 있음을 깨닫게 될 것이다.

107편 말씀에는 다음과 같은 말이 나오고 있다: "예수께서 이르시기를 하나님의 나라도 백 마리의 양을 가진 목자와 같다. 그중에 가장 큰 한 마리가 길을 잃었으니…"(눅 15:4-6; 마 18:12-13). 이 비유에서 한 가지 특출한 점은 잃은 양이 여기서는 가장 큰 양이라는 점이다. 누가에서는 잃은 양이 의인과 반대되는 죄인과 세리이다. 그러나 도마에서는 잃은 양이란 말이 예수께서 깊은 관심을 갖고 있는 것으로 생각되는 가장 귀중한 선택된 개인을 가리킨다. 아마도 잃은 양은 75편 말씀에 나오는 '외로운 자'(한 사람), 54편 말씀에 나오는 '복 받은 자', 49편 말씀에 나오는 '선택된 자'와 일치되어 있는 것으로 보인다. 도마에서는 하나님의 나라가 하나님의 은사로, 즉 모든 인류에 대한 하나님의 통치로 생각되어 있지 않다. 하나님의 나라는 각 개인이 추구해야 된다. "하나님의 나라를 찾는다"는 이런 사상이 49편 말씀 가운데 분명히 암시되어 있는데, 거기에 보면 "외로운 자와 선택된 자는 복이 있나니 너희가 하나님 나라를 찾게 될 것이니라"란 말씀이 나온다. 그러므로 하나님의 나라가 하나님의 활동이 아니라, 각 개인이 자신의 노력으로 성취해야 할 개인 영혼의 목표이다(예를 들어 96편

---

3 예를 들어 64편 말씀: "나의 주인이 당신을 초대하십니다." cf. 눅 14:17과 마 22:4. 거기에서는 개인들에 대한 초청이 없다.

말씀). 추구의 대상은 각자의 참된 본성이 있는 각 개인 영혼의 영적 상태이다. 이 상태를 3편 말씀에서는 '재물'이라고 규정하고 있다. 이 말은 영적 복지를 달성한 자의 상태를 상징하는 독특한 단어들 중 하나이다. 헨첸의 해석에 따르면,[4] 하나님의 나라는 성부 하나님과 그의 빛의 영역 속에 속하려고 나온 사람을 뜻한다. 이런 의미에서 그 사람은 부요한 자가 된다.

이런 상태는 오직 자기 인식에 의해 달성된다. 여러 말씀 가운데서 우리는 다음과 같은 문구들을 읽을 수 있다: "하나님의 나라를 안다"(46편 말씀), "하나님 나라를 찾는다"(27, 49편 말씀), "찾으라 그리하면 네가 찾으리라"(92편 말씀; cf. 38, 24편 말씀). 이런 이유 때문에 도마의 하나님의 나라 견해에는 '지식'이 중심적인 위치를 차지하고 있다. "하나님의 나라는 더 이상 이 세대의 종말 때 주어지게 될 하나님의 통치가 아니다. 하나님의 나라는 끝없는 자기 인식에로 들어갈 수 있는 자기 이해의 한 방법이다."[5]

하나님 나라에 도달하는 방법으로 생각되어 있는 자기 인식의 사상은 113편과 3편 말씀들 가운데서도 암시되어 있다. 113편 말씀 가운데에는 다음과 같은 문구가 나온다: "아버지의 나라가 땅 위에 퍼져 있는데 사람들이 그것을 보지 못한다." 게르트너가 올바로 지적하고 있듯이, "이것은 메시아의 도래나 재림과 관련된 관찰들과 기대와는 아무 상관이 없다."[6] 이 말씀에 따르면 하나님의 나라는 미래 사건의 문제가 아니다. 하나님의 나라는 이미 사람들 가운데 현존해

---

4 Haenchen, *Die Botschaft des Thomas-Evangeliums*, 70.

5 Kee, *JBL* 82, 313.

6 Gärtner, *The Theology of the Gospel according to Thomas*, 216.

있다. 그러나 하나님의 나라의 현재적 실현은 오로지 '지식'을 소유한 자들, 즉 영지주의자들에 의해서만 알려질 수 있다. 이 사상은 유명한 공관복음서의 표현(눅 17:21)인 "하나님의 나라가 너희 안에 있다"(3편 말씀)는 말씀과 일치되어 있다.7 그러나 같은 말씀 안에 그 문구와 반대되는 것으로 보이는 이상한 문구, 즉 "하나님의 나라가 너희 밖에 있다"는 문구는 어떻게 해석해야 하는가? 이 문구를 범신론적 용어라고 이해할 수도 있다. 그러나 이것은 같은 믿음의 앞부분에 나온 문구 속에 담겨 있는 사상과 일치되지 않는다: "만약 너를 인도하는 자가, 보라 하나님의 나라가 하늘에 있다고 네게 말한다면, 하늘의 새가 너보다 먼저 가게 될 것이며, 만일 그가 하나님의 나라가 바닷속에 있다고 네게 말한다면, 물고기들이 너보다 먼저 가게 될 것이다." 113편 말씀의 사상과 일치될 수 있는 가장 가능한 해석은 하나님의 나라가 계시되어 있으면서 동시에 은폐되어 있다는 것이다. 하나님의 나라가 자기 인식을 소유한 자들에게는 계시되어 있으나 아직 지식에 의해 계몽되지 않은 자들에게는 은폐되어 있으며, 이해의 영역 밖에 있다. 똑같은 사상이 77편 말씀 가운데서도 암시되어 있는데, 이 말씀은 다음 장에서 논의하게 될 것이다.

이것과 관련해서 우리가 생각해 보아야 할 말씀이 또 있다. 109편 말씀은 해석하기가 더 어렵다. 이 말씀의 내용을 기독론적으로 알레고리화시켜서 이해할 수도 있다. 그렇게 해석하면 감추어진 보화를 '사들인 자'는 성육신과 수난을 통해 밭을 산 예수 자신을 음미할 수 있으며, '자기가 원하는 자에게 돈을 빌려주는 것'은 예수께서 자기가

---

7 Hippolytus에 의하면 the Naassenes들이 이 문구를 좋아한다. Hippolytus, Ref. 5, 7, 20.

사랑하는 영지주의자들에게 지식을 전달해 주는 것을 가리킬 수도 있다. 그러나 그와 같은 알레고리는 이 말씀의 의도를 정확히 밝혀내는 것이 못 된다. 왜냐하면 이 경우 예수의 성육신과 수난이 도마복음서에는 중요하지 않게 되며, 또 부분적으로는 이 말씀의 전체 문맥이 각 개인의 '아는' 그리고 '찾는' 행동에만 강조하여 있는 것 같기 때문이다. 만약 이것이 사실이라면 그 말씀의 주요 요점은 하나님의 나라에 관해 아는 자가 하나님의 나라를 발견하게 되기까지는 하나님의 나라가 계속 은폐되어 있다는 것이다.

도마복음서에 나타나 있는 하나님의 나라 사상의 이상한 특징은 하나님의 나라에 대한 '통일'의 관계이다. 22편 말씀에서는 다음과 같은 말을 읽을 수 있다: "너희가 둘을 하나로 만들 때(빌립의 복음서 115:30-116:17) 그리고 너희가 안의 것은 밖의 것으로 그리고 밖의 것은 안의 것으로 그리고 위의 것을 아래의 것으로 만들 때 그리고 너희가 남자와 여자를 한 사람으로 만들어 남자가 남자가 되지 않고 여자가 여자가 되지 않을 때…." 우리가 알고 있기에는 이 말씀이 하나님의 나라에 들어갈 수 있는 자격을 가진 '어린아이들'과 관련해서 주어지고 있다. 이렇게 '어린아이가 되는 것'이 '통일'의 개념과 관련되어 있다. 하나님의 나라에 들어갈 수 있는 자로 어린아이가 추천되는 것은 이미 우리의 경전복음서에도 볼 수 있는 일이다(마 19:14:18:3). 그러나 그것과 관련해서 '통일'의 개념이 나타나 있는 것은 아주 이상스런 일이다. '통일'의 주제가 클레멘트 II서 12:5에서는 하나님의 나라의 도래 시기와 관련해서 언급되어 있다: "어떤 사람이 주님에게 그의 나라가 언제 임할 것이냐고 물었을 때, 주님께서는 둘이 하나가 되고, 밖의 것이 안의 것이 되고, 남자가 여자와 함께 남자도 아니고 여자도 아닐 때라고 말씀하셨다." 그러나 여기서 이 말씀이 '어린아이들'과 아무런 관련도 없다는 점에 주목해야 한다.

그랜트(Grant)[8]는 22편 말씀의 후반부가 창조의 본래적 상태가 영적인 통합을 통해 도달된다는 것을 의미한다고 해석한다.[9] 그는 하나님의 나라를 창조의 본래 상태와 동일시하고 있는 것으로 보인다. 그러나 이 점은 의문스럽다. 왜냐하면 도마의 세계관에 의하면 창조는 하늘 아버지의 활동이 아니라, 이 현재의 악한 세상의 지배자인 창조주 하나님의 활동으로 생각되고 있기 때문이다. 저자는 창조주 하나님과 하늘 아버지와 예수를 구별하고 있다. 세상 자체가 도마복음서 전반에 걸쳐 완전히 멸시당하고 있는 점에 주목해야 한다. 이 점에 관해서는 다음 장에서 좀 더 상세히 논의하게 될 것이다. 또한 '통일'을 단지 '영적인 통일'로만 보는 그랜트의 해석은 충분할 수가 없다. 왜냐하면 '어린아이가 되는 것'이 다른 말씀에서는 무성(無) 생식의 개념과도 연관되어 있는데, 이것은 단순한 영적 상태 이상의 것을 암시하고 있기 때문이다.

이 경우 22편 말씀에서의 '통일'과 '어린아이가 되는 것' 사이의 연결은 개인의 일종의 영적 변화[10]만을 의미할 뿐 아니라, 금욕주의적으로 성(性)을 극복한다는 사상을 암시하기도 하는데, 이런 경향은 37편 말씀 가운데서 엿볼 수 있다. 하나님 나라에 들어갈 자에게는

---

8 Grant · Freedman, *The Secret Sayings of Jesus*, 144.

9 89편 말씀에 보면 다음과 같은 말이 있다: "…속을 만드신 이는 겉을 만드신 이이기도 하다." 그런데 헨첸은 이 말씀에 대한 그의 해석 가운데서 "세계 내적으로 살아있는 자들에게는 속과 겉의 차이가 무효로 되어버리며, 그때에 하나님의 통일성이 확립된다"고 말한다. Haenchen, *Die Botschaft des Thomas-Evangeliums*, 53.

10 Kee, *JBL* 82, 320.

이 두 가지가 다 요구되어 있다.

이런 논의를 통해 우리는 하나님의 나라의 이해에 있어 도마복음서와 경전복음서들 간의 중요한 차이를 보여주는 또 다른 점에 이르게 된다. 즉, 도마복음서에는 하나님의 나라가 하나님과 연결되어 있지 않다.[11] 다른 말로 표현하자면 도마는 '하나님의 나라'에 대해서는 말하지 않는다. 그가 보통 사용하고 있는 용어는 단순히 '나라'(Kingdom: 3, 22, 27, 45, 82, 107, 109, 113편 말씀) 혹은 '아버지의 나라'(57, 76, 96, 97, 98편 말씀) 혹은 '하늘나라'(20, 54, 114편 말씀)이다. 우리는 이미 3편과 113편 말씀들에서 하나님의 나라가 이 땅 위에 전개되어 있지만, 지식을 소유하지 못한 사람의 눈에는 보이지도 않고 이해되지도 않는다는 것을 살펴보았다.[12] 그 경우 그 의미는 하나님의 나라가 땅이나 하늘과 같은 우주의 영역과는 아무런 상관이 없다는 뜻일 것이다. 이것은 또한 도마가 하나님의 나라에 반대되는 이 피조된 세계에 관해 부정적인 견해를 갖고 있다는 것을 의미할 것이다. 이것이 도마 사상의 영지주의적 성격을 보여주는 것이기도 할 것이다. 왜냐하면 영지주의 사상체계에 서는 창조주 하나님이 열등한 신 그리고 이 악한 현재 세계의 통치자로 생각되어 있기 때문이다. 창조주 하나님과 또한 영지주의자들이 자기들의 근원이라고 생각하는 하늘 아버지 사이에는 절대적 차이가 있다. 그 경우 하나님의 나라는 인간 속에 있는 신적인 빛의 섬광이 하늘 아버지의 빛과 재결합되거나 그리로

---

11 도마는 '하나님'에 대해 말하고 있지 않다. 그래서 '하나님'이란 용어가 오직 한 번만 언급되어 있을 뿐이며(100편 말씀), 그 경우 아마도 창조의 하나님을 가리키고 있는 것으로 보인다. Grant · Freedman은 도마가 하나님이란 이름을 열등한 능력에 대한 이름으로 사용하고 있는 것으로 생각한다. Grant · Freedman, *The Secret Sayings of Jesus*, 189.
12 77편 말씀.

다시 돌아가는 현상으로 생각되어 있는 것 같다(예를 들어 49편 말씀). "외로운 자와 선택된 자는 복이 있나니 저희가 하나님의 나라를 찾을 것이다. 왜냐하면 너희가 거기서 왔고 그리로 다시 돌아갈 것이기 때문이니라"(50편 말씀 참조). "우리는 빛으로부터 왔다." 구주이신 예수는 개인 영혼들을 일깨우기 위해서, 그들 속에 있는 신적인 빛의 섬광을 불붙이기 위해서 그리고 '지식'을 추구하는 사람에게 그 자신의 본성과 아버지 하나님께 대한 지식을 소개하기 위해서 이 세상에 오신 자로 생각되는 것 같다.

한편으로 이같이 하나님의 나라에 대한 독특한 견해를 살펴본 후 우리는 다른 한편으로 도마복음서에는 하나님의 나라가 경전복음서의 하나님의 나라 사상에서 기본을 이루는 예수의 성육신, 지상 사역, 그의 수난과 부활과 전혀 관련되지 않음을 주목하게 된다. 도마복음서에는 하나님의 나라가 종말론적 공동체의 생활 가운데서 예수의 추종자들이 순종하고 고난을 당해야 한다는 제자 직분과도 연관되지 않는다.

II. 종말론

우리가 이미 앞의 항목에서 살펴본 바와 같이 도마복음서의 천국관은 경전복음서와 비교해 볼 때 근본적으로 다른 성격을 갖고 있다. 그와 같은 특수성은 종말론의 문제에서 좀 더 분명해진다. 하나님의 나라란 주제와 종말론을 서로 분리해서 다룰 수 없다고 하는 점은 두말할 필요가 없다. 여기서 우리가 그 둘을 서로 분리시켜 다루는 것은 다만 도마의 천국관에 대한 우리의 논의를 시간 개념과 관련시켜 확대해 보기 위해서이다.

만약 '종말론'이란 용어가 다만 미래의 사건들을 가리키는 것이라고 이해한다면, 도마복음서엔 종말론이 없다고 말할 수도 있다. 왜냐하면 하나님의 나라의 도래를 미래 사건으로 보는 그런 관심이 전혀 나타나 있지 않기 때문이다.

터너(Turner)가 올바로 지적한 바와 같이 만약 신약성서의 종말본적 긴장에 비교할 만한 것이 있다고 하더라도 신약성서에서 종말론의 의미와 통일성을 부여하고 있는 구조는 도마복음서에 완전히 배제되어 있다.[1] 우리는 몇몇 말씀들을 통해 저자가 이 문제를 어떻게 다루고 있는지를 살펴보고자 한다.

51편 말씀에 보면 예수와 그의 제자들이 죽은 자들의 영면과 새 세계 도래의 시기에 관해 대화하는 것이 나온다. 제자들의 질문은 누가복음 17:20에서 바리새인들이 하나님의 나라의 도래에 관해 질문했던 물음을 우리에게 상기시켜 준다.[2] 두 경우 모두 하나님의

---

1 Turner · Montefiore, *Thomas and the Evangelists*, 110.
2 Kasser, *L'Évangile de Judas*. Kasser에 의하면 영지주의 사상에서는 '세상'이란 용어를

나라의 도래와 관계되어 있다. 질문에 관한 한, 그 두 경우 사이에는 별다른 중요한 차이가 없다.

그 말씀의 주요점은 제자들의 질문에 대한 예수의 답변에 있다:[3] "너희가 기대하고 있는 것이 이미 임했다. 그러나 너희는 그것을 인식하지 못하고 있다." 이 마지막 문구가 누가복음 17:20에서는 나타나지 않는 반면에 앞부분의 문구는 누가복음에 나오는 "하나님의 나라는 너희 가운데 있다"는 문구와 아주 비슷하다. 그 말씀의 요점은 두 가지이다. 하나님의 나라는 현재의 상태 가운데서 찾아야 한다는 점과 하나님의 나라는 미래적 기대의 문제가 아니라는 점이다. 그러나 하나님의 나라의 실현은 오로지 지식을 소유한 사람에 의해서만 감지될 수 있다. 그러나 이 현상은 터너가 주장하고 있는 바와 같이[4] 결코 일종의 신비적 경험을 가리키는 것이 아니다. 그것은 오직 지식을 통한 이해의 문제이다.[5]

18편 말씀에서도 비슷한 사상이 나타나 있는 것을 볼 수 있는데, 거기에 보면 제자들이 다시금 "우리의 마지막이 어떻게 될 것인지 말해달라"고 종말론적인 질문을 제기하고 있다(cf. 마 24:3; 막 13:4; 눅 21:7). "시작을 발견한 너희가 마지막에 대해 묻는가?"라는 예수의 대답은 그가 '종말'에 관한 그들의 잘못된 개념을 교정해 주려고 한다

하나님의 나라를 나타내는 말로 사용하는 일이 없다.

3 예수의 대답은 부활이 죽은 자의 휴식이 아님을 암시한다.

4 Turner는 51편 말씀에 대한 그의 주석과 관련해서 다음과 같이 말한다: "다시금 영지주의는 본래 종말적 개념이었던 것을 신비적 용어로 바꾸어 놓고 있다." Turner · Montefiore, *Thomas and the Evangelists*, 110.

5 Grant · Freedman은 51편 말씀에 나타난 제자들의 상태를 '맹목성'이라고 규정하고 있는데, 그 까닭은 그들이 하나님의 나라가 예수 안에 현존해 있는 사실을 인식하지 못하기 때문이다. Grant · Freedman, *The Secret Sayings of Jesus*, 161.

는 것을 암시해 준다. 그의 대답에서는 '시작'이란 말이 가장 중요한 단어이다. 그랜트(Grant)[6]는 이 단어가 아마도 예수 자신을 의미하는 것이라고(계 21:6 참조) 해석하는데, 다른 한편으로 게르트너(Gärtner)[7]는 그 단어가 제자들이 지식의 첫 부분을 발견한 것을 가리키는 것으로 해석하는 것이다. 두 해석이 꼭 반대되는 것은 아니다. 왜냐하면 도마에서는 예수가 은밀한 말씀들의 계시자(혹은 중보자)로 생각되기 때문이다(서론, 1편 말씀).

여하간 이 말씀 가운데 나오는 '시작'과 '마지막'이란 용어들은 결코 시간적 혹은 공간적 의미로 해석할 수 있는 용어들이다.[8] "시작이 있는 곳에 마지막이 있게 될 것이라"는 문구는 시간과 공간을 초월한 새로운 영적 실재를 그리고 제자들이 현재 인도함을 받고 들어서게 된 새 영적 실재를 가리키는 것일 수도 있다. 제자들에게는 연대기적 의미의 '마지막'이 전혀 중요한 문제가 아닐 뿐만 아니라, 그들이 자기들에게 구원의 지식을 전해주는 예수의 현존을 이해함으로써 획득하게 된 영적 실재의 영역 안에 있는 한, 과거에 대해서도 전혀 아무런 관심도 갖고 있지 않다(52편 말씀).

61편 말씀의 첫 부분의 내용은 누가복음 17:34과 비슷하다: "두 사람이 한 침상에서 쉴 터인데, 하나는 죽을 것이요 하나는 살 것이다" (도마). "두 남자가 한 자리에 누워 있으며 하나는 데려감을 당하고 하 나는 버려둠을 당할 것이요"(누가). 우리가 알기에 누가의 본문은

---

6 Grant · Freedman, *The Secret Sayings of Jesus*, 128.

7 Gärtner, *The Theology of the Gospel according to Thomas*, 259.

8 R. M. Grant는 그의 책 *Gnosticism* (New York:Harper and Brothers, 1961), 17에서 다음과 같이 말한다: "묵시문학적 종말론은 주로 시간과 관련된 이원론을 표현해 주었다. 그런데 영지주의 사상에서는 이원론이 공간과 관련해서도 생각되어 있다."

인자가 하늘의 구름을 타고 다시 오시게 될 마지막 때에 믿는 자와 믿지 않는 자들이 당하게 될 운명을 가리키는 것이다. 그러나 61편 말씀의 전반부는 문맥으로부터 살펴볼 때, 인자의 재림이나 마지막 날의 심판과는 아무런 상관도 없다. 여기서는 한 사람이 죽음과 다른 사람의 생명이 누가의 본문에서와 같이 종말론적 의미를 가지지 않는다. 죽음과 생명의 경험들은 현재의 상황 속에서 일어나 있는 현상들이다. 다른 말로 표현한다면 물질세계의 속박으로부터의 구원과 멸망은 각 개인의 편에서 볼 때, 현대적 사건들이다. 이 말씀을 제외한다고 하더라도 도마복음서에는 파루시아나 심판에 대한 언급이 전혀 나타나지 않는다.

"들에 있는 어린아이들"(21편 말씀 상반부)이란 주제에 뒤따라서 나오는 21편 말씀 하반부(들이닥친 도적)는 마태복음 24:43-44; 12:29; 누가복음 12:39-40에 그 평행 본문이 있다. 문맥으로 보건대 도적이 들이닥칠 시기는 아마도 세상 권력에 의해 인간이 완전히 포로가 되어버리는 시기를 의미하고 있다. 우리는 신약성서 본문에서 '도적'이란 말이 종말의 갑작스런 도래 혹은 좀 더 구체적으로 말하자면 메시아의 재림을 가리키는 것을 알고 있다. 도마복음서의 말씀에서는 "깨어있으라"는 권면이 물질세계 혹은 좀 더 정확히 말해 인간의 몸을 경계하라는 권면인데, 그것은 물질적인 세력이 하늘의 빛을 매장해 버린다고 생각되기 때문이다.9 예수는 내적인 인간이 악한 물질의

---

9 *Jesu Christi Sophia* (Papyrus Berolinensis 8502, 약 5세기경에 기록된 영지주의 문서인데, 베를린 박물관의 파피루스 수집품 가운데 보전되어 있다), 12, 13ff.; "그리고 나는 분별의 사람을 너희에게 설명해 주었으며 그로부터 도적의 결박을 풀어주었다." 여기서 인간의 몸은 인간 속에 있는 신적 요소를 속박하고 있는 도적의 결박으로 생각되어 있다.

세력 밑에서 종살이하고 있는 상태로부터 해방시키기 위해서 오신 분으로 이해되어 있다. 이 말씀의 문맥 가운데서 마지막 날과 메시아의 재림 사상이 전혀 나타나지 않는 점에 주목해야 한다. 도적이 임할 것에 대한 언급은 이 현재 세상 속에서 하늘의 세력과 물질의 세력 간의 긴장 아래 살아야 할 운명에 처한 각 개인에게 결단의 순간을 촉진하기 위해 의도된 것이다. 그러므로 21편 상반부의 말씀은 심판과 분별이 미래적 사건이 아니라, 지금 여기서 일어나는 현재적 사건임을 암시하고 있다.

82편 말씀, 즉 "내게 가까이 있는 자는 불에 가까이 있으며 누구나 나로부터 멀리 떨어져 있는 자는 하나님의 나라로부터 멀리 떨어져 있다"는 말씀이 예레미아스[10]가 주장하고 있는 것처럼 예수의 순수한 말씀이건 아니면 바우어[11]가 주장하려고 하듯이 순수한 전승에로 소급되는 것이건 간에, 이 말씀에서 가장 중요한 단어는 하나님의 나라란 말과 연관되어 있는 '불'이란 상징이다. '불'이 누가복음 12:49에서는 '구분'을 뜻하는 상징으로 언급되어 있으며, 이것이 아마 10편 말씀의 기초가 되었을 것이다. '불'이란 단어가 16편 말씀에서도 나타나 있는데, 그 말씀도 예수가 오심으로 인해 생겨난 '구분'이란 주제를 내포하고 있다. 연관성이 있는 이런 말씀들을 고려해 볼 때, 아마도 82편 말씀의 요점은 예수로 인해 야기된 구분에 직면하여 각 개인은 즉시 결단을 내려야 한다는 긴박성에 있을 것으로 보인다.

우리는 이미 앞에서 도마복음서에는 지상 생명과 하늘 생명 간의 대립이 있음을 살펴보았다. 우리의 복음서들에서는 예수의 재림[12]

---

10 Jeremias, *Unknown Sayings of Jesus*, 54ff.

11 J. B. Bauer, "Echte Jesuworte?," *Evangelium aus dem Nilsand* (1960), 123.

과 심판에 직면하여 마땅히 깨어있어야 한다는 주제가 나오고 있는데, 도마복음서에는 현재의 상황 속에 지상 생명과 하늘 생명 간에 긴장이 있다는 견해가 있다(21편 말씀).

물질세계의 속박으로부터 해방된다는 것이 도마의 주요 관심사이다. 도마의 마지막 말씀(114편 말씀)[13]은 하늘나라에 들어갈 수 있는 자격 요건으로 성(性)을 말살해야 한다고 언급하고 있다. 성의 말살을 미래에까지 늦추어서는 안 된다. 하늘 세계에 속해 있는 자들에게는 그것이 현재의 생활 방법이다. 반면에 물질적 세력(인간의 몸)의 속박은 '죽음'을 가져오는데, 이것 역시 현재적 사건으로 나타난다.

그러나 도마복음서에 볼 수 있는 세상에 대한 이런 부정적 견해는 후기 유대교에 있어서와 마찬가지로 묵시문학 사상과는 아무런 연관성도 없다.[14] 사실상 도마복음서에는 묵시문학적인 사상이 전혀 나타나지 않는다.[15] 도마가 은밀한 구원 지식의 이해에 의해서 창조된 현재의 실재에 대해 강조하는 점을 염두에 둔다면 묵시문학 사상에 대한 그의 무관심은 결코 놀라운 일이 아니다.

앞에서 논의한 바 있는 여러 말씀들의 독특한 점들을 재검토하면

---

12 진리의 복음서에는 예수의 재림에 대한 언급도 전혀 없다.

13 비슷한 말씀이 마리아의 복음서에도 있다(17:15ff.).

14 이 문제에 관해서 R. M. Grant는 그의 책 *Gnosticism and Early Christianity*(New York:Columbia University Press, 1959), 64에서 다음과 같이 말한다: "…초기에 있었던 묵시문학적 열광주의자들처럼 하나님의 나라가 이 땅 위에 임하기를 기다리는 대신에 영지주의자들은 오직 이 땅으로부터 그리고 그 창조자로부터 도피할 것을 기대하고 있었다."

15 Turner · Montefiore, *op. cit.*, 77. 그의 견해에 따르면 하늘나라 비유로부터 묵시문학적 결론을 끌어내는 일은 도마가 신학적 목적을 위해 고의적으로 그렇게 하였다고 생각하는 것이다.

서 도마복음서에는 시대의 종말에 나타나게 될 하나님 나라의 도래에 대한 사상이 전혀 없다고 결론을 내려도 좋을 것이다. 이 점은 도마에게 있어서 예수의 재림과 마지막 심판이 전혀 아무런 중요성도 갖고 있지 않다는 사실과 잘 일치되고 있다. 하나님 나라는 각 개인이 예수께서 하신 은밀한 말씀들의 의미를 깨달을 때 달성되는 현재적 실현이다.

III. 세계관

앞의 항목들 가운데서 우리는 때때로 하나님의 나라 사상과 관련하여 도마의 세계관을 부분적으로나마 언급했었다. 사실상 '세계'란 주제는 도마복음서에 중요한 위치를 차지하고 있다. 실제로 직접적으로나 간접적으로 이 주제를 다루고 있는 말씀들이 거의 30개나 된다. 우리가 나중에 살펴보게 될 것이겠지만, '세계'란 주제는 기독론이란 주제와 연관성이 있을 뿐만 아니라, '하나님의 나라', '구원' 그리고 '인간' 등과 같은 다른 주제들과도 관계된다.

독특한 점은 도마의 사상에서 하늘 세계와 물질세계가 서로 대립된다는 것이다. 이 신학적 이원론은 많은 말씀 가운데서 약간씩 형태를 달리해 가만히 거듭 나타난다.

먼저 물질세계에 대한 저자의 견해를 반영해 주는 문제의 말씀을 몇 개 검토해 보기로 하자. 78편 말씀에는 다음과 같은 말이 나온다: "예수께서 이르시기를 너희가 왜 광야에 나갔더냐? 바람에 날리는 갈대를 보기 위해서냐? 그리고 부드러운 의복을 입은 사람을 보기 위해서냐? 보라, 너희의 왕들과 너희의 위대한 위인들은 부드러운 의복을 입은 자들이다. 그리고 그들은 진리를 알 수 없게 될 것이다." 이 말씀은 누가복음 7:24-25과 그 평행구인 마태복음 11:7-28과 아주 비슷하다.[1] 다만 마지막 줄에 나온 "그리고 그들은 진리를 알 수 없게 될 것이다"란 말만이 예외일 뿐이다. 마지막 줄에 나온 이 말이 이 말씀의 목적을 분명히 밝혀 준다. 문맥에 의하면 '왕들과

---

1 누가와 마태에서는 이 말씀이 세례 요한에 대한 본문과 연관되어 있다. 그러나 78편 말씀은 이 문맥으로부터 이탈되어 있다.

위대한 위인들'은 이 세상에서 물질적인 부귀로 축복받은 자들을 나타낸다. 그들은 물질적인 부귀를 누리는 것이다. 그러나 "그들은 진리를 알 수 없게 될 것이다." 따라서 이 말씀은 마지막 단어들의 강조 때문에 세상에 대한 저자의 부정적 견해를 드러내고 있다.

10편 말씀에 보면 "예수께서 이르시되 내가 세상에 불을 던졌다. 그런데 보라 세상이 불붙을 때까지 내가 그것을 지키노라"라는 말이 나오는데, 이 말씀은 누가복음 12:49에 나오는 "내가 땅에 불을 던지러 왔노라" 하는 말씀과 비슷하다. 그러나 '땅'이란 누가의 단어 대신에 도마복음서에는 '세상'이란 말이 나온다. 이 단어는 다른 두 말씀(16편과 51편 말씀)에서도 사용되어 있다. 16편 말씀에서는 그 단어가 물질세계를 나타내 주는 반면에 51편 말씀에서는 그 단어가 하늘 세상을 나타낸다. 도마복음서에서는 '세상'이란 단어가 신학적인 의미를 갖고 있다. 그 단어가 물질적 세계와 관련해서 사용될 때는 하나님의 나라와 반대되는 뜻을 갖는다.[2]

64편 말씀은 마태복음 22:2-14과 누가복음 14:16-24과 평행을 이루고 있다.[3] 그러나 이 말씀은 마태와 누가에서는 전혀 찾아볼 수 없는 이상한 문장으로 끝나고 있다: "즉 상인과 장사꾼들은 내 아버지의 장소에 들어가지 못하리라." 이미 앞에서 논의한 바 있는 78편 말씀에 비추어 본다면 이 마지막 문장은 세계를 부정하는 태도를 가리키는 것이라고 생각할 수도 있을 것이다.

---

2 Kasser, *L'Évangile de Judas*, 44.
3 이 비유의 구조는 마태와 누가에 나오는 평행 본문들의 경우보다 훨씬 단순하다. 이런 사실로 미루어 볼 때, 도마의 비유가 더 원형에 가까운 것이나 아닐까 하는 추측을 하게 된다.

79편 말씀의 첫 부분에는 무리들 가운데서 한 여인이 했던 말이 나온다: "당신을 내신 모태와 당신을 젖먹인 가슴은 복이 있도다." 그런데 이 말이 누가복음 11:27과 아주 비슷하지만, 그러나 마지막 문장 가운데서 부정적인 설명을 하는 예수의 대답, 즉 "잉태하지 않은 모태와 빨지 않은 가슴이 복이 있도다"라고 한 말은 다른 문맥에 나오는 예수의 말씀과 평행을 이루고 있기는 하지만(눅 23:27), 이 말씀의 첫 부분과는 아무런 연관성도 없다. 이 말씀의 후반부는 성(性)에 대한 혐오감과 관련하여 세계에 대한 저자의 금욕주의적 견해를 가리키고 있다.

36편 말씀의 콥트어 역본, 즉 "예수께서 말씀하시기를 아침부터 저녁까지 그리고 저녁부터 아침까지 너희가 무엇을 입을까 생각하지 말라"는 말씀은 희랍어 역본(Oxy. Pap. 655)보다 훨씬 더 짧다. 4 우리는 이 말씀이 희랍어 역본과 비교해볼 때, 훨씬 더 강한 어조를 가지고 있음을 안다. 왜냐하면 물질적인 관심들을 전혀 용납하지 않고 있기 때문이다. 이 말씀은 물질적인 것들에 대한 완전한 무관심을 요구하는 것이다.

이 밖에도 도마복음서에는 세계와 인간의 몸에 대해 부정적인 태도를 나타내는 말씀들이 많이 있다. "세계로부터의 금식"5(27편 말씀)은 하나님의 나라를 찾기 위한 조건으로 요구된다. 61편 말씀의

---

4 Oxy. Pap. 655, "예수께서 이르시기를 아침부터 저녁까지 혹은 저녁부터 아침까지 너희 음식을 위해서, 무엇을 먹을까 염려하지 말며, 너희의 의복을 위해서 무엇을 입을까 염려하지 말라. 너희는 돌보지도 않고 길쌈하지도 않는 백합들보다도 훨씬 더 훌륭하다… 누가 너희 키를 한 자나 더하겠느냐? 그가 친히 너희에게 너희의 옷을 주시리라." William Schoedel's translation in Grant · Freedman, *The Secret Sayings of Jesus*, 69.
5 '세상으로부터 금식'이란 말은 신약성서에서는 찾아볼 수 없는 표현이다.

후반부, 즉 "… 그가 구분되어질 때, 그는 암흑으로 채워지게 될 것이다"란 말씀은 인간이 하늘 세계로부터 분리되어 악한 세력이 다스리는 세계로 떨어져 버리는 것을 암시해 줄 것이다. 제자들은 참된 제자들이 되기 위해 그들의 지상의 부모들을 미워해야 한다(101편 말씀). 59번 말씀은 이 물질세계에 속한 죽음과 구주가 주시는 지식에 의해 얻게 되는 생명 간의 대립을 암시하고 있다. '죽은 자들'(11편 말씀)은 하늘 세계에 대한 지식 없이 세상에서 사는 자들이다. '안과 밖', '위와 아래'란 표현들(22편 말씀)은 아마도 하늘 세계가 지상의 세계와는 달리 높은 곳에 있음을 가리킬 것이다.

'들'(21편 말씀 상반부)은 어린아이들(제자들)이 처해 있는 이 세계를 나타낸다. 그러나 들은 그들이 영원토록 거주할 장소는 아니다. 그들은 하늘 세계에 속하기 위해 세계를 떠나야만 한다. 물질세계는 일시적이다(42편 말씀). "세상을 경계하라"(21편 말씀 후반부)는 말은 참된 제자들이 세상이나 세상의 것들을 싫어해야만 한다는 것을 뜻할 것이다. 제자들은 이 세상의 지배자가 그들의 구원을 방해하려고 한다는 것을 알아야 한다(60편 말씀). '가난'(29편 말씀)은 지상 영역을 나타낸다. 86편 말씀은 인자께서 극심한 가난 가운데서 사셨음을 우리에게 말해 준다. 카세르(Kasser)[6]에 의하면, 편집자는 이 말씀이 영지주의자들로 하여금 그들 자신은 이 세계로부터 이탈하도록 격려하기 위해 의도했다고 한다. 만약 우리가 문맥으로부터만 말한다면, 이 말씀은 예수에게만 관계된 것이다. 그러나 만일 우리가 도마복음서에는 예수와 제자들이 하나로 결합되어 있다는 점을 고려한다면, 예수께 적용되는

---

6 Kasser, *L'Évangile de Judas*, 101; Wilson, *Studies in the Gospel of Thomas*, 38.

것이 그의 제자들에게도 적용된다고 말하는 것이 정확할 것이다. 47편 말씀에서는 두 세계 간의 긴장 사이에서 생활하는 제자들에게 강한 어조로 극단적인 결단을 요구하고 있다. 헨첸이 바로 지적했듯 이[7] 이 말씀은 제자들이 모든 것을 얻을 수 있다고 기대해서는 안 되고, 다만 아주 필요한 것 한 가지만을, 즉 물질적인 세계를 희생하고 영원한 세계를 얻어야 함을 의미한다. 55편 말씀은 십자가를 지는 문제에 대한 것인데(평행 본문: 마 10:37-38과 눅 14:26-27), 세상 포기에 대한 요구를 강조하는 것이다. 우리는 이 말씀 가운데서 공관복음서의 평행 본문에서도 볼 수 없는 "나는 길에서"란 문구를 찾아보게 된다. 이 문구는 본래 86편 말씀에 비추어 볼 때 잘 이해될 수 있는데, 86편 말씀은 이 세상 안에서의 예수의 길이 물질세계에 대한 부정적 태도로 특징지어지고 있다.

물질세계에 대한 도마의 부정적 태도는 인간의 몸에 대한 경멸에 까지 확대되어 있는데, 그것은 인간의 몸이 악한 세력이 지배하고 있는 이 세상에 속한 것으로 생각되기 때문이다. 몸에 대한 경멸 때문에 영과 몸이 서로 일치될 수 없다고 보는 태도가 112편 말씀 가운데 나타나 있다. "영혼에 의존되어 있는 육체에 화가 있으리로다. 육체에 의존되어 있는 영혼에 화가 있으리로다."[8] 몸이 영과 완전히 대립되어 있다. 그들은 서로 적대적인 관계에 있다.

도마복음서의 독특한 점들 가운데 하나는 성(性)의 극복 혹은 무시

---

7 Haenchen, *Die Botschaft des Thomas-Evangeliums*, 51.
8 공관복음서에 나오는 '저주' 말씀들로 깨어있으라는 권면과 연관된다. 그렇기 때문에 그 말씀들은 묵시 문학적 성격을 갖고 있다. 그러나 112편 말씀은 묵시문학적 상황과는 아무런 관계도 없다.

에 대한 권면에서 찾아볼 수 있다. 예레미아스는 옥시린쿠스 파피루스 655번(cf. 36-39편 말씀)에 대한 그의 해설 가운데서 "영지주의자들이 자신들의 의견에 대한 예수의 권위를 주장하기 위해서 그의 순수한 말씀을 어떻게 이용하고 있는지"를 지적하였다.[9] 37편 말씀이 성에 대한 무관심을 가장 잘 나타내어 준다. 제자들은 조금도 부끄러워함이 없이 그들의 옷을 벗어[10] 그들의 발아래 놓아야 한다.[11] 분명히 이것은 성적인 생활에 대한 부정적인 태도를 보여주고 있다. 성생활의 금지와 어린아이들처럼 되는 것이 구원을 얻기 위한 본질적인 방법으로 생각된다.

'홀로 있는 자들'에 대한 유명한 주제(예를 들어 4, 16, 22, 49, 75편 말씀)도 성에 대한 무관심과 관련해서만 가장 잘 이해할 수 있을 것이다. 그 말씀들 가운데서는 '홀로 있는 자들' 혹은 '외로운 자들'이 복 받은 자들이며, 약속을 받은 자들이다. '홀로 있는 자'는 중성을 의미하는 것이 아니다. 그 말은 육체적 정욕으로부터의 해방을 전제한 영적 변화를 의미한다. 22편 말씀에서 '홀로 있는 자'가 '어린아이들'과 연관된 것은 중요한 의미가 있다. 헨첸이 말한 대로[12] '젖을 빠는 어린아이들'은 성욕의 속박을 초월한다. 그러므로 '어린아이들'과 '홀로 있는 자들'이란 말들은 모두 남자와 여자를 하늘 생활의 높은 차원에서 결합시키는 영적 통일을 나타내는 말들이다.

도마복음서에 여자의 위치가 열등하며 악하다고 하는 것은 카세

---

9 Jeremias, *Unknown Sayings of Jesus*, 17.

10 Hyppolytus, *Refutatio*, 5, 8, 44.

11 Clement, *Stromata*, 3,92, 2.

12 Haenchen, *Die Botschaft des Thomas-Evangeliums*, 52.

르가 생각하는 바와 같이13 사실이 아닌 것으로 보인다. "남자와 여자가 한 사람이 된다"(22편 말씀)는 표현 때문에 그와 같은 결론을 끌어낼 수는 없다. 성에 대해 무관심하고 그것을 초월하라는 권면은 남자나 여자에게 모두 적용된다. 예를 들어 "여자로부터 나다"(15편 말씀)란 말이 여자 편에서 볼 때 죽을 육체의 소산을 가리키는 것은 사실이다. 그러나 104편 말씀의 후반부에 보면 "…신랑이 신부의 방에서 나올 때 그는 금식하고 기도할지니라"는 말이 나오는데, 이 말은 신랑이 신부의 방 안에서 한 일이 죄로 여겨짐을 뜻한다. 그들이 금식하고 기도하는 것은 그런 죄를 소멸시키기 위해서이다.

지금까지 여러 가지 말씀들을 검토하는 가운데서, 도마복음서에서는 세상과 인간의 몸에 대한 부정적 견해가 주요한 위치를 차지하고 있음이 분명해졌다. 우리는 이런 형태의 사상을 금욕주의적 이원론이라고 특징지을 수 있다. 사실상 도마가 그의 복음서의 다른 어떤 주제들에서보다도 더욱 영지주의적 색채를 가지고 있는 것이 바로 이 세계관의 문제이다. 그랜트의 말에 따르면, "영지주의의 여러 체계들을 모두 결합시켜 주는 한 가지 요소인 세상이 악하다는, 세상이 악이나 무지나 허무의 지배 아래 있다는 사상이다."14 영지주의자에게 이 세계는 마귀의 세력들이 인간들을 종으로 사로잡기 위해서 확립해 놓은 것이다. 영지주의 교리에 대한 요나스(H. Jonas)의 해석은 세계관에 관한 한, 도마복음서와 잘 일치돼 있다. 그는 다음과 같이 말한다: "신은 세상과는 일치될 수 없는 이질적인 존재이며 물질적 우주에 대해서는 전혀 아무런 상관이나 관심이 없다. 엄밀히 말해서 세상을

---

13 Kasser, *L'Évangile de Judas*, 51; 96편 말씀은 예외이다.
14 Grant, *Gnosticism*, 15.

초월하는 참된 신은 세상에 계시되지도 않으며, 세상에 의해서 지시되지도 않는다. 따라서 그는 세상적 비유들을 가지고서는 전혀 알 수 없는 알려지지 않은 존재, 전적인 타자이다." 15

예수가 도마복음서에는 인간을 물질세계의 속박으로부터 구원시키는 '해방자'로 이해되어 있기 때문에 이 모든 사상은 분명히 저자의 기독론에 영향을 미치고 있다. 남자와 여자의 통일, '한 사람이 되는 것' 그리고 '어린아이가 되는 것'은 물질세계의 차원으로부터 해방된 인간이 지향해야 할 영적 차원들이다. 이것이 예수께서 전해준 구원 지식을 통해 구원의 길을 찾아낸 자들의 상태이다.

---

15 Hans Jonas, *op. cit.*, 327.

IV. 인간관

이 항목에서 우리는 도마복음서에 암시적으로 나타나 있는 도마의 인간관을 살펴보고자 한다. 도마의 인간관의 특징들은 우리가 앞에서 연구한 다른 주제들과 마찬가지로 기독론이란 주제에 중요한 의미를 갖고 있다. 왜냐하면 저자의 인간관의 예수의 이해, 즉 예수가 인간과 관련해서 어떤 역할을 하고 계신지를 이해하는 데 중요한 영향을 끼치고 있기 때문이다. 여기서 우리는 도마복음서가 몇 가지의 아주 중요한 면에 있어서 우리의 경전복음서들과는 다른 독특한 점들을 보여주고 있다는 사실을 알게 될 것이다.

그러나 도마의 인간관을 논의하는 데 있어서, 우리는 먼저 이 문제를 다루는 데 있어서의 문서 자료가 제한되어 있어 어려움이 있다는 점을 인정해야만 한다. 어떤 곳들에서는 말씀들이 애매할 뿐만 아니라 서로 모순되어 있기도 하다. 우리가 갖고 있는 다른 영지주의 문서나 경문서들 가운데서 똑같은 평행 본분들을 찾아볼 수 없다는 사실을 알게 되면, 그런 어려움들은 더욱 가중될 것이다. 그러나 이런 여러 가지 어려움들에도 불구하고 도마복음서 안에 있는 자료들을 논의하면서 그 자료들을 새로 비교하고 또 다른 말들을 가지고 서로 보충함으로써 어느 정도 도마의 인간관을 구성할 수 있을 것이라고 기대할 수도 있다.

우리는 앞에서 이미 도마의 세계관과 관련하여 도마가 인간의 몸에 대해 부정적인 견해를 갖고 있다는 사실을 논의했었다. 그러나 우리는 주로 금욕주의적인 성의 극복과 관련해서만 그 문제를 다루었다. 몸에 대한 이런 부정적인 견해는 도마의 인간론에서 아주 중요한 요소를 이루고 있다. 이 문제를 알아보기 위해서 몇 가지 말씀들을 검토해 보고자 한다.

도마복음서에 의하면 인간의 몸(육체)과 혼(영)은 날카롭게 대립되어 있다. 이들을 그렇게 대립시키고 있는 말씀들은 많이 있다. 예를 들어 II편 말씀에서는 "… 죽은 자는 살아 있지 않으며, 산 자는 죽지 않을 것이다"(cf. III편 말씀)란 말이 나온다. 마찬가지로 29편 말씀에 보면 다음과 같은 말이 나온다: "… 만약 육체도 영 때문에 생겨난 것이라면 그것은 놀라운 일이다. 그러나 만일 영이 몸 때문에 생겨난 것이라면 그것은 놀라운 일 가운데서도 놀라운 일일 것이다…" 56편 말씀에서는 세상이 '시체'와 연관되어 있다:[1] "누구든지 세상을 아는 자는 시체를 발견한 자이다"(cf. 80편 말씀). 똑같은 사상이 60편 말씀에서도 나온다: "그것이 살아 있는 동안 그는 그것을 먹지 않을 것이나 그러나 그가 그것을 죽였을 경우에만 그리고 그것이 시체가 되었을 경우에만." 마지막으로 112편 말씀에서는 영혼과 육체가 날카롭게 대립되어 있는 또 다른 예를 보게 된다: "영혼에 의존해 있는 육체가 화가 있도다. 육체에 의존해 있는 영혼에 화가 있도다."

도마복음서에는 인간의 몸을 부정적으로 가리키고 있는 상징들이 몇 가지 있다. 7편 말씀에 보면 '사자'란 상징을 볼 수 있는데, 이것은 도마복음서에 오직 한 번만 나타나 있다. 이 말씀의 전체 의미는 분명치가 않다. 이 이상한 은유가 우리의 경전복음서에서는 전혀 나타나

---

1 80편 말씀. 이것은 56편 말씀의 변형이다. Haenchen은 다음과 같은 사실을 지적하고 있다. 즉, 신약성서의 사히딕(Sahidic) 번역본에서는 '시체'란 단어가 모든 경우에 있어서(7편 모두) '몸'이란 단어의 동의어로 사용되어 있으며, 그래서 신약성서의 사히딕 본문이 80편 말씀의 형태로부터 영향을 받았을 가능성이 있다는 것이다. Haenchen, *Die Botschaft des Thomas-Evangeliums*, 55.

있지 않지만, 그러나 여러 영지주의 문서들 가운데서는 이 상징이 사용되어 있다. 예를 들어 만디안 문서인 『긴자』(*Ginza*)[2]에서는 사자가 인간의 몸과 동일시되어 있다. 발렌티안 본문인 "데오도투스의 어록"(Excerpta ex Theodoto) 82편에는 다음과 같은 말이 나온다: "그들이 세상으로부터 그리고 사자의 입으로부터 구원을 받을 것이다." 그러나 사자가 여기서 인간의 몸이 아닌 야수적 세력을 가리키는 것인지는 분명치 않다. 그러나 분명하다고 생각되는 점은 '사자의 입'이 인간의 영혼을 위협하는 적대적 세력으로 생각되어 있다는 점이다. 마니교의 시편(149편, 22ff.)[3]에서는 사자라는 상징이 인간의 육체적 욕망, 아마도 성적인 욕망을 가리키고 있다.

이런 말들을 참조해서 7편 말씀의 요점을 파악할 수도 있을 것이다: "사람이 잡아먹는 사자는 복이 있도다"란 말은 아마도 사람이 자기 존재의 육체적 세력을 정복하면 구원받을 것이나 육체적 세력의 지배 아래 있으면 저주받게 될 것을 뜻하고 있다.[4]

21편 말씀에 나오는 '집'에 대한 은유도 인간의 몸에 대한 저자의 부정적 태도를 나타내 주는 또 다른 예가 될 수 있을 것이다.[5] '집'은

---

2 M. Lidzbarski, *Ginza, Der Schatz oder das Grosse Buch der Mandäer* (Göttingen: Vandenhöck & Ruprecht, 1925), 430, 507.

3 "내가 항상 울부짖고 있는 이 사자를 어찌할꼬? 내가 이 일곱 머리의 뱀을 어찌할꼬? 당신께서 이 사자를 질식시키게 하기 위해서 당신께 급식할 것이라. 즉 정절을 지켜 뱀을 죽이는 것이다."

4 II편 말씀의 일부: "… 죽은 자는 살지 못하며, 산 자는 죽지 아니하리라. 네가 죽은 자를 삼킨 날에, 네가 그것을 살렸느니라"란 말씀은 7편 말씀에 비추어 볼 때 가장 올바로 이해될 수 있다. cf. *Gospel of Truth*, 25:10ff.; *Gospel of Philip*, 125:2ff.

5 영지주의의 본문들 가운데는 세계와 몸에 대한 은유들이 흔히 별다른 차이 없이 그냥 혼용되고 있다. 만디안 본문들에서도 '집'이란 단어는 세상을 나타내 주는 말이다. Lidzbarski, *op. cit.*, 15, cf. H. Jonas, *Gnosis und Spätantiker Geist I*, Göttingen, 1934, 100ff.

인간 존재의 물질적 측면을 나타내고 있다. 이것이 인간의 몸 안에 갇혀 있는 인간의 영적 측면과 반대되는 것이다. 35편 말씀에서도 똑같은 은유가 사용되어 있다: "주인의 손을 묶지 않고서는 강한 자의 집에 들어가 힘으로 그를 취할 수 없을 것이다."[6] 여기서도 이 말씀은 21편 말씀과 마찬가지로 '집'이란 말이 보화(영혼)가 갇혀 있는 인간의 몸을 가리키는 것으로 볼 때 가장 잘 이해될 수 있다. 그런데 이 보화는 분명히 악한 자가[7] 관심을 기울이는 대상이다.

37편 말씀은 이미 앞에서 다른 것과 관련해서 토의한 바 있다('어린 아이들', 성의 극복에 관련해서). 옥시린쿠스 파피루스 655번[8]과 비교해 볼 때, 콥트어 역본의 저자는 그의 역본에서 예수가 인간의 몸에 대해 적대적인, 경멸적인 태도를 갖고 있었다는 인상을 주려고 노력했던 것으로 보인다.

112편 말씀에 의하면 육체와 영혼이 평화스런 공존을 할 수 없는 것으로 되어 있는데, 이 말씀이 경전복음서에 평행 본문으로 나타나 있지는 않다. 육체와 영혼은 본질상 서로 적대적이며, 서로 독립되어 있다. 29편 말씀에서는 '부귀'와 '빈곤'이 각각 영혼과 육체가 거하는 영역들이다. 이것은 본질상 영혼과 육체로 구성되어 있는 제자들이 이 세상에 사는 동안에는 '빈곤 가운데' 거한다는 것을 암시해 준다.

---

6 마가복음 3:37 참조. 이 본문은 기독교인과 악한 세력들과의 투쟁을 암시한다.

7 영지주의 문헌에서는(예를 들어 Jesu Christi Sophia, 121) 때때로 인간의 몸을 가리켜 하늘의 빛을 매장한 '도적의 무덤' 혹은 '도적의 결박'이라고 부른다.

8 Oxy. Pap. 655는 콥트어 역본에 나오는 다음과 같은 37편 말씀의 후반부를 포함하지 않는다: "그리고 어린아이들처럼 너희 옷을 벗어 그것을 너희 발밑에 놓고 짓밟으라. 그리하면 너희가 살아계신 자의 아들을 볼 것이며 너희가 두려워하지 않으리라." 저자가 이 부분을 "부끄럼의 옷을 짓밟은 것"에 대해 언급하는 애굽인의 복음서로부터 끌어왔을 수도 있다. Clement, Strom, 3,92, 2.

도마에 의하면 인간은 두 가지 분류로 구분되어 있다: (1) 지식을 얻기 이전의 인간, 즉 아직 계몽되지 못한 인간과 (2) 지식을 얻은 인간, 즉 계몽된 인간이다. 계몽되지 못한 인간의 상태는 '빈곤'(3편 말씀), '맹목적', '술취한', '헛된'(28편 말씀), '죽은'(59편 말씀) 그리고 '시체'(60편 말씀)와 같은 단어들로 특징지어지고 있다. 이런 표현들이 인간의 도덕적 결함을 가리키고 있는 것은 아니다. 그런 단어들은 그가 지식을 갖고 있지 못하다는 사실, 그가 세상 세력에 의해 압도되어 있다는 사실을 암시하고 있다. 계몽되지 않은 사람은 무식하기 때문에 그는 구원에 이르게 하는 은밀한 진리를 파악할 수 없다.

진리의 복음서에 보면 '술 취하는 것'이 계몽되지 않은 사람의 상태를 묘사하는 뚜렷한 표현이 되어 있다. 그 표현은 '무지의 술'에 취하여 있는 무식한 사람을 가리킨다. 그래서 우리는 다음과 같은 본문을 읽을 수도 있다: "지식을 소유한 자는 자기가 어디로부터 왔으며 어디로 가는지를 알고 있다. 그는 술 취한 후에 정신을 차리고 자신에게로 돌아와 본질적으로 자기 자신의 것을 재확인하는 자로서 그것을 알고 있다."[9] 28편 말씀에 나오는 '술 취한'[10]이란 단어는 진리의 복음서에

---

9 M. Malinine, H-Ch. Puech, G. Quispel, *Evangelium Veritatis* (Zürich:Rascher Verlag, 1956), 94.; Corpus Hermeticum 7, 1. '냉정해지는 것'은 구원에 이르는 길의 첫 번째 단계를 가리킨다. 외경 요한복음 59:20에서는 아담이 무지에 술 취했으나 '어두움의 술 취함' 때문에 고통을 당한 후에 나중에 다시 냉정을 되찾았다고 언급되어 있다.

10 도마복음서에는 '술 취한'이란 단어가 오직 계몽되지 못한 자의 상태를 규정하는 말로만 사용되어 있는 것이 아님을 주목해야 한다. 그 단어가 적극적인 의미로도 사용되어 있다. 예를 들어 13편 말씀(108편 말씀에서도)에서는 도마가 예수께서 물으신 질문에 대해 만족스런 대답을 한 후에 예수는 그에게 "나는 너의 선생이 아니다. 이는 네가 술 취했기 때문이며 내가 할당한 샘물을 마셨기 때문이다"라고 말씀하신다. cf. 마니교 시편 151:141 에서는 예수께서 주신 새 포도주로부터 어떻게 취하는가에 대해 읽을 수 있다. cf. 솔로몬의 송가 30편에서는 다음과 같은 본문을 읽을 수 있다: "… 너는 여호와의 살아있는 샘물로부

나오는 이런 사상과 일치되는 것으로 보인다. 요점은 예수가 그들 가운데 현존해 있음에도 불구하고 사람들은 그들의 술 취함 때문에 그가 어떤 존재인지를 알 수 없었다고 하는 점이다.

91편 말씀(하늘과 땅의 표적에 대한 비유)은 예수가 어떤 분인가를 헤아려 알 수 있는 참된 지식을 소유하지 못한 자들의 무지를 가리키고 있다(cf. 마 16:1; 눅 12:56-57). 이 말씀의 주요 요점은 자기 인식을 위한 요구에 있다. 자기 인식의 결여는 물질세계 속에 살면서 사실상 '빈곤'의 상태에 있는 계몽되지 못한 자들의 상태와 동일시되어 있다.

다른 한편으로 계몽된 사람을 규정해 주는 문구와 은유들도 여러 가지이다: '어린아이들' 혹은 '어린 자들'(21, 22, 37, 46편 말씀), '홀로 있는 자'(23편 말씀), '외로운 자'(23, 16, 49, 75편 말씀), '살아계신 아버지의 택함받은 자들'(50편 말씀), '죽음을 맛보지 않은 자'(1, 18, 19, 85편 말씀), '빛의 사람'(24, 61편 말씀), '살아계신 아버지의 아들들'(3, 50편 말씀).

복음서 전반에 걸쳐서, 계몽된 자(참된 제자들)와 아직 계몽되지 못한 자들이 뚜렷이 구분되고 차별되어 있다. 전자는 예수가 하신 은밀한 말씀들을 이해할 수 있는 능력, 즉 관찰력과 숭고한 정신을 가진 자들이다. 바로 이 점 때문에 그들은 후자의 사람들과 구별된다. 배타성[11]은 도마의 사상에서 나타나는 독특한 요소 중의 하나이다. 우리는 예수의 참된 제자가 되기에 합당하다고 생각되는 계몽된 자들

터 네 자신을 위해 물을 가득 채우라… 너희 목마르고 갈증난 자들은 다 오라."

11 발렌티니안파들에 대한 Irenaeus의 설명에 따르면(Adv. haer. I. 30, 14), 예수는 그의 부활 이후에 18개월 동안 그의 제자들 가운데 현존해 계시면서 그 기간 동안에 마지막 진리를 오직 위대한 비밀들을 파악할 수 있는 자들에게만 전해주셨다. *Jesu Christi Sophia*, 191, 135 에서도 구주께서 그의 교훈을 오직 성숙한 자들에게만 설명해 주셨다고 언급되어 있다.

을 설명해 주는 단어들을 몇 가지 살펴보고자 한다.

'외로운 자', '홀로 있는 자', '선택된 자'의 의미인 콥트어 '모나코이' (μοναχοι)는 희랍어로 그냥 '모나코스'(μοναχˆς)라고 음역되었다. 따라서 학자들 간에는 이것이 단순한 용어상의 연상에 지나지 않는 것으로 의견의 일치를 보고 있다. '외로운 자'라는 단어가 나타나 있는 16편, 49편 및 75편[12] 말씀들 가운데에는 '수도사들'이란 사상에 대한 언급이 전혀 없다. 이 단어는 예수의 참된 제자가 되기에 합당한 선택된 인간 그룹을 가리킨다.[13] 학자들 간에는 이 단어가 특별한 계급의 고급 영지주의자들을 가리키는 것인지 혹은 일반적인 영지주의자들을 가리키는 것인지 많은 논란이 있어 왔다.[14] 그러나 그 단어가 특별한 계급의 고급 영지주의자들을 가리키고 있다는 견해를 확인해 줄 만한 충분한 근거가 전혀 없는 것으로 보인다. 왜냐하면 그런 말씀 중에는 고급 영지주의자와 일반 영지주의자들을 구분해 줄 수 있는 정확한 언급이 하나도 없기 때문이다. 오히려 계몽된 자와 계몽되지 못한 자를 구별하는 것이 더 적절할 것이다. 이 경우에는 계몽된 자가 바로 '외로운 자' 혹은 '선택된 자'이다. 이런 사람들이 지식에 의해 계몽된 자들이며, 구원에 이르는 길을 찾은 자들이다.

'외로운 자' 혹은 '혼자 있는 자'란 말이 성적으로 중성 상태로 되돌

---

12 따라서 도마복음서의 연대를 영지주의의 수도원 생활의 발생 이후로 계산할 필요는 없다. W. C. Till은 도마복음서의 저자가 비전적(秘傳的) 교훈의 대변자(대표자)인 영지주의 수도원 그룹에 근사하다고 주장한다. W.C. Till, "New Sayings of Jesus in the Recently Discovered Coptic Gospel of Thomas," *BJRL* 41 (2, 1959): 446-458.

13 이 단어가 16편 말씀에서는 복수형으로도 나타나 있기 때문에 어떤 특별한 개인을 가리킬 수는 없다.

14 예를 들어 Till, *BJRL* 41, 452; Gärtner, *op. cit.*, 228; Grant · Freedman, *The Secret Sayings of Jesus*, 13.

아간 사람들을 가리키는 것인지도 의문스럽다. 클린(A. F. Klijn)[15]은 '혼자 있는 자가 되는 것'이 타락 이전의 아담처럼 되는 것을 의미한다고 주장하였다. 만일 우리가 85편 말씀의 첫 부분만을 생각한다면 이런 사상도 보장될 수 있을 것이다: "아담은 큰 세력과 큰 부귀로부터 생겨났다." 그러나 이 말이 타락 이전에 아담이 남자이며 동시에 여자도 있었던 것을 가리키는 것인지는 확실치가 않다(창 1:26-27). 더구나 이 말씀 이외에는 도마복음서 어느 곳에서도 '외로운 자'란 말이 아담과 연결되어 있지 않다.

오히려 '혼자 있는 자'란 말은 자기 인식을 얻어 악한 물질적 세력으로부터 해방되어 빛의 영역, 즉 자신의 출생지인 하늘 세계로 되돌아간 자를 의미할 것이다.

'어린 자들' 혹은 '어린아이들'이란 말도 근본적으로는 '외로운 자'란 말과 같은 의미를 갖고 있다. 이 용어는 참된 제자들, 즉 계몽된 영지주의자들을 가리키는 말로 해석되어야 한다. 사실상 그 용어는 영지주의 문헌 가운데서[16] '영적인 자들', '완전하고 합당한 자들' 그리고 '구원된 자들'을 나타내는 정해진 용어이다.

계몽된 영지주의자들이 계몽되지 못한 일반 사람들과 구분된다는 사상은 107편 말씀 가운데서 가장 분명히 드러나 있다(마 18:12-13; 눅 15:4-6 참조). 이 말씀이 공관복음서의 평행 본문과 다른 독특한 점은 하나님의 나라가 가장 큰 양을 잃어버린 목자와 같다고 말하는 점이다. 누가복음 15:4-6에서는 잃은 양이 죄인과 세리들이며, 이들은

---

15 A. F. Klijn, "The 'Single One' in the Gospel of Thomas," *JBL* 81 (3, 1962): 271-298.
16 예를 들어 Manichean Kephalaia 19:28f.; *Excerpta ex Theodoto*, 11:1; Pseudo-Clementine 18:15; *Gospel of Truth*, 49:19f.; 19:29f.

의인과 반대된다. 그리고 마태복음 18:12-13에서는 비유의 관심이 배교자가 되어버린 형제에 대한 열심에 집중되어 있다. 그러나 이 말씀에서는 목자가 특별히 가치가 있는 양을 찾아 헤매고 있다. 세르포(Cerfaux)[17]는 이 비유가 영지주의자들이 아주 좋아하는 비유이며, 그들이 이 비유를 그들 자신의 목적을 위해 적용한 것이라고 말하고 있다. 우리는 다른 두 말씀, 즉 '큰 가지'(20편 말씀)와 '크고 좋은 물고기'(8편 말씀)에서도 107편 말씀과 비슷한 사상을 찾아보게 된다. 이런 말씀들도 분리의 사상 및 영지주의에 대한 특별한 관심을 나타내 준다.

'빛의 사람'(24, 50편 말씀)이란 문구도 보통 사람과는 다른 계몽된 자들을 가리키고 있다. 영지주의 사상에서는[18] 구원의 길을 발견할 능력을 가진 사람을 빛으로부터 나온 사람이라고 생각한다.

계몽된 자와 계몽되지 못한 자의 차이는 전자가 지식을 추구하여 그것을 찾은 데 반해서 후자는 맹목적으로, 술 취한 상태로, 텅 빈 상태로 그리고 자신의 무지조차도 깨닫지 못한 채로 남아 있다는 사실에 있다. 도마는 인간이 자신의 영혼을 위해 노력하는 것을 굉장히 강조하고 있다: "구원을 추구하는 것은 인간 자신의 행위(밭갈이)이다"(109편 말씀). "찾는 자는 발견할 때까지 찾는 일을 쉬지 말지어다"(2편 말씀)란 말은 지식을 발견하려는 자가 열심히 일해야 한다는 요구를 나타내 준다. 신약성서의 메시지와는 다르게 예수께서 먼저 인간에게 나아오시는 것이 강조되어 있는 것이 아니라, 하늘 세계의 지식을 찾아 발견하려는 인간 자신의 노력이 강조되고 있다. 24편 말씀이

---

17 Cerfaux, *Muséon*, 70 (1958), 314, 322f.
18 예를 들어 *Pistis Sophia*, ch.125.

이런 사상을 분명히 표현하고 있다: "그의 제자들이 그에게 말하되 당신께서 계신 곳에 대해 가르쳐 주옵소서. 우리가 그곳을 찾는 일이 필요하기 때문이니이다." 76편 말씀도 사람이 보화(지식)를 찾기 위해 부단히 애쓰는 노력에 대해 말하고 있다. 마지막으로 90편 말씀에서는 인간의 노력의 필요성이 가장 강하게 요구되어 있다: "예수께서 이르시기를 내게로 오라 이는 나의 멍에는 가볍고 나의 지배는 부드럽기 때문이니 너희가 너희 자신을 위한 휴식을 찾으리라." 이 말씀의 강조점은 마지막 줄에서 찾아야 하는데, 공관복음서의 평행 본문과 비교해 볼 때, 이 점이 중요한 차이점이 되어 있다. 여기에 나타나 있는 사상은 구원이 개인 각자의 노력에 의해 추구되고 획득된다는 것이다.

V. 구원관

　도마복음서에는 구원의 상태와 또한 그런 구원의 상태에 이르기 위한 방법을 표현해 주는 말이 많이 포함되어 있다. 복음서의 서언에 보면, "이 말씀들은 은밀한 말씀들이니… 이 말씀들의 설명을 찾는 자는 누구나 죽음을 맛보지 않으리라"는 말이 나온다. "죽음을 맛보지 않으리라"[1]는 문구가 자꾸 반복되어 나타나 있는데, 이 문구가 구원의 상태를 나타내 준다. 반면에 "이런 말씀들의 설명을 찾는" 것이 구원을 얻는 방법으로 설명되어 있다.

　도마에 의하면, 참된 지식을 얻은 자[2]는 죽음을 맛보지 않게 된다. 즉, 그들은 이미 구원을 얻었다.[3] 이 구원은 지식을 통해 얻게 되는데, 이 지식은 자기 자신의 상황(3편 말씀)과 또한 자기 영혼의 신적인 기원(49, 50편 말씀)에 대한 지식이다. 구원 상태는 몸의 부활을 의미하는 것이 아니다. 구원은 몸과는 아무런 상관도 없고, 오직 영혼과만 상관이 있다. 왜냐하면 몸은 본질상 썩을 수밖에 없는 물질이며, 인간 속에 빛의 요소를 가두어 두는 역할을 하고 있기 때문이다. 그랜트(R. M. Grant)가 말한 바와 같이, "지식은 내적, 영적 인간의 구원이다."[4]

　도마복음서에는 구원의 상태를 '휴식'이란 말로 규정하고 있다.

1　11, 18, 19편 말씀; 61, 111편 말씀.
2　예를 들어 5편 말씀 "네 이전에 있는 것을 알라"; 91편 말씀 "네 이전에 계신 분을 알라"; 3편 말씀 "네 자신을 알라"; 109편 말씀 "아들은 감추어진 것을 알지 못했다."
3　마태복음 8:22; 로마서 7:24; 에베소서 5:14.
4　Grant, *Gnosticism and Early Christianity*, 7.

이 단어가 몇몇 말씀들 가운데서 나타나 있다(예를 들어 50, 51, 60, 90편 말씀). 이 단어는 인간이 지식을 얻은 후에 더 이상 물질세계의 속박 아래 있지 않은 상태를 설명하는 데 사용되어 있다. 그 단어는 인간이 세상의 물질적 세력에 의해 갇혀 있게 됨으로써 떨어져 나오게 된 빛, 곧 살아계신 아버지의 하늘 세상으로 돌아가는 상태를 말한다. 그 상태가 시간적으로 미래에 있을 사건은 아니다. 오히려 적극적인 탐구의 태도를 통해 지식을 얻은 자들에게 일어난 현재적 실재이다. 우리는 이 사상이 진리의 복음서에서도 평행 본문으로 나타나 있는 것을 찾아볼 수 있다: "만약 어떤 사람이 지식을 가지고 있다면 그는 위로부터 난 자이다. 만약 그가 부름을 받는다면 그는 자기를 부르시는 분에게도 다시 올라가기 위해서 그에게 귀를 기울이고, 대답하며, 그에게로 돌아선다"(22:3-7).

이런 구원 상태로 되돌아가는 조건에 대해 질문할 수도 있다. 도마 복음서에는 이 질문에 대한 독특한 대답들이 있다. 27편 말씀에는 다음과 같은 말이 기록되어 있다: "만약 너희가 세상으로부터 금식하지 아니하면, 너희는 하나님의 나라를 발견하지 못할 것이다." 세상을 버리는 이런 습관이 구원에 이르기 위한 절대적 조건이다. 64편 말씀은 누가복음 14:16-24에 평행 본문을 갖고 있는데, 세상 문제들에 대해 집착했기 때문에 잔치에 초대받는 것을 거절해버린 결혼식에 초대 받은 손님의 비유를 전하고 있다. 그 말씀은 다음과 같은 말들로 결론지어지고 있다: "상인과 장사꾼들은 내 아버지의 장소에 들어가지 못할 것이다." 비슷한 사상을 보여주고 있는 다른 말씀도 많이 있다(76, 78편 말씀 참조). 따라서 자신을 물질적 관심의 속박으로부터 해방시키는 것이 구원을 얻기 위한 조건이다.

예레미아스(J. Jeremias)는 "세상으로부터 금식…"이란 문구를 가진 27편 말씀에 대해 언급하면서 이런 타계적 실천이 초대교회 안의 금욕주의적 경향 때문인 것으로 생각하려고 한다.5 게르트너는 이 문구가 초대교회 안에서 거의 물질적인 생활을 나타내는 전문적인 표현으로 사용되었다고 주장한다.6 그러나 이런 실행을 초대교회에 있었던 경향으로 생각해버린다고 하더라도, 도마복음서 전반에 걸쳐서 금욕주의가 굉장히 강조되어 있고 또한 구원을 얻기 위한 본질적인 조건으로 나타나 있는 점에 주목해야 한다.

37편 말씀에서는 성생활이 포기되어 있는 것으로 생각되는데, 그 말씀에는 다음과 같은 놀라운 결론의 말이 나온다: "그의 제자들이 말하기를, '당신께서는 언제 우리에게 제시되며 우리는 언제나 당신을 볼 수 있겠습니까' 하니, 예수께서 이르시되 '너희가 어린아이들처럼 너희의 옷을 벗어 그것을 너희 발밑에 놓고 그것을 밟을 때, 그때에 너희는 살아계신 자의 아들을 보게 될 것이며, 두려워하지 않게 될 것이라'"(21편 말씀 참조). 이 말은 곧 계몽된 인간이 성생활을 포기하고 어린아이들처럼 순결하게 될 때, 비로소 구원이 그에게 현실로 나타나게 된다는 것을 의미한다. 예레미아스는 우리에게 "2세기 초기에 애굽에서는 성적 금욕주의를 종말 도래의 전제 조건으로 믿었던 영지주의 종파가 번창했었다"는 사실을 알려주고 있다.7 그러나 우리가 도마복음서 안에서 그런 환경 가운데서 생겨난 애굽인의 복음서에 비슷한 평행 본문을 찾아낸다고 하더라도, 도마복음서에서는 성생활

---

5 Jeremias, *Unknown Sayings of Jesus*, 13.

6 Gärtner, *op. cit.*, 134f.

7 Jeremias, *Unknown Sayings of Jesus*, 17.

의 포기가 시간적으로 미래에 있게 될 종말 기대와는 아무런 연관성이 없다. 그런 습관은 그 자체가 지금 여기서 참 제자가 되어 구원에 인도되기 위한 공로적인 습관일 뿐이다.

| 3장 |

기독론적 주제들

앞 장에서 우리는 기독론 문제와 관련된 여러 가지 신학적 주제들을 간략히 연구해 보았다. 넓은 의미에서는 그런 주제들이 모두 기독론적 주제들이라고도 말할 수 있다. 왜냐하면 그런 주제들이 모두 이런저런 방법으로 예수의 인격과 활동에 대한 도마의 견해와 연관되어 있기 때문이다. 도마 사상의 기독론적 요소는 오직 직접적으로 기독론적이라고 생각될 수 있는 말씀들 가운데에만 나타나 있는 것이 아니라, 여러 가지 주제들을 다루고 있는 거의 모든 말씀 가운데서 드러나 있기도 하다. 이렇게 기독론적 주제는 다른 주제들과 밀접하게 연관되어 있다. 전자는 오직 후자를 근거로 할 때에만 올바로 이해될 수 있다. 이런 이유 때문에 우리는 기독론에 대한 논의를 전개하기 위한 일종의 준비 작업으로서 다른 주제들을 다루었다. 우리는 이런 이해를 가지고 다소 직접적으로 기독론적이라고 생각될 수 있는 도마복음서의 단어들과 말씀들에 관심을 돌려보고자 한다. 그러나 기독론적 주제에 대한 문제를 추구하기 전에 먼저 문제 자체만이 아니라 연구의 방법을 분명히 밝혀 줄 수 있는 중요한 문제들이 있다는 것과 그것을 고려해 보아야 한다는 것을 지적해야만 한다.

　　사실상 도마는 초기에 나온 대부분의 영지주의적 기독교 문서들과 마찬가지로 예수에게 중심적인 위치를 부여하고 있다.[1] 우리의 도마복음서도 일반적으로 이런 부류 가운데 하나로 분류되어 왔다. 비록 도마가 예수에 대해 약간 특별한 설명을 하고 있기는 하지만, 그가 예수께 중요한 위치를 부여하고 있지 않다고 그를 비난할 수는 없다. 도마가 예수에게 상당히 중요한 위치를 부여하고 있는 사실을 고려할 때, 우리는 도마복음서의 신학이 기독론에 중심을 두고 있다고 규정할 수도 있다. 이 복음서에 기록된 모든 말씀이 다 예수께서 하신 말씀으로 소개되어 있는 단순한 사실도[2] 도마가 특별히 관심을 기울이고 있는 기독론이 핵심을 이루고 있다는 점을 암시해 줄 것이다.

모든 말씀에서 우리는 다음과 같은 서론적인 문구를 찾아볼 수 있다. 즉, 때때로 "예수께서 이르시기를"이라고 시작하거나, "예수께서 그의 제자들에게 이르시기를"이라고 시작하기도 하며, 혹은 "그가 말씀하시기를"이라고만 언급되어 있기도 하다. 다른 곳들에서는 제자들이 집단적으로 혹은 개인적으로 예수에게 질문을 제기하고 그 뒤를 이어 예수가 답변하는 것으로 되어 있기도 하다. 어떤 말씀들에는 이른바 '기독론적 질문'이 포함되어 있기도 하다. 예를 들어 어떤 경우에는 예수 자신 이 명령형의 형태로 그런 질문을 시작하시기도 한다: "내가 누구와 같은지 비유로 내게 말하라"(13편 말씀). 43편 말씀

---

1 빌립의 복음서도 나그함마디 문고에 속한 것인데, 이 복음서에서는 예수가 중요한 위치를 차지하고 있다. Leipoldt · Schenke는 그의 저서 *Koptisch-gnostisch-Schriften aus den Papyrus-Codices von Nag-Hammadi* (Hamburg-Bergstedt, 1960), 33에서 이 복음서 안에서 예수를 가리키고 있는 여러 말씀들을 열거하고 있다.

2 물론 다른 사람의 것으로 생각되는 말씀들도 있는데 대부분은 그의 제자들의 질문 형태로 되어 있다. 그러나 이런 말씀들은 오직 예수의 말씀을 소개하기 위한 계기만을 마련하고 있을 뿐이다.

에서와 같이 때로는 제자들이 질문을 제기하기도 한다: "… 당신이 누구시기에 이런 말씀들을 우리에 하시나이까?", 61편 말씀에서는 "당신은 누구시오며 누구의 사람입니까?" 그리고 91편 말씀에서는 "당신이 누구신지를 우리에게 말씀하사 우리로 당신을 믿게 하옵소서"란 말이 나온다. 이처럼 표면상으로는 우리가 도마복음서의 기독론을 구성할 수 있을 만한 많은 정보가 이 복음서 안에 있는 것으로 보인다. 그러나 자세히 연구해 보면 우리는 곧 심사숙고하지 않으면 안 될 여러 문제에 부딪히게 된다. 만일 우리가 도마복음서 안에서 일관성 있는 사상을 찾아낼 수 없을 정도로 아주 다양한 자료들이 많이 포함되어 있다는 사실을 알게 된다면, 기독론적 주제를 체계적으로 다루어보고자 하는 시도가[3] 전혀 불가능한 것처럼 보이게 된다. 도마는 자료들을 통일성 있게 다룰 수 있는 일관된 사상을 보여주지 않는다. 실제로 도레스(Doresse)[4]가 지적한 바와 같이, 복음서의 내용이 전체적으로 통일성을 결여하고 있다. 어떤 말씀들은 예수가 지상에 살아계실 때 하신 말씀으로 소개되어 있는데, 어떤 다른 말씀들은 부활하신 주님께서 주신 말씀으로 제시되어 있다. 성격상 서로 다르고 이질적인 말씀들 이 서로 하나씩 계속 연결되어 나오고 있으며,[5] 제한

---

3 Turner의 연구 방법은 이 복음서의 '영성'(Spirituality)을 결정하는 것이다. 그는 이 문서의 성격이 교리 체계를 형성하려고 의도된 것이 아니기 때문에 신학 체계를 구성하는 것은 불가능하다고 본다. Turner · Montefiore, op. cit., 113.

4 Doresse, The Secret Books of the Egyptian Gnostics, 341.

5 Wilson은 그 점에 관해 다음과 같이 말하고 있다: "특별한 말씀들이 약간 자주 나타나 있는 사실은 점차로 수집 작업이 계속되면서 서로 다른 요소들이 서로 다른 시기에, 서로 다른 사람들에 의해서 아마도 서로 다른 장소에서 상이한 자료들로부터 첨가되었음을 지시할 수도 있다." H.-Ch. Puech도 이와 비슷한 견해를 갖고 있다: "말씀에 대한 이런 수집을 기록된 때와 정신이 서로 다른 본문들로부터 수집된 명문집에 지나지 않는 것처럼 보일

된 수의 기독론적 주제가 상이한 용어로 표현된 채로 여기저기서 다시 나타나 있다. 때로는 이런 말씀들이 서로 다른 말씀들과 모순되는 것으로 나타나기도 한다.

몇 가지 예만 제시해본다면 15편 말씀은 예수가 여자의 몸에서 나지 않았다고 말해주는 것 같은데, 28편 말씀은 예수가 이 땅에 육신으로 존재했음을 암시하고 있다. 도마가 어떤 경우에는 예수가 하늘 아버지와 동등된 분으로 설명하고 있는데(61편 말씀), 다른 경우에는 자신과 제자들 간의 차이를 부인하여 마치 그가 단지 인간에 지나지 않는다고 암시하고 있다(13편 말씀). 77편 말씀은 일종의 범(汎)그리스도적 사상을 암시하고 있는데 반해서 13편 말씀은 예수가 모든 인간의 이해력을 초월해 계신 자라고 말하고 있다. 더구나 17편 말씀은 인간이 예수와 같은 하늘 존재를 육체적으로 알 수 있는 길이 전혀 없다는 사상을 보충하고 있다.

복음서의 전체적 배열에 관해서는 일관된 문학적 원칙이 없는 것으로 보인다.6 수집의 처음 몇 줄을 차지하고 있는 서론 이후에는 모두 서로 독립된 말씀들이 나오고 있다. 이런 말씀들은 "예수께서 이르시기를" 혹은 "그가 말씀하시기를"이란 인위적인 문구들로 연결되어 있을 뿐, 어떤 설화 형태로 발전되어 있지 못하다. 따라서 말씀 간에 아무런 논리적 연관성이 없다. 오직 몇 군데에서만 말씀들이 중요한 연결 단어(예를 들어 28-29편 '육체'; 50-51편 '휴식'; 83-84편 '유사성',

---

것이다." In his communication to the Academy of Inscriptions and Belles-Lettres (May 24, 1959).

6 빌립의 복음서에서도 분명하고도 일관성 있는 문학 원리가 채용되어 있지 않다는 사실을 우리는 알고 있다. 때때로 여러 말씀들이 '중요 연결 단어' 혹은 반복되는 주제에 의해 결합되어 있다.

'형상')나 또는 비슷한 주제들(예를 들어 24-26편 '어두움', '눈', '눈의 들보'; 47-49편 '두 주인', '통일성 속의 두 개', '외로운 자')에 의해 서로 연결되어 있다.

주제들의 시작, 발전 및 결론을 분명하게 찾아낼 수 있는 가능성이 전혀 없기 때문에 저자의 사상에 대한 연속된 분석 방법을 이 복음서에 적용한다는 것은 거의 불가능하다. 결과적으로 우리로서는 저자의 신학적 구조를 체계화시키기가 아주 어려울 것으로 보인다.

그러나 말씀 간에 일관된 연속성이 없고 또 도마복음서의 사상이 다양하고 모순이 있다고 하는 점을 인정한다고 하더라도, 도마의 예수 이해에 대해 일반적으로 일관성 있는 설명을 끌어내는 일이 완전히 불가능한 것은 아니다. 복음서의 구조와 내용은 최소한 기독론 문제에 대한 저자의 신학적 경향을 찾아낼 수 있는 실마리를 우리에게 제공하고 있다. 우리가 이미 논의했던 여러 주제들에 대한 연구를 통해서 저자의 일반적인 신학적 방향을 규명할 수는 있게 되었다. 이것이 기독론 문제의 경우에도 마찬가지일 것으로 생각되는데, 그 경우 비록 도마복음서가 기독론에 대한 일관성 있는 체계적 논의를 포함하지 않지만, 개개의 단어들과 말씀들이 저자의 기독론적 이해를 대체적으로 일관성 있게 설명해낼 수 있는 중요한 실마리를 제공하게 될 것이다. 우리가 그런 말씀들과 단어들을 때로는 하나씩 연구하고 그리고 때로는 서로 보충하여 비교해가면서 여러 문맥 속에 산재해 있는 같은 주제 혹은 비슷한 단어들을 함께 모아 연구해 봄으로써 그런 일을 해낼 수 있게 될 것이다.

그와 같은 연구의 결과로 저자의 자료 이용과 그의 신학적 목적이 흔히는 불가분리의 관계에 있다는 사실과 또한 이 복음서가 어떤 신학적 목적을 가지고 저술되었다는 사실과 또한 아마도 자료들의 선택이 저자의 기독론적 관점에 의해 결정되었을 것이라는 사실이 밝혀지게 될 것이다. 결국 우리는 기독론과 관련이 있는 말씀 속에 담겨 있는 독특한 요소들을 지적함으로써 도마복음서의 기독론을 구성할 수가 있게 될 것이다.

이런 이유 때문에 우리는 기독론적 주제들에 대한 체계적인 논의와 함께 개개 단어들과 말씀들에 대한 비판적 연구가 행해져야 한다고 믿는다. 이런 방법을 채택함으로써 기독론에 관한 도마복음서 저자의 목적과 의도를 밝혀낼 수 있게 되기를 바란다. 이제 우리는 기독론 연구에 관련된 것으로 생각될 수 있는 말씀들을 먼저 연구하는 일에서부터 시작할 것이다. 체계적인 연구를 위해서 우리는 이런 개개의 말씀들을 여러 부제로 분류하여 논의하고자 한다.

I. 예수와 계시

이 복음서의 서론은 예수의 역할 및 그의 복음서의 성격에 대한 도마의 이해의 기본 전제를 우리에게 말하고 있다: "이것들은 살아계신 예수께서 말씀하시고 디두모 유다 도마가 기록한 은밀한 말씀들이다." 도마복음서의 저자에 의하면, 예수의 사역은 부활하신 주님으로서 은밀한 말씀들을 전해주는 활동에만 한정되어 있다. 예수를 계시자로 보는 이런 이해는 도마가 서론에 이어 예수의 여러 말씀들을 '은밀한 말씀들'로 전해주는 기본 전제를 이루고 있다. 복음서 전반에 걸쳐 예수는 그의 활동에 관한 한, 오로지 은밀한 구원 지식의 계시자로만 나타나 있다. 다른 한편으로 예수로부터 은밀한 말씀들을 전해 받은 작은 그룹의 제자들은 은밀한 지식의 추구자들에 지나지 않았다. 도마에 따르면, 이것이 예수와 그의 제자들 간의 기본 관계이다. 우리는 도마복음서의 가장 중요한 특징 중의 하나가 제자들이 여러 가지 주제들에 대해 질문하고,[1] 예수가 그런 질문에 대해 비전적 지식이 담긴 대답을 제시해주는 것이었다고 하는 사실을 알고 있다. 그들에게 있어서 본질적인 요인이었던 것은 계시자이신 예수께서 전해 준 지식이었다.

38편 말씀[2]은 이미 이레네우스에게 알려졌던 것과 비슷한 형태인

---

1 예를 들어 18, 20, 24, 37, 43, 51, 91, 113편 말씀 등.

2 Grant(*Vig. Chr.* 13, 171)와 Leipoldt(*TLZ* 83, 495f.)는 38편 말씀이 성경 이외에 나오는 그리스도의 어록과 요한 7:34, 36이 결합된 것일 수 있다고 생각한다. cf. Grant·Freedman (*The Secret Sayings of Jesus*, 82f.)은 누가복음 17:22로부터 발전된 것이라 보고 있다. 그러나 그들은 중요한 점, 즉 "예수의 계시 가운데 나오는 강조점과 그것 없이 존재하는 무지"를 지적하고 있다.

데,[3] 제자들이 은밀한 말씀들을 전해줄 수 있는 유일한 분, 즉 예수 자신으로부터 그 말씀들을 듣기 원하는 것으로 설명하고 있다. 여기서 도마는 예수가 구원 지식을 전해주는 독특한 계시자이며 어느 누구도 그의 역할을 해낼 수 없다고 강조하고 있다. 그러나 그는 부활하신 주님으로서 곧 그의 제자들은 떠나게 될 것이며, 그래서 제자들은 홀로 남게 되어 결과적으로 그들의 추구는 헛된 일이 되어버릴 것이다. 이 말씀과 비슷한 평행 본문이 요한복음 7:34과 누가복음 17:22에서 나타나 있다. 그러나 여러 가지의 차이점들이 있는 것[4] 이외에도 이 말씀의 요점은 누가와 요한의 주요 요점이 그러하듯이 종말론적 언급이 있는 것이 아니라, 제자들이 예수를 현재의 시간에 은밀한 말을 계시해 주시는 분으로 찾아 발견해야 한다는 긴박성에 있다. 근본적으로 똑같은 시상이 다른 문맥에서 92편 말씀 가운데 반복되어 있다: "예수께서 이르시기를 찾으라 그리하면 찾으리라. 그러나 너희가 요즈음에 구하는 것들을 내가 그때에는 너희에게 말하지 아니하였노라. 이제 내가 그것들을 말하고자 하나 너희들이 그것들에 대해 묻지 않는도다." 그랜트 · 프리드만(Grant · Freedman)[5]은 서론에 뒤따라 나오는 문장들이 요한복음 16:4-5을 멋대로 잘못 번역한 것으로 생각하고 있다. 그러나 이 말씀의 일부에서 요한복음의 일부가 반영되어 있다는 점을 인정한다고 하더라도, 이 말씀 전체의 의도를 암시하고 있는 "찾으라 그리하면 찾으리라"는 서론 말씀의 중요성을 간과해

---

3 Irenaeus, *Adv. haer.* I, 20, 2.

4 38편 말씀은 '인자의 날'(누가)에 대해 언급하지 않으며, '바리새인, 제사장, 군인들'을 예수가 말씀하신 그의 원수들로 언급하지도 않는다.

5 Grant · Freedman(*The Secret Sayings of Jesus*, 186, cf. Leipoldt, in TIZ 83, 495)은 92편 말씀이 공관복음서의 말씀들을 결합시키고 있다고 생각한다(마 7:7과 눅 11:9).

서는 안 될 것이다. 38편 말씀에서와 마찬가지로 여기에서도 다시금 예수께서 전해주시는 은밀한 지식을 찾아 발견한다는 것이 말씀의 핵심을 이루고 있다. 같은 주제에 의해 결합된 92편, 93편 및 94편 말씀들이 마태복음 7:7, 6, 8의 순서로 배열되어 있는 사실은 흥미 있는 일이다. 아마도 저자는 고의적으로 92편 말씀을 먼저 편입한 것으로 보이는데, 그 이유는 이 말씀이 중요한 권면의 말로 시작되어 있기 때문일 것이다. 이 말씀의 문맥으로 보아 우리는 지상 예수의 사역과 계시자이신 부활하신 주님의 사역 간에 일종의 대립이 있다는 것을 전제하지 않으면 안 된다. 다른 말로 표현하자면 그 말씀은 비록 예수가 부활하기 이전에 이 땅 위에 있는 동안 제자들에게 은밀한 기일을 제시해주지는 않았지만, 이제 그가 계시자로서 제자들 앞에 나타나 있음을 지시하고 있다. 그러나 그는 그들이 새로운 교훈을 받아들이는 데 있어서 마음이 너무 느리다는 사실을 알게 된다.

5편 말씀과6 91편 말씀에서 우리는 두 가지의 중요한 문구들, 즉 "네 시선 안에 있는 것을 알라"와 "그리고 너희는 너희 얼굴 앞에 계신 분을 알지 못했다"라는 문구들을 발견하게 된다. 5편 말씀에 따르면 계시의 인식은 현존하는 것을 아는 일에서부터 시작한다. 즉, 계시자로서 은밀한 지식을 그들에게 전하고 있는 부활하신 주님께

---

6 Peuch는 연구의 초기 단계에서 "매장된 것은 다 부활될 것이다"란 문구(*Oxy. Pap.* 654)가 5편 말씀의 콥트어 역본에서는 생략되어 있음을 발견하였다(H.-Ch. Peuch, "Un logion de Jésus sur bandelette funeraire," *Revue de L'Histoire des Religions*, 1955, 126f.) cf. Jeremias: "'감추어진 것은 다 드러나게 될 것이다'란 말씀이 놀랍게도 그러나 2차적으로 '매장된 것은 다 부활될 것이다'란 평행 구문에 의해 확대되어 있다"(Jeremias, *Unknown Sayings of Jesus*, 16). 대부분의 학자는 콥트어 편집자가 죽은 자의 부활에 대한 언급을 생략한 이유가 그것이 그의 신학 사상에 맞지 않았거나 혹은 콥트어 도마복음서를 사용하던 집단에 용납될 수 없었기 때문이었다고 생각하는 경향이 있다.

대한 인식에서 시작된다. 비슷한 문구를 갖고 있는 91편 말씀을 생각해 보면, "네 시선 안에 있는 것"이 예수 자신 이외의 다른 것을 가리키는 것이 아닌 것으로 보인다. 이 91편 말씀의 요점도 제자들이 예수를 계시자로 인식하지 못하는 데 집중되어 있다: "… 그리고 너희는 너희 얼굴 앞에 있는 분을 알지 못했다." 도마를 제외하고는 예수의 가까운 제자들조차도 예수를 올바로 이해하지 못했다는 사실이 13편 말씀 가운데 기록되어 있는데, 이 말씀에 보면 베드로와 마태가 예수에 대한 그들의 인상을 각기 '의로우신 천사' 그리고 '이해력이 있는 현인'으로 표현했다고 전해진다.

5편 말씀에 대한 그랜트 · 프리드만의7 해석은 그 말씀의 요점을 제대로 파악하지 못하고 있다. 그들의 해석에 따르면, "네 시선 안에 있는 것을 알라"는 문구는 아마도 일상적인 지식, 즉 일종의 자기 인식의 형태를 가리키고 있다. 그들은 이런 의미를 뒷받침하기 위해서 다음과 같이 나시느의 말씀에 대한 히폴리터스의 설명을 인용하고 있다. "완성의 시작은 인간에 대한 지식이다. 온전한 완성은 하나님께 대한 지식이다"(Hippolytus, Ref. 5,6,6). 그러나 91편 말씀은 물론 이 말씀이 자기 자신에 대한 인간의 인식이 예수를 계시자로 아는 인식보다 우선한다고 의미하는 것은 아니다. 두 말씀의 문맥은 강조점이 자기 인식의 중요성에 있는 것이 아니라, 계시자에 대한 인식에 있음을 지시하고 있다.

52편 말씀, 즉 "너희가 너희 앞에 계신 살아계신 분을 버리고 죽은 자에 대해 말하였다"는 말씀과 59편 말씀, 즉 "너희가 죽지 않기 위해서

---

7 Grant · Freedman, *The Secret Sayings of Jesus*, 124.

그리고 살아계신 자를 보려고 하나 보지 못하는 일이 없기 위해서 살아있는 동안 그분을 바라보라"는 말씀도 5편 및 91편 말씀에 비추어 해석되어야만 한다. 실제의 표현이 약간 다르기는 하지만, 이 말씀들이 의도하고 있는 기본 의미는 예수가 은밀한 지식을 계시해 주시는 부활하신 주님(살아계신 분)이라는 사실에 대한 인식의 중요성이다. 59편 말씀에서는 예수(살아계신 분)를 올바로 인식하지 못한 때 생겨나는 결과를 '죽는다'는 극단적인 단어로 표현하는데, 이 단어는 예수를 계시자로 인식하느냐 못하느냐에 생사의 문제가 달려 있음을 의미해 준다.

이것과 관련해서 또 다른 말씀을 하나 더 생각해 보아야 할 것이다. 43편 말씀은 제자들이 예수의 인격에 대해 제기했던 질문(91편 말씀 참조)으로 시작되어 있다: "당신이 누구시온대 우리에게 이런 것들을 말씀하시나이까?" 예수는 "내가 너희에게 말하는 것으로부터는 너희가 내가 누군지 알지 못한다"라는 말씀으로 그 질문에 대답하고 있다. 우리는 이 말씀의 평행 본문을 부분적으로 요한복음 8:25, 마태복음 7:16-20 그리고 누가복음 6:43-44에서 찾아볼 수 있다. 특히 첫머리에 나오는 질문과 그다음 내용은 요한복음에 나오는 평행 본문과 아주 비슷하다.[8] 그러나 질문 가운데 나온 '이런 것들'이 무엇을 의미하는지 전혀 알 길이 없는 반면에 요한에서는 유대인들의 질문의 동기가 분명히 나타나 있다. 그러나 도마의 말씀의 강조점은 분명히 "너희는 내가 누구인지 알지 못한다"라는 말에 있는 것으로 보인다. 그리고 우리가 이 말씀의 후반부를 공관복음서에 나오는 평행 본문들과 비교

---

8 요한복음 8:21-25에서와 같이 "너희는 내가 누구인지 알지 못한다'란 도마의 문구가 반(反)유대적 논쟁의 요소가 나타나 있는 문맥 가운데서 발견된다는 사실이 흥미롭다.

해 보면, 마태와 누가에서는 나무와 열매에 대한 예수의 언급에 뒤따라 예수께 순종하지 않은 채 예수를 향해 "주여, 주여" 하는 자들에 대한 책망이 나오고 있는데 반해서 도마에서는 유대인들처럼 제자들이 무지한 사실에 대해서 예수가 실망하는 것이 나옴을 알게 된다. 이렇게 도마복음서에는 예수와 제자들과의 관계에 있어 제자들의 위치가 순종에 의한 개인적 관계의 위치가 아니라 예수를 계시자로 인식해야 할 책임의 위치이다.

이제까지 논의했던 말씀들로부터 우리는 예수가 도마에게 있어서는 무엇보다도 은밀한 말씀의 계시자, 구원 지식의 중재자였다고 결론 내릴 수가 있다. 예수를 계시자로 보는 도마의 이해가 그의 전체 기독론 가운데서 핵심적인 위치를 차지하고 있기 때문에 이 근본적인 요점을 강력히 강조해야만 한다. 그러나 예수를 은밀한 지식의 계시자로 보는 도마의 이해가 도마의 기독론 문제에 있어서도 본질적 요인이 되어 있는 아주 중요한 특징을 갖고 있다는 사실을 주목해야 한다. 도마복음서의 주요 특징 중의 하나는 도마가 예수를 작은 그룹의 제자들과만 연결되어 있는 좁은 범위를 초월하여 제시하지 않는다는 점이다. 예수는 자기의 제자들이라고 하는 일정한 그룹에 대해 관심을 갖고 있으며, 은밀한 구원 지식을 그들에게만 계시해 주신다. 우리는 저자가 이 문제에 관한 자신의 사상을 어떻게 제시하고 있는가를 알아보기 위하여 몇 가지의 말씀들을 살펴보고자 한다.

107편 말씀이 이 문제에 관해 중요한 빛을 던져주고 있다: "예수께서 이르시기를 하늘나라는 100마리의 양을 가진 목자와 같다. 그 양들 중 가장 큰 하나가 길을 잃었다… 나는 아흔아홉 마리의 양들보다도 너희를 더 사랑한다." 이 말씀이 도마가 공관복음서 전승에 접근했을 가능성9을 보여주고 있기는 하지만, 공관복음서에 평행 본문들과는 다른 의미를 전하고 있다(cf. 마 18:12-17; 눅 15:4-6). 공관복음서의 평행 본문들에서는 이 비유가 하늘나라의 비유가 아니다. 그러나 우리가 앞의 논의로부터 도마복음서에 나오는 하늘나라의 개념이 개인적인 개념으로 바뀌어 있었다는 점을 상기한다면, 여기서 하늘나라가 잃은 양을 찾는 한 목자와 동일시되고 있는 것이 부자연스러운 일도 아니다.

그러나 이 말씀과 공관복음서의 평행 본문 간의 주요 차이는 도마에서는 목자가 계시자이신 예수 자신을 가리키고 있고 또 그가 가장 큰 잃은 양을 찾고 있다는 사실이다. '가장 큰'이란 말은 가장 귀한 제자들을 암시하고 있고, 예수께서는 오직 그들에게만 은밀한 지식을 계시해 주신다. 바르치(Bartsch)10는 이 말의 중요성을 과소평가하여 이 말씀이 설명적인 첨가에 지나지 않는 것으로 생각하고 있다. 예수가 오직 그의 제자들과만 관계하신다는 이런 배타성의 사상은 도마복음서 전반에서 분명히 드러나 있는데, 특히 62편, 8편, 20편, 96편 말씀들에서 강조되어 있다. 이 말씀들에 관해서는 곧 논의하게 될 것이다. 우리가 이미 논의한 바 있는 서론에서도 예수의 계시가 갖고 있는 배타성이 '은밀한 말씀'이란 말에 의해 암시되어 있는데, 그 말이 아무런 의미 없이 제시된 것이 아니다. 그래서 푸에치(Peuch)는 다음과 같이 말하고 있다: "그것(서론)이 문서의 목적의 성격을 규정하고

---

9 Doresse(*The Secret Books of the Egyptian Gnostics*, 342)는 이 말씀을 무엇보다도 신약성서에서와 똑같은 형태를 가진 본문으로 분류하고 있다. Turner는 경전의 영향이 가능한 말씀의 범주 속에 집어넣고 있다.

10 H. W. Bartsch, "Das Thomas-Evangelium und die synoptischen Evangelien," *NTS* 6 (1960), 255.

있다. 즉 이 문서는 은밀한 것이며 혹은 그렇게 생각되도록 의도되었고, 그래서 은밀한 발언들, 즉 입회하지 않은 사람에겐 갖추어진 은밀한 발언을 담고 있으며, 그 말씀의 해석은 그것을 발견할 수 있는 사람에게 영생을 보장해준다."[11]

우리는 이미 91편, 92편 및 93편 말씀이 '찾아 얻는' 주제에 의해 연결되어 있다는 사실을 알고 있다. 93편 말씀에 의하면 은밀한 지식을 '개'나 '돼지', 즉 그것을 이해할 수 없는 '합당치 못한 자'에게 던져주지 말아야 한다. 우리는 62편 말씀 가운데 나오는 다음과 같은 애매한 문구를 똑같은 식으로 해석할 수 있다:[12] "당신의 오른편(손)이 할 일을 당신의 왼편(손)이 알지 못하게 하라." 이 문구는 마태복음 6:3에 나오는 산상 설교의 말씀 가운데 평행 본문으로 나타나 있는데, "내가 나의 비밀들을 내 비밀들에 합당한 자들에게 말하노라"란 말에 뒤따라서 나온다. 논리적으로는 아무런 연관성도 없어 보이는 이 두 문구를 결합시켜 봄으로써[13] 터너(Turner)[14]는 진정한 신비들이 오른손(하늘 영역)으로부터 오는 것이지 왼손(창조신의 장소)으로부터 오는 것이 아니라고 추측하고 있다. 그러나 이 해석은 "너의 왼편(손)으로 하여금

---

11 Hennecke-Schneemelcher, N. T. Apoc. Vol. I, 286에 나오는 Puech의 논문.

12 Cullmann은 이 말씀이 공관복음서 형태의 말씀 범주에 속하는 것으로 분류하고 있는데 그러나 이 말씀이 주로 영지주의에 적합한 말씀이기 때문에 선택된 것으로 보고 있다 (Cullmann, *op. cit.*, 425).

13 이 말씀의 두 번째 부분은 마태복음 6:3의 경우에서와 같이 도덕적 행위와는 아무런 관계도 없다. 그러나 13편 말씀의 마지막 부분에 보면 그것과 비슷한 사상이 나타나 있다: "… 도마가 그들에게 말하기를 만일 내가 너희에게 그가 내게 말씀하신 말씀들 중 하나를 말한다면, 너희는 돌을 들어 내게 던질 것이다. 그리고 불이 돌로부터 나와 너희를 태울 것이다."

14 Turner · Montefiore, *op. cit.*, 89.

그 행하는 일을 알지 못하게 하라"고 명령형으로 되어 있는 후자의 문구를 밝혀 주지 않는다. 그 말씀의 문맥으로부터 볼 때, 도덕적 행동에 대한 것이 아닌 강력한 요구가 제자들에게 부여되어 있다고 말해야만 한다. 아마도 이 명령은 예수께서 그의 제자들에게 그들에게만 주어졌던 비밀들을 무분별하게 널리 알리지 말라고 명령하는 것으로 생각할 때 올바로 이해될 수 있을 것이다. 8편 말씀도 107편 말씀과 똑같은 사상을 암시하고 있다. 그러나 방법은 다르다: "그 인간은 바다에 그물을 던진 지혜로운 어부와 같다. 그가 바다로부터 작은 고기들로 가득한 그물을 끌어내었다. 그 가운데서 그는 크고 좋은 고기를 발견했는데, 지혜로운 어부인 그는 작은 고기들은 다 바닷속에 던져버렸고, 후회 없이 그 큰 고기를 선택하였다"(cf. 마 13:47-48).15 이것은 마태복음 13장에 나오는 하늘나라 비유들 가운데 평행 본문을 갖고 있는 비유 중 하나이다.16 그러나 우리는 마태복음 13장에 나오는 일곱 개의 비유들이 도마복음서에는 9편, 57편, 20편, 96편, 109편, 76편 그리고 8편 말씀의 순서로 흩어져 있다. 몽테피오르17의 견해에 의하면, 이 사실 때문에 도마가 경전복음서에 의존되었을 가능성은 별로 없을 것으로 보이는데, 왜냐하면 복음서에 배열이나 순서 가운데서 기록된 문서를 계속 따르고 있다는 것을 암시해 주는 요소가 전혀 없기 때문이다. 다음과 같은 파이퍼의 견해는 이런 생각에 반대되어 있다: "마태복음 13:47-50을 도마복음서가 제시한 원문의 수정으로

---

15 Quispel은 알렉산드리아의 Clement가 이 역본을 인용한 사실(*Strom* 6,95, 3)을 지적하고 있는데, 그 경우 이 사실은 도마가 독자적인 복음 전승을 사용했을 것이란 가정을 강력히 뒷받침하고 있다. *NTS* 5 (1959), 289에 나오는 그의 논문 참조.

16 다른 예들은 9, 20, 57, 76, 96편 및 109편 말씀들이다.

17 Turner · Montefiore, *op. cit.*, 32.

설명하기는 어려울 것이다. 확실히 본래의 비유는 도마복음서에 상당히 변형되어 있다."18 그러나 도마의 말씀(8편 말씀)이 마태의 비유(13:47-48)의 변형인지 또는 그것이 정체불명의 복음 전승에서 나온 말씀인지를 아주 확실하게 말할 수는 없다. 우리는 또 달리 도마가 복음서 기자들과는 다른 형태로 제시된 공통의 공관복음서 전승을 독자적으로 이용했을 가능성 혹은 이 비유의 공관복음서 전승이 도마의 손에 입수되기까지 여러 전승 단계를 거쳐 변형되게 되었을 가능성을 생각해 볼 수도 있다. 이 질문은 아직도 계속 가능성 있는 것으로 남아 있다.

그러나 우리의 목적을 위해서는 이 말씀의 비유 자료를 추적하려는 시도보다도 저자가 염두에 두고 있을 요점을 찾아내는 일이 더욱더 중요하다. 이 말씀의 초점은 "어부가 크고 좋은 고기를 발견했다", "그가 후회 없이 큰 고기를 선택했다"와 같은 말들에 있다. 베어(Beare)의 다음과 같은 지적은 옳은 말이다: "그 비유는 모든 종류와 모든 상태의 사람들을 하늘나라로 끌어들이는 제자들의 선교 활동에 대해 말하고 있는 것이 아니라, 구원에 합당한 소수의 엘리트를 선택하고 계신 예수 자신의 구속 행동에19 대해 말하고 있는 것이다."20

20편, 96편 및 107편 말씀들 가운데서는 비슷한 그러나 중요한

---

18 Otto Piper, "Change of Perspectives," *Interpretation* 16 (1961), 414.

19 Wilson(*Studies in the Gospel of Thomas*, 94)은 '사람'이 영지주의적 인간과 연관성이 있다고 주장한다. 그러나 여기서 '사람'이란 단어는 Wilson이 생각하고 있는 것처럼 인간 대중들로부터 선택된 영지주의자를 가리키는 것이 아니다. 그 말씀의 문맥은 그 단어가 예수 자신, 즉 무리 중에서 참 제자들을 택하시는 예수 자신을 가리키고 있음을 암시해 준다. cf. O. Cullmann, *The Christology of the New Testament* (Philadelphia:The Westminster Press, 1959), 151.

20 Beare, *Canadian Journal of Theology* Vol. 6 (1960), 110.

단어들, 즉 '경작된 땅', '큰 떡들', '가장 큰 양들'이란 말들이 나오고 있는데, 우리가 만일 8편 말씀을 그 말씀들 가운데 집어넣게 되면, 이런 단어들이 참된 제자들의 신분을 나타내어 주는 점과 또한 이런 말씀들 모두가 예수의 은밀한 말이 주어지게 될 제자들의 선택과 관련되어 있음을 발견하게 된다. 특히 20편 말씀 가운데서는 "그것이 경작된 땅에 떨어지게 되면 큰 가지를 만들어내게 된다"는 의미심장한 문구를 볼 수가 있다. '경작된 땅'이란 문구는 '경작된'이란 수식어가 붙어 있지 않은 공관복음서의 표현들, 즉 '밭', '땅', '정원' 등과는 다르다 (cf. 마 13:31-32; 막 4:30-32; 눅 13:18-19). 이 차이는 도마복음서의 경우 예수의 관심이 참 제자로 생각되어 있는 극소수의 사람들이라는 좁은 범위를 벗어나지 못하고 있음을 다시 한번 더 확인해 준다. 이 사상은 중요한 기독론적 의미를 갖고 있다. 다른 말로 표현하자면 이런 말씀들은 도마의 경우 예수가 죄인들을 찾으신다는 사상이 없음을 보여주고 있다. 따라서 복음서 기자들에게 있어서 그토록 중요한 죄의 용서와 은총의 사상이 전혀 고려되지 않는다.

이것과 관련해서 도마복음서에서는 우리가 현재 논의하고 있는 주제와 관련된 또 다른 특징이 있음을 말해야만 한다. 도마복음서와 경전복음서들 간의 뚜렷한 차이 중 하나는 도마복음서에는 예수가 오직 그의 제자들에게만 말씀하고 계신 데 반해서 경전복음서들에서는 청중이 어떤 경우는 그의 제자들이고, 어떤 때는 무리이며, 때로는 그의 적대자들이기도 하다는 사실에 있다. 예레미아스에 의하면[21] 초대교회의 필요에 따라 청중이 바뀌게 되었고, 따라서 의미도 바뀌게

---

21 J. Jeremias, *The Parables of Jesus* (New York:Charles Scribner's Sons, 1963), 33ff.

I. 예수와 계시 | 113

되었다고 한다. 그러나 그의 '변형의 법칙'은 예수의 본래의 '삶의 자리'로부터 기독교인들을 위한 권면의 목적으로 고의적으로 바뀌면서 청중이 바뀐 경우에 적용되어 있다. 그 법칙이 도마복음서의 경우에는 전혀 적용될 여지가 없다. 왜냐하면 도마복음서에는 예수의 청중이 오로지 제자들일 뿐이어서 교훈적 목적으로부터 나온 것이 아니기 때문이다. 사실상 도덕적 행동에 관한 한, 도마복음서에는 권면이 중요한 위치를 차지하지 않는다. 청중이 오직 제자들뿐이라는 사실22은 아마도 예수의 은밀한 말씀들이 오직 그가 선택한 제자들의 그룹에만 주어지게끔 의도되었다는 비전적(秘傳的) 생각을 가리키는 또 다른 지시일 수도 있다.

우리는 또한 몽테피오르가 지적했던 바와 같이23 도마복음서에 알레고리화 작업이 나타나지 않는 이유도 똑같은 식으로 설명할 수 있을 것이다. 예수의 은밀한 말씀들은 알레고리에 의해 널리 알려지게끔 의도된 것이 아니라, 전적으로 전수 받은 사람들 가운데서만 발전되어야 했다.

---

22 Kasser, *L'Évangile de Judas*, 47. 그는 예수가 13편 말씀에서는 오직 자신의 인격에 대한 제자들의 견해만을 질문하고 있다고 말한다. cf. 막 8:27-30; 마 16:13-20; 눅 9:18-22.
23 Turner · Montefiore, *op. cit.*, 61ff.

II. 부활하신 주님과 지상의 예수

이제 우리는 약간 어려운 문제들에 직면하게 되었다. 지금까지는 우리가 도마의 기독론의 원칙적 요소를 논의해왔다. 그리고 그것에 따르면 예수는 근본적으로 그의 제자들에게 은밀한 구원의 지식을 전해주는 계시자로 이해되어 있다. 여자에게서 나시고 세상에서 인간들 가운데서 사시고 십자가 위에서 죽으셨던 지상의 예수를 도마가 그냥 부인하고 있는 것은 아닌가? 만약 그렇지 않다면 도마는 과연 예수의 지상 존재에 어떤 중요한 의미를 부여하고 있는가?

우리 문서 가운데서 이 문제에 대한 해답을 찾는 일은 아주 어려운 것처럼 보인다. 저자는 일상적인 의미에서의 예수의 생애에 대해 전혀 아무런 설명도 제시하지 않는다. 이 복음서가 오로지 예수의 말씀들로만 구성되어 있는 데다가 이 말씀들이 예수의 생애와 사역에 관한 실제적 상황을 설명해 줄 수 있는 설화 형태로 제시되어 있지 않다는 사실 때문에 우리는 예수의 생애를 구성하려는 시도를 감행할 수 없는 것같이 보인다. 이런 사실 때문에 도마복음서는 흔히 영지주의적인 문서라고 낙인찍혀 왔다. 그러나 그런 규정을 받아들이기 전에 먼저 우리로서는 아무런 편견 없이 이 문서를 주의 깊게 살펴보아야만 한다.

도마복음서가 오직 예수의 말씀으로만 구성되어 있다는 사실 때문에 도마가 예수의 지상 생활을 부인하고 있다고 말할 수는 없다. 우리는 이 문서의 현재 형태로부터 이 복음서의 저자가 그 문제를 의식하고 있었을 것이며, 아마도 그 문제에 대해 자기 나름대로의 해답을 제시하려고 했다고 생각할 수 있다. 이런 가정을 근거로 우리는 해결의 실마리가 될 수 있는 말씀 몇 개를 연구해 봄으로써 우리의 문제를 해결할 수 있을 것이다.

도마복음서에 예수의 인격을 설명해 주는 독특한 표현 가운데 하나는 '살아계신 자'(52, 59, 111편 말씀 'Living One'; cf. 50편 말씀 '살아계신 아버지')란 단어이다. 한 곳(서론)에서는 '살아계신'이란 형용사가 '살아계신 예수'라고 예수의 이름에 붙어 있다. 이 문서의 성격을 전체적으로 살펴보고 또한 이 표현들이 나타나 있는 문맥을 고려할 때 그 단어가 은밀한 지식을 그의 제자들에게 전해주시는 계시자이신 부활하신 주님을 가리키고 있다는 것에 대해서는 의심할 여지가 없다.

우리는 앞에서의 이 복음서의 서론에서 '은밀한 말들'을 하시는 '살아계신 예수'가 부활하신 후에 작은 그의 제자 그룹이나 또는 선택된 개인들에게 상세한 지시를 하시는 부활하신 주님임을 이미 논의했었다. 52편 말씀[1] 가운데 보면, "… 너희는 너희 앞에 계신 살아계신 자를 버리고 죽은 자들에 대해 말하였도다"란 말씀이 나오는데, 우리는 그 말씀 가운데서 '너희 앞에 계신'이란 문구를 보게 되는데, 이것은 사실상 '너희 얼굴 앞에 계신'(91편 말씀), '네 시야에 있는'(5편 말씀)이란 문구와 똑같은 것이다. 우리는 이미 이런 후자의 말씀들이 예수를 계시자로 나타내고 있음을 살펴보았다. 우리가 지금 관심을 기울이고

---

1 Grant는 이 말씀을 도마복음서의 말씀 중 성경에 기록되지 않은 예수의 말씀을 포함하고 있는 말씀 가운데 하나로 분류하고 있다. Grant, *Vig. Chr.* 13(1959), 171ff. 예레미아스는 Augustine의 "Against the Adversary of the Law and Prophets"에서 나온 인용문 하나를 우리에게 알려주고 있는데, 이것이 52편 말씀, 즉 "너희는 너희 눈앞에 있는 산자를 배격하고 죽은 자에 대해서만 말한다"는 말씀과 비슷하다. 그는 Augustine이 어떤 외경 문서로부터 인용하고 있다고 생각하여 "그 말씀의 두 경우와 또한 그 형태와 내용을 좀 더 자세히 검토해 본다면 초기의 전승을 암시해 주는 것같이 보인다"고 결론짓고 있다(Jeremias, *Unknown Sayings of Jesus*, 74ff.).

있는 말씀 가운데서는 그 문구가 '살아계신 자'라는 말과 연결되어 있고, 이 말은 '죽은 자들'이란 말과 반대된다. 그 사상이 마치 누가복음 24:5에서 "왜 산 자를 죽은 자 가운데서 찾느냐"라는 말씀에 나타난 사상과 비슷한 것 같은 인상을 우리에게 주고 있다. 그러나 우리는 문맥으로부터 이 말씀이 예수를 예언자 중의 한 사람으로 이해하는 구약의 예언 사상에 반대해서 주어진 말씀이란 사실을 간과해서는 안 된다. 이것은 예수를 이 구약 예언의 성취로 생각하고 있는 누가의 이해와 직접 모순된다(눅 24:27). 그 말씀은 도마가 과거를 바라다보면서 예수를 죽은 자들로 생각되고 있는 예언자들의 계통에 위치시키고 있지 않다는 점을 암시하고 있다. 도마에 의하면 예수의 중요성은 그가 '살아계신 자'로서 죽음을 초월하고 영원하신 하늘 아버지를 제시하고 있으면, 자신을 은밀한 구원 지식의 계시자로 나타내는 사실에 있다.

59편 말씀에도 '살아계신 자'란 말이 나오고 있는데 예수 자신을 가리키고 있다. "예수께서 이르시기를 너희가 죽지 않기 위해서 그리고 그를 보고자 하나 볼 수 없게 되지 않기 위해서 살아 있는 동안 살아계신 자를 바라볼지어다." 가리트(Garitte)2와 다른 학자들이 이미 지적했듯이, 이 말씀은 '생명'과 '죽는다'는 연결 단어에 의해 60편 말씀과 연속적으로 연결되어 있는 것처럼 보인다. 우리의 말씀 가운데서는 '살아계신 자'란 단어가 '바라보다' 그리고 '보다'란 단어들과 결합

---

2 G. Garitte, "Le premier volume de l'edition photographique des manuscrits gnostiques coptes et l'Evangile de Thomas," *Museon* 70 (1957), 63ff. cf. Gärtner, *op. cit.*, 165. 그는 59편과 60편 말씀이 52편과 3편 말씀과 같이 편집자의 편집 방법을 보여주는 또 다른 예라고 지적한다. 이 두 말씀은 본래 독자적인 말씀들이었는데 '중요 단어'의 원리에 의해 결합되어 있다.

되어 있으며, '살고', '죽는' 문제와 관련되어 있다. 그러므로 '살아계신 자'는 계시 및 구원과 연관되어 있다. 다른 말로 하자면 '살아계신 자'를 계시자로 인식하게 되면, 제자들은 구원에 이르게 될 것이며, 반면에 그 점을 알지 못하면 사망에 이르게 될 것이다. 다시금 여기서 예수는 52편 말씀의 경우에서와 마찬가지로 살아계신 자로서 그의 제자들을 경고하면서 물질세계가 가져다줄 사망과 또한 하늘의 은밀한 지식을 전해주는 분을 '바라봄'으로써 얻게 되는 생명 간의 대립 관계를 지적해 준다. '생명'은 예수를 계시자로 아는 인식의 결과이다. 왜냐하면 그들을 생명에로 이끄시는 예수 자신이 죽음을 초월해 계신 분이기 때문이다.

111편 말씀에서도 본질적으로 똑같은 사상이 반복되어 있다: "… 하늘과 땅이 너희 앞에서 둘둘 말리게 될 것이며 살아계신 분을 의지해 사는 자는 죽음이나 두려움을 보지 않게 될 것이다…." 이 말씀의 시작3이 마가복음 13:31(마 24:35; 눅 21:33)에 나오는 "하늘과 땅은 없어지겠으나 나의 말은 없어지지 아니하리라"는 말과 비슷한 반면에 그 말씀 뒤에 나오는 부분은 요한복음 8:51에 있는 "사람이 내 말을 지키면 죽음을 영원히 보지 아니하리라"는 말씀을 상기시켜 준다. 그 말씀의 후반부인 "자신을 찾는 자에게는 누구나 세상이 그에게 적합치 않다"는 말씀은 56편 말씀의 중복처럼 보이는데, 신약성서에는 그 평행 본문이 없다. 바우어(Baur)4가 강력히 주장하고 있는 바와 같이 아마도 그 말씀을 '찾는다'(안다)는 말에 대한 강조를 고려해서

---

3 Wilson(*Studies in the Gospel of Thomas*, 109)은 히브리서 1:12과 요한계시록 6:14의 서두에 나오는 말과 평행되는 것으로 보고 있다.

4 Bauer, *op. cit.*, 144.

그리고 또한 물질 세상을 멸시하는 사상을 고려해서 만들어 낸 영지주의적 문구일 것이다.

이 말씀에서 독특하다고 생각되는 점은 아무런 가치가 없는 물질적인 세상에서의 생명과 죽음도 두려움도 없는 하늘 세계의 대표자인 살아계신 자를 의지해 사는 생명이 날카롭게 대립되어 있는 점이다. 헨첸(Haenchen)[5]은 타계적(他界的) 관심의 어조가 이 복음서의 전반에 걸쳐 특히 강력하게 나타나 있다고 강조한다. 확실히 이 말씀의 경우 그 말은 사실이다. 이런 사실을 고려할 때, 게르트너의 주석이 "살아계신 자를 의지해 사는 자는 죽음도 두려움도 보지 않으리라"는 문구에 적합한 것으로 생각된다. 그는 다음과 같이 설명하고 있다: "지식을 부여받은 자들은 썩음을 당하지 않게 될 것인데, 그것은 지식이 생명을 주는 요인이라서 하늘의 생명을 물질적 속박으로부터 해방시켜 주기 때문이다.[6] 52편, 59편 그리고 111편 말씀들을 통합시켜 주는 한 가지 요인(要因)은 '살아계신 자'가 '죽음'이란 주제가 결합되어 있는 점이다. 이것은 대립적인 결합이다. 도마에 의하면 죽음은 물질세계의 세력들에 의해 야기된다. 다음 한편으로 살아계신 자이신 예수는 이 세상의 차원보다 더 높은 곳에 계시며, 이 세상의 세력들에 종속되어 있지 않다.

그러나 우리는 '살아계신(자)'이란 형용사가 도마복음서에 전적으로 예수께 대해서만 사용되는 것이 아니라는 사실을 주목할 필요가 있다. 때때로 그 형용사는 아버지 하나님께, 때로는 제자들에게도 사용되어 있다. 예를 든다면 3편과 50편 말씀에서는 '살아계신'이란

---

5 Haenchen, *Die Botschaft des Thomas-Evangeliums*, 49ff.
6 Gärtner, *op. cit.*, 102.

형용사가 하나님 아버지를 규정하기 위한 말로 사용되어 있다: "…
너희는 살아계신 아버지의 아들들이다." "…우리는 살아계신 아버지
의 택함 받은 자들이다." '살아계신(자)'이란 말이 예수를 가리키는
것인지, 아니면 하나님 아버지를 가리키는 것인지가 분명치 않은
경우도 한 번 있다(37편 말씀). 7 11편 말씀에서는 '살아 있는'이란 말이
구원받은 자들, 즉 제자들에 대해 적용되어 있다. 이런 독특한 단어가
예수와 하나님 아버지에게만 적용되는 것이 아니라, 제자들에게도
적용되어 있는 사실이 이 복음서에 기독론적 문제를 하나 더 첨가시켜
주고 있다. 즉, 우리가 나중에 더 논의하게 되겠지만,8 도마복음서에서
는 제자들과 예수가 평준화되어 있는 것 같은 지시들이 나오고 있다(cf.
13편과 103편 말씀). 이제까지 우리는 도마가 예수를 살아계신 자로
제시해왔으며, 도마는 그렇게 표현함으로써 예수는 썩어 없어질 인간
의 몸이나 물질세계에 종속된 자가 아님을 암시하고 있는 점을 논의해
왔다.

그런데 여기에 우리가 조심해야 할 문제가 있다. 즉, 우리는 먼저
'살아계신 자'라는 독특한 용어가 사용되어 있다고 해서 이 복음서를
영지주의적인 복음서라고 말할 수 있느냐는 질문을 던져보아야만
한다. 사실상 게르트너9와 카세르10가 이미 지적했던 바와 같이 '살아
계신' 예수란 명칭은 특히 영지주의적인 외경 문서들 가운데서 부활하

---

7 Kasser는 이것이 아버지를 가리키는 것으로 생각하고 있다(Kasser, *L'Évangile de Judas*,
  28).
8 이 문제는 4장에서 상세히 논의하게 될 것이다.
9 Gärtner, *op. cit.*, 98ff.
10 Kasser, *L'Évangile de Judas*, 28.

신 주님을 가리키는 명칭으로 널리 사용되어 있다. 이 문서들은 보통 예수께서 그의 부활과 승천의 중간 기간 동안[11] 그의 제자들에게 주신 계시에 그 기원이 추적되어 있다. 아마도 사도행전 1장 3절이 영지주의자들에게 많은 말씀을 수집하여 그것들을 부활하신 주님의 말씀으로 돌려버릴 수 있는 훌륭한 기회를 마련해 주었을 것이다. 그들에게 있어서 '살아계신 예수'는 역사적 예수를 가리키는 것이 아니라, 이 땅을 떠났다가 다시금 계시자로 그의 추종자들과 접촉하기 위해 오신 그의 하늘 존재를 가리키고 있다.

그러나 부활하신 주님을 나타내는 '살아계신 예수'라는 명칭의 사용이 꼭 영지주의적 창조라고 말해서는 안 될 것이다. 우리는 신약성서에서 비슷한 표현들을 찾아볼 수 있다. 다만 그 표현들이 아주 몇몇 경우들에서만 나타나 있을 뿐이다. 실제의 단어들이 약간 다르기는 하지만, 이런 표현들은 모두 계시자이신 혹은 부활하신 주님이신 예수를 가리키고 있다. 예를 들어 요한복음에서는(6:51 '생명의 떡', 4:10-15과 7:38 '생수') '살아 있는'이란 말이 하나님의 진리, 즉 생명을 주는 진리를 계시하시는 예수와 연관되어 있다. '살아계신 자'라는 정확한 말이 요한계시록 1:17-18에 나타나 있다: "두려워 말라 나는 처음이요 나중이니 곧 산 자라 내가 전에 죽었었노라. 볼지어다 이제

---

11 사도행전 1:3에 의하면 예수가 부활하신 이후부터 승천하시기까지 그의 제자들에게 새로운 교훈을 주셨던 기간이 40일이다. 그러나 영지주의자들은 이 기간을 18개월로부터 11년 혹은 12년까지 확대시키고 있다. Irenaeus는 발렌티안파들에 관해 언급하면서 그들의 주장에 의하면 예수가 죽은 자들로부터 '부활하신 후에'그의 제자들과 더불어 18개월을 지내셨다고 하였다(Adv. Haer. I, 3, 2). *Pistis Sophia: The Gnostic Tradition of Mary Magdalene, Jesus, and His Disciples* (Chapter I)에 보면, "그러나 그가 죽은 자로부터 부활한 후 11년을 보냈다"고 언급되어 있다.

세세토록 살아 있어…" 이 말의 의미는 111편 말씀에 나오는 도마의 단어, 즉 '산 자'(혹은 '살아계신 자')란 말이 의미하고 있는 것과 본질적으로 아무런 차이가 없다. 두 경우 모두 '산 자'와 '살아 있는'이란 단어들은 확실히 부활하신 주님을 가리키고 있다. 신약성서에 나오는 이런 본문들을 고려할 때 '살아 있는'이란 단어가 신약성서에서 예수를 나타내는 잘 알려진 일반적 형용사는 아니지만, 거기서도 그 단어는 예수를 계시자 혹은 부활하신 주님으로 나타내는 데 사용되어 있다. 그러므로 비록 용어 자체가 영지주의자들이 즐겨 쓰는 단어이긴 하지만, 도마복음서에서 '살아 있는'이란 단어가 나타나 있는 사실만으로 이 복음서를 이단적인 복음서라고 낙인찍을 수는 없다.

살아계신 예수라는 도마의 개념과 관련해서 좀 더 중요한 문제는 지상의 예수가 이 복음서에서 어떤 의미를 갖는가 하는 것이다. 많은 영지주의자가 그렇듯이 도마도 예수의 지상 생애를 부인하고 있는가? 또는 만일 그가 예수의 지상 생활을 당연시하고 있다면, 그에게 있어서 그것이 얼마나 중요한가? 우리는 이런 질문들을 주의 깊게 연구해 볼 필요가 있다.

우리는 이미 이 문제의 성격 때문에 이런 문제를 확실하게 다루기가 어렵다는 점을 지적했다. 그럼에도 불구하고 우리는 다행히 여러 말씀 가운데서 우리의 연구에 도움이 될 만한 실마리들을 찾아낼 수 있다.

필자는 이 문제에 대한 필자 자신의 논증을 제시하기 위한 방편으로 이 문제에 관한 두 가지의 상반된 견해를 제시해 보고자 한다. 아마도 이런 견해들이 우리의 비판적 반응을 자극하는 데 도움이 될 수 있을 것이다. 첫째로 도레스(Doresse)[12]는 자신의 요점을 아주 독특한 방법으로 내세우고 있다. 그의 견해에 의하면 77편 말씀의 후반부에 나오는 "나무 조각을 쪼개 보라 내가 거기에 있다. 돌을 들어 보라 그러면 너희는 거기서 나를 발견하게 될 것이다"란 말씀이 예수의 십자가와 무덤을 나타내 준다고 한다. 그래서 예수의 지상 생활이 전제되어 있는 것이라고 말한다. 그러나 이 해석은 정당화되기가 어렵다. 왜냐하면 그 말씀을 그처럼 알레고리화시키는 것은 우리가 이미 논의한 이유 때문에도 이 복음서에 가당치가 못할 뿐 아니라, 이 말씀의 이 부분이 예수의 죽음과는 아무런 관계도 없는 첫 번째 부분과 논리적으로 연관되어 있기 때문이다. 우리가 이 말씀이 이 장(章)의 후반부에 가서 상세히 논의할 때 밝혀지게 될 것이지만, 이 말씀은 본질적으로 예수의 계시와 또한 신비적 지식에 의해 그 계시를 인식하는 것에 관련된 말씀이다. 그러나 도레스의 주장 가운데서 주목해야 할 점은 예수의 성육신과 육체(시체)로의 그의 하강이 도마복음서에서 추론되어 있기는 하지만, 그에게 있어서는 중요하지 않은 과거로부터 나온 사건으로 추론되어 있다는 그의 판단이다.[13]

도레스의 견해와 반대되는 입장은 이 문제에 관한 게르트너의 주장인데, 터너[14]와 그랜트 · 프리드만[15]도 원칙적으로 이 주장을

---

12 Doresse, *The Secret Books of the Egyptian Gnostics*, 344.

13 Doresse, *The Secret Books of the Egyptian Gnostics*, 345. 그러나 도레스가 그의 견해를 뒷받침할 수 있는 합리적 근거를 제공해주지 않는 것은 유감스럽다.

14 Turner는 다음과 같이 설명하고 있다(Turner · Montefiore, *op. cit.*, 88): "그러나 도마복음서에 암시된 기독론이 가현설적인 특징이 있다고 하는 결론은 계속적인 논증에 의해 지지될 수 있을 것이다." '계속적인 논증'이라고 말했을 때, 그는 예수와 아버지 사이의 연대성이 도마복음서에 거듭 나타나 있는 주제이기는 하지만, 예수와 인간들 사이의 연대성에 대한 언급은 전혀 나타나지 않는다는 것을 뜻한다. 우리는 이 견해를 다음 장에서 살펴보게 될 것이다.

지지하고 있다. 그는 다음과 같은 말로 확신에 찬 논증을 제기하고 있다: 즉, "가현실적 기독론에로의 경향이 현저하다"는 것이다.[16] 그의 견해에 의하면 이런 경향은 다른 경향들과 더불어 아마도 자료 선택에 있어 열성적인 요인이 되었을 것이다. 게르트너는 자신의 입장을 28편 말씀에 대한 해석 가운데서 더 분명히 밝히고 있다. 그는 이 말씀을 그가 도마복음서의 가현설적 기독론을 주장하는 중요한 토대라고 생각한다. 우리는 먼저 이 말씀의 중요한 면을 간단히 살펴본 후에 이 점에 관한 게르트너의 주장을 살펴보고자 한다. 28편 말씀에는 예수의 지상 존재에 관한 직접적인 언급이 포함되어 있다. 그 말씀에서는 다음과 같은 말이 나온다: "나는 세상 한가운데 섰으며, 육체(ops) 가운데서 그들에게 나타났었노라." 이것은 도마의 기독론의 성격을 규명하기 위한 아주 중요한 본문이다. 그러나 우리의 경전 복음서들 가운데 이 말씀의 평행 본문이 없으며 또한 도마복음서 안에도 이 말씀에 비교될 만한 다른 말씀이 없다는 데 문제가 있다. 어떤 사람들은 이 말씀을 전혀 이해할 수 없는 말씀으로 생각하고 있다.[17] "육체 가운데서 내가 그들에게 나타났었다"란 놀라운 진술이 예수의 지상 생활을 가리키는 것이고, 거기에 대해선 의심의 여지가 없으나, 학자들은 이 믿음의 성격, 특히 이 말씀의 진정성과 이 말씀의

---

15 Grant·Freedman은 28편 말씀과 관련해서 가현설적 기독론을 주장하지는 않는다. 그러나 15편 말씀의 논의 가운데서는 그런 기독론이 암시되어 있다. 그 논의 가운데서 그들은 "우리 영지주의자들에게 있어서는(다른 영지주의자들에게 있어서와 마찬가지로) 예수가 여인에게서 탄생될 수는 없다"(Grant·Freedman, *The Secret Sayings of Jesus*, 135).

16 Gärtner, *op. cit.*, 73.

17 예를 들어 Jeremias, *Unknown Sayings of Jesus*, 69ff.; Wilson, *Studies in the Gospel of Thomas*, 41; Grant·Freedman(*The Secret Sayings of Jesus*, 148)은 Poimandres (*Hermetica* I, 27)에서 좀 더 가까운 평행 본문을 보고 있다.

영지주의적 요소에 관해 여러 가지의 가능성을 생각하고 있다.

예를 들어 예레미아스[18]는 이 말씀이 표면적으로는 영지주의적 구세주의 문제를 반영하고 있다는 점을 인정하면서도 이 말씀의 결론이 종의 개념을 배경으로 갖고 있는 점은 공관복음서적 성격이라고 주장한다. 피츠마이어(Fitzmyer)[19]는 이 말씀이 본질적으로 진성성을 갖고 있지 않다고 생각할 이유가 없다고 주장한다. 윌슨(Wilson)[20]은 이 말씀이 본래는 진정한 순수한 말씀이었는데, 영지주의적 해석의 토대가 되어버렸다고 생각한다. 카세르(Kasser)[21]는 이 말씀에 영지주의적 경향이 있다는 점을 부인하지는 않으나 그 경향이 그렇게 두드러진 것이라고 생각하지는 않는다.

이런 견해들이 문제가 되는 중요한 본문을 어느 정도 가현설적의미로 해석할 수 있는 가능성을 받아들이고 있는 것처럼 보이기는 하지만, 그렇다고 우리가 꼭 그런 의미로 해석하여야 한다는 것은 아니다. 그러나 게르트너는 자극적인 논증을 제기하였다. 그는 우리의 말씀과 여러 신약 본문 간에 "육체 가운데서 내가 그들에게 나타났노라"는 문구에 있어 상당한 유사성이 있다고 본다(예를 들어 딤전 3:16, "그는 육신으로 나타난 바 되시고"; 요일 4:2, "육체로 오신 것을"; 요이 1:7, "육체로 임하심"). 그러나 동시에 그는 이 말씀과 신약성서 본문들 간의 분명한 차이점도 지적하고 있다. 그가 발견한 사실은 우리의 말씀 가운데 나오는 "육체로 보이셨다"($\ddot{\omega}\phi\theta\eta\nu\ \varepsilon\nu\ \sigma\alpha\kappa\iota$)[22]는 표현이 신약성서에서

---

18 Jeremias, *Unknown Sayings of Jesus*, 73.

19 Fitzmyer, *op. cit.*, 539.

20 Wilson, *Studies in the Gospel of Thomas*, 151.

21 Kasser, *L'Évangile de Judas*, 64.

는 불가능한 표현인데, 그것은 신약성서에서는 '보이셨다'(ὤφθην)란 말이 언제나 '초자연적 영역에 속한 자나 사물의 계시'를[23] 나타내는 데 사용되어 있기 때문이다. 따라서 그 용어를 신약성서의 성육신의 의미로 이해되어서는 안 된다. 그는 그 용어가 초자연적 그리스도가 이 땅에 나타난 것을 오직 외관상의 모습으로만 나타난 것뿐이라는 영지주의 사상의 의미로 사용되었다고 생각한다. 그는 그의 추리를 더 확대시켜 비슷한 사상이 진리의 복음서(26:5f.)와 빌립의 복음서(105:28ff.)에서도 나타나 있다고 지적한다. 그는 또한 도마의 이 사상을 마르키온의 사상과 비교하였는데, 마르키온의 사상에 따르면 예수는 전혀 지상의 몸을 갖지 않았으며, 따라서 여자의 몸에서 나지도 않았다고 생각된다.

그러나 방법론적인 면에 있어서 게르트너의 견해를 받아들이기가 어렵다. 도마복음서에 나오는 단어들과 문구들이 신약성서 안에 평행 본문이나 비슷한 용법으로 나타나지 않는다는 사실을 발견할 때마다 조심할 필요가 있다. 도마복음서의 저자가 그 용어를 자기 나름대로 사용했을 가능성도 부인해서는 안 된다. 필자의 견해로는 게르트너가 간과했던 점이 바로 이 점이었다. 만약 그럴 경우 그런 본문들을 오직 영지주의의 눈을 가지고 보고, 그래서 그것들을 이단적인 것으로 판단하는 일은 정상화될 수 없을 것이다. 더구나 게르트너의 대비적(對比的) 연구는 중요한 요점을 잘못 설명하고 있다. 진리의 복음서가

---

22 Turner는 "ὤφθην"이란 3인칭 단수 단어가 "신적 존재의 에피파니"의 의미로 사용되는 것이 신약성서에서는 흔히 있는 일이라고 지적한다(Turner · Montefiore, *op. cit.*, 88). 그러나 그 단어가 1인칭 단수로 사용되는 것은 신약성서의 용법이 아니다.

23 Gärtner, *op. cit.*, 142.

적어도 우리가 관심을 갖고 있는 문제에 관해서 분명히 가현설적인 사상을 갖고 있다고 주장하는 일은 정당치 못하다. 왜냐하면 이 복음서에서는 십자가에 대한 언급이 있기 때문이다: "그는 나무에 못 박혔으며 하나님 아버지께 대한 지식의 열매가 되었다"(18:10ff.), "그는 나무 십자가에 못 박혔다…"(20:22ff.). 예수의 부활에 대한 언급이 있다는 사실도 주목해야 한다: "그리고 성령이 그에게 급히 오셔서 땅에 누워 있던 그를 소생시켰다. 그는 그를 자기의 발 위에 두셨는데, 이는 그가 아직 다시 나타나지 않았기 때문이다"(30:16-23). 빌립의 복음서에서도 우리는 예수의 동정녀 탄생에 대한 분명한 언급을 찾아볼 수 있다: "아담은 두 동정녀로부터, 즉 성령으로부터와 동정녀인 땅으로부터 생겨났다. 이 때문에 그리스도는 동정녀로부터 나셨는데 그것은 태초에 일어났던 과오들을 바로 잡기 위해서였다"(119:16-21).

앞에서 우리가 고려한 내용과 관련해서 또 다른 방법론적 문제를 설명해야 한다. 만약 우리가 우리의 말씀을 토대로 도마복음서의 가현설적 기독론에 대한 게르트너의 견해를 지지하고자 한다면, 우리는 먼저 초대 기독교 시대의 여러 영지주의 지도자들의 사상 가운데서 나타나 있는 가현설의 독특한 요소들이 과연 이 복음서에 포함되어 있는지를 살펴보아야만 한다. 그들의 사상에 의하면 가현설의 기본 전제는 물질은 악하며, 썩어 없어질 것이며, 그래서 악한 세상적 세력의 지배에 속해 있다는 것이다. 그렇기 때문에 신적 존재이며 초자연적 존재인 예수가 보통 사람들처럼 육체적인 몸을 가질 수가 없다는 것이다. 그러나 가현설은 예수의 지상 출현을 부인하는 것이 아니라, 그 지상 출현이 환상에 지나지 않는 것이라고 생각한다. 그래서 극단적인 가현설 주의자들로 알려진 오파이트파들(Ophites)[24]은 구세주 그리스도를 위해서 '육체와 피'로 구성된 나사렛 예수를 거부하며 저주한다. 사투르니누스(Saturninus)에게 있어서는 예수가 실제로 탄생되지 않은 자이며, 육체와 형상이 없는 자이다. 그는 다만 사람의 모양을 가졌을 뿐이다.[25] 바실리데스도 예수는 탄생되지 않은 자로 생각하였으며, 무명의 아버지가 그가 처음 난 정신(그리스도)을, 형상을 가진 그리고 이 세상의 물질적 세력의 속박 아래 있는 자들을 해방시키기 위해 보내주셨다고 생각한다.[26] 땅에서는 그리스도가 오직 사람의 모양으로만 나타나셨다. 그가 십자가에 달리셨다는 것은 오직 그렇게 생각되어 있을 뿐이고, 사실상 실제로 십자가에 못 박힌 것은 그리스도가 아니라 구레네 시몬이었다(cf. 막 15:21-24).

유대인 기독교인이었던 케린투스(Cerinthus)[27]는 타협적인 입장을 취하고 있는데, 그는 예수가 자연적인 인간이며, 그가 세례받을 때 하나님의 성령이 그의 위에 강림한 것이라고 생각하고 있다. 그래서 그는 인간이며 동시에 하나님인 예수 그리스도가 되었다. 이 사상 자체를 가현설적이라고 생각할 수는 없으나 이 사상은 선재하신 영원자가 인간 예수가 세례를 받을 때 그와 결합했다가 예수가 십자가에 달려 죽기 전에 그를 떠나버렸다고 주장하는 후대 영지주의 교리를 위한 길을 마련해주었다.

---

24 Origen, *Contra Celsum* VI, 27, 28.

25 Grant, *Gnosticism and Early Christianity*, 106으로부터의 인용.

26 Doresse, *The Secret Books of the Egyptian Gnostics*, 22; Grant·Freedman, *The Secret Sayings of Jesus*, 34ff.

27 Grant·Freedman, *The Secret Sayings of Jesus*, 98; R. McL. Wilson, *The Gnostic Problems* (London: A. R. Mowbray and Co. Ltd. 1958), 102; Bultmann, *op. cit.*, 168.

이런 사상들이 가현설과 또한 후대 영지주의 교리들 가운데서 나타나 있는 점을 고려할 때, 도마의 복음서를 이런 부류의 사상과 동일시하기가 어렵게 된다. 도마복음서에는 나사렛 예수의 배척에 대한 추리가 없다. 예수를 탄생되지 않은 비물질적인, 형태가 없는 그런 존재로 생각하고 있지 않으며 또한 그를 음부에 사로잡힌 영혼들을 해방시키기 위해 이 땅에 내려오신 '처음 난 정신'이라고 설명하지도 않는다. 다른 한편으로 도마복음서에는 예수가 세례를 받았을 때 비로소 하나님이 된 것이라고 주장하거나[28] 또는 인간 예수가 십자가에 달려 죽기 전에 선재하신 세대(Aeon)에 의해 인간 예수가 뒤에 남겨진 것이라고 주장하는 증거가 없다.

그러므로 우리가 그 말씀들을 다룰 때, 그 말씀의 의도 자체에 합당치 않은 어떤 선입감적인 가성을 전제하지 않는 것이 중요하다. 방법론적으로는 그 말씀을 이 복음서의 전체 문맥 가운데서 읽는 것이 더 타당할 것이다. 그 말씀들 가운데 나오는 "내가 육체로 나타났었노라"는 문구를 가현설적인 의미로 해석하는 것은 결코 합당치 못하다. 그런 해석은 오직 복음서 안에 그런 해석을 뒷받침해 줄 수 있는 다른 증거가 있을 경우에만 가능할 뿐이다. 그 문구 자체를 가지고 우리가 그것을 가현설의 근거라고 추리해낼 수는 없을 것이다.

이제 우리는 우리의 관심을 이 복음서로 돌려서 과연 이 복음서 안에 도마의 가현설적 기독론을 뒷받침할 수 있는 증거가 있는지를 살펴보고자 한다.

제15편 말씀이 도마의 사상이 가현설이라는 증거라고 생각할 수

---

28 이 복음서에는 예수가 세례받은 이야기에 대한 언급이 없다.

도 있을 것이다. 그 말씀은 다음과 같이 되어 있다: "예수께서 이르시기를, 너희가 여자에게서 나지 않은 그 분을 보고 그 앞에 부복하여 그를 경배한다면 그가 너희 아버지이다." 이 말씀은 도마복음서의 말씀 중 공관복음서에서 평행 본문을 찾아볼 수 없는 몇 가지 말씀 가운데 하나이다.29 그랜트와 프리드만은 이 말씀의 의미를 여자에게서 난 사람은 죄가 있기 때문에 예수께서는 여자에게서 난 자일 수 없다는 뜻으로 이해하고 있다. 그러나 우리는 그 말씀이 아버지 하나님을 분명하게 언급하는 사실에 주목해야만 한다. 게르트너30가 이 사실을 인식했으나 그는 그 말이 예수를 가리키는 것이기도 하다고 생각하는데, 그것은 예수가 아버지 하나님을 나타내고 있고, 그의 본성을 함께 알고 있으며, 하나님의 비밀을 계시하시고 계시기 때문이라는 것이다. 그러나 하나님을 드러내고 있다는 말과 하나님과 동일하다는 말은 두 개의 다른 문제이다. 다른 말로 표현하자면 하나님을 드러낸다는 사상은 하나님을 드러내고 있는 예수와 예수가 드러내고 있는 하나님이 동일하지 않다는 것을 뜻한다. 도마가 예수를 하나님과 동일하다고 혹은 동등하다고 생각하지는 않는다.31 도마복음서 어느 곳에서도 예수가 자신이 하나님이라고 주장하지 않으며 또한 제자들도 그를 가리켜 아버지라고 부르지도 않는다. 도마 사상의 독특성은 그가 예수를 아버지 하나님과 동등 혹은 동일하다고 보지도 않고 또한 예수가 (도덕적인 의미에서) 아버지 하나님께 종속된다고 보지도

---

29 Kasser(*L'Évangile de Judas*, 50)는 이 말씀의 어휘들이 성서적이기는 하지만, 그 말씀 자체는 신약성서에 직접적인 평행 본문을 갖고 있지 않다고 지적한다.

30 Gärtner, *op. cit.*, 136ff.

31 「요한의 외경」 21:17ff.에서는 예수가 아버지와 동일시되어 있다.

않는 사실에 있다.

61편 말씀에서는 예수가 아버지께로부터 유래되었음을 추리할 수 있다: "나는 동일한 자로부터 나온 자이다. 내게는 내 아버지의 것들이 주어졌다." 그러나 예수가 하늘로부터 유래되었다고 해서 그가 아버지와 동일시되는 것은 아니다. 왜냐하면 도마복음서에 하늘 기원의 사상은 제자들(영지주의자들)에게도 적용되기 때문이다(예를 들어 50편 말씀: "예수께서 말씀하시기를 만일 그들이 너희에게 너희가 어느 곳으로 부터 유래했느냐고 묻거든 그들에게 우리는 빛으로부터 왔으며 그곳에서는 빛이 그 자체로부터 유래되었다고 말하라…"). 그러므로 이런 점들을 고려할 때, 15편과 61편 말씀은 도마의 사상이 가현설임을 뒷받침하는 증거로 사용될 수 없다.

다른 한편으로 도마복음서에 나오는 몇 가지 말씀은 오히려 우리로 하여금 도마복음서에 가현설적 사상이 있음을 부인하게 만들고 있다. 92편 말씀은 다음과 같은 문장으로 시작되어 있다: "찾으라 그리하면 찾게 될 것이다. 그러나 너희가 그날에 내게 구한 것들을 내가 그때에는 너희에게 말하지 아니하였노라." 우리는 이미 앞에서 이 말씀이 지상 예수의 사역과 계시자이신 부활하신 주님의 사역 간의 대립을 전제하고 있다는 것을 지적했었다.

그 밖에도 예수가 이 세상 부모들에[32] 대해 언급하는 말씀이 두 개가 있다: "당신의 형제들과 당신의 어머니가 밖에 서 있습니다…"(99 편 말씀), "나의 길 안에서 자기의 아버지와 자기의 어머니를 미워하지

---

[32] Kasser는 101편 말씀에 관해서 언급하면서 도마에 의하면 두 종류의 부모가 있는데, 하나는 이 세상 부모이고, 다른 하나는 하늘의 부모라고 말한다(Kasser, *L'Évangile de Judas*, 112).

않는 사람은 누구나 나의 제자가 될 수 없을 것이다"(101편 말씀).

이런 말씀들을 고려할 때, 도마복음서가 가현설적인 기독론을 주장한다고 믿을 만한 이유는 없다. 필자가 판단하기에는 도마의 의도가 인간이신 예수의 지상 존재를 부인하는 것이 아니라, 지상의 예수와 부활하신 주님 간의 차이와 대조를 지적하는 것이다. 신학적 이원론이 도마의 세계관 그리고 인간관에만 반영되어 있는 것이 아니라, 부활하신 주님과 지상의 예수와의 관계에서도 반영되어 있다. 도마복음서의 저자도 분명히 예수의 본향인 하늘 세계의 고차적 차원을 강조하려는 의도를 갖고 있는데, 예수께서는 이 세상에서 그의 제자들에게 은밀한 구원이심을 전해주는 계시자로서의 사역을 다 마친 후 결국 그곳으로 돌아가시게 될 것이다. 도마에게는 지상의 예수가 부활하신 주님 때문에 빛을 발하지 못하는 것으로 보인다. 그에게는 세상과 몸에 대한 집착이 전혀 중요하지 않다. 이것이 도마 복음서의 사상 구조의 전체를 지배하는 기본 사상이다.

예수의 탄생과 죽음에 대한 언급이 없기 때문에 도마복음서의 저자가 그런 사건들을 믿을 수가 없었던 것인지, 아니면 그와 반대로 그가 그런 사건들을 당연시하기 때문에 특별히 그런 사건들에 대해 언급할 필요가 없었던 것인지에 대해서는 알 수 없다. 그러나 도마가 십자가에서 끝나버린 예수의 지상 사역을 강조했다든가 혹은 부인했다고 주장할 만한 근거는 없다. 그 두 가능성 중 어느 것 하나도 그것을 입증할 길이 없다. 그러나 만일 우리가 도마의 주요 관심사가 예수를 은밀한 지역의 계시자로 나타내는 것이고, 그 밖의 것들은 그에게 있어서 별로 혹은 전혀 중요하지 않았다는 점을 인식한다면, 이 점을 이해할 수도 있게 될 것이다.

III. 예수와 아버지

우리는 이미 앞에서 예수가 도마복음서에는 구원 지식의 계시자로 이해되어 있고 또한 그의 육체적인 지상 존재가 전제되어 있으나 예수가 부활하신 주님으로 훨씬 더 강조되어 있음을 살펴보았다. 이제 우리는 또 다른 문제로 나아가고자 한다. 우리가 이미 앞에서 살펴본 바와 같이, 만일 예수가 이 세상으로부터 유래된 것이 아니라 하늘 세계로부터 유래된 것으로 이해된다면, 예수와 하늘 아버지 간의 관계에 대한 도마의 사상은 무엇인가? 그는 예수를 아버지에게 종속시키고 있는가 아니면 그는 예수가 그 나름대로 독자적인 지위를 갖고 있다고 주장하는? 이 문제와 관련해서 우리는 도마가 '하나님'에 대해서는 어떤 생각을 갖고 있는지 알고 싶어질 것이다. 왜냐하면 '아버지'에 대한 언급이 가끔 나타나 있는 것과는[1] 대조적으로 '하나님'이란 단어는 도마복음서에 오직 한 번만 나타나 있기 때문이다(100편 말씀에서).

사실 도마복음서는 그 주제에 대해 분명하고도 직접적인 언급을 우리에게 제공해 주지 않는데, 우리가 이미 살펴본 바와 같이 이것이 다른 기독론적 주제들에 있어서는 이상한 일이 아니다. 그러나 이런 사실 때문에 그 문제를 간과해버릴 수는 없다. 왜냐하면 도마복음서의 저자가 이 문제에 관해 그 나름대로의 견해를 갖고 있다고 추리할 수 있는 말씀들이 몇 개 있기 때문이다. 예를 들어 우리는 이미 '살아계신'이란 형용사가 예수에게만 적용되어 있는 것이 아니라, 적어도

---

1 '아버지'란 단어는 다음과 같은 말씀들 가운데서 나타나 있다: 즉, 15, 27, 50, 61, 64, 83, 99, 101편 등이다.

다음과 같은 두 말씀에서는 분명히 아버지를 가리키는 데 사용되어 있음을 지적했었다: "우리는 그의 아들들이며 우리는 살아계신 아버지의 아들들이다"(50편 말씀), "… 너희는 너희가 살아계신 아버지의 아들들임을 알게 될 것이다"(3편 말씀). 그렇다면 도마가 '살아계신 아버지'를 어떻게 이해하고 있는지를 살펴보는 것이 우리의 주석적인 과제일 것이다. 99편 말씀(cf. 마 12:47-50; 막 3:30-35; 눅 8:20-21)에서는 '나의 아버지'2에 대한 언급이 나타나 있다. 이 말씀에서는 지상의 부모와는 대조적으로 '나의 아버지'란 말이 강조적으로 사용되었으며, 중요한 것은 그것이 하나님의 나라와 연관되어 있다는 점이다. "이런 자들이 내 아버지의 나라에 들어갈 자들이다"란 말씀 가운데 나오는 '내 아버지'란 문구가 공관복음서의 평행 본문에서 나타나 있지 않은 사실을 주목해야 한다. '한 그룹으로 연결된 말씀들'(99편에서 101편까지의 말씀)의 일부를 구성하고 있는 100편 말씀에서는 '가이사의 것', '하나님의 것' 그리고 '나의 것'이 서로 대립되어 있다. 이 말씀에는 아버지에 대한 언급이 없다. 그러나 다른 말씀3 가운데서 언급되어 있는 점으로 미루어 '나의 것'과 아버지의 것 사이에 어떤 연관성이 있다고 추리해볼 수 있을 것이다.

그러므로 우리는 이런 말씀들 가운데서 도마가 이해하고 있는 예수와 아버지 사이의 관계에 대해 어느 정도 추리할 수 있는 것으로 보인다. 물론 이 문서 안에서는 전혀 확실한 것으로 나타나지는 않지

---

2 15편 말씀에서는 다른 표현이 나타나 있다: "… 그는 너희 아버지다." 이것은 예수, 아버지 그리고 인간 사이의 연대성 문제를 위해 중요하다.

3 예를 들어 61편 말씀: "나는 동일한 자로부터 난 자이다. 내게는 내 아버지의 것들이 주어졌다."

만, 이 복음서의 저자는 아마도 아버지와의 관계에서 예수가 차지하고 있는 위치에 관한 문제를 의식하고 있었던 것으로 보인다. 아마도 그는 이 문제에 대해서 그 나름대로의 해결책을 제시하려고 했을 것이다. 만일 이런 생각을 할 수 있다면, 관련된 몇몇 말씀들을 검토해 봄으로써 그가 이 문제를 어떻게 다루고 있는지를 살펴보고, 그가 제시한 해결책(적어도 그의 의도)의 요점을 파악하여 도마복음서의 기독론 전체에 또 다른 요소를 하나 더 첨가하는 것이 우리의 할 일이다.

이 문제에 관한 필자 자신의 논의를 시작하기 전에 먼저 다른 학자들이 이 문제에 대해 끌어낸 일반적 결론을 제시하는 것이 좋을 것이다. 그러나 실상 필자는 그런 일반적인 결론에 대해 이의를 제기하고자 하는 것이다. 학자들 중에는 도마가 예수와 아버지를 동일시했을 가능성을 인정하는 사람들이 있다. 예를 들어 게르트너는[4] '살아계신'이란 형용사가 예수께 대해 적용된 사실에 대해 논의하는 것과 관련해서 어떤 외경 행전들[5] 가운데서는 그 형용사가 아버지로부터 아들에게로 전용되었을 뿐만 아니라, 아버지와 아들 간의 차이를 없애버리려는 경향이 있다는 사실을 지적하고 있다. 그는 이런 현상이 도마복음서에도 나타나 있다고 생각하는데,[6] 그 이유는 '살아계신'이란 형용사가 도마복음서에는 예수와 아버지께 다 같이 적용되어

---

4 Gärtner, *op. cit*, 100-101.

5 *Acts of Thomas* (169장): "… 아버지께서는 당신께 관심을 갖지 않는 인간에게 연민과 동정을 갖으셨나이다. 우리가 당신께 영광을 돌리며 당신의 위대하신 선하심과 인내를 찬양하게 축복하며 감사하나이다. 또 거룩하신 예수여 당신은 지금부터 영원까지 유일하신 하나님이 시나이다 아멘"; *Acts of John* (112장): "오 하나님 예수, 하늘 위에 있는 자들의 아버지, 하늘 안에 있는 자들의 주님이시여…"; *Apocryphon of John* (21:17ff.): "두려워 말라 나는 너희와 항상 함께 있는 자니라. 나는 아버지요 나는 어머니요 나는 아들이니라."

6 Gärtner, *op. cit.*, 114.

있기 때문이다. 도레스7는 15편과 50편 말씀과 관련해서 신적인 본성에 관한 한, 아버지와 아들은 거의 동일한 존재라고 말하고 있다.8

헨첸9은 "나는 동일한 자로부터 나온 자이다"라고 말하는 61편 말씀에 대해서 언급하는 중에 도마는 예수와 아버지 사이의 '동질' 사상을 나타내려고 하는 것 같다고 언급한다. 마지막으로 77편 말씀에서는 "예수께서 이르시되 나는 모든 것 위에 있는 빛이다. 나는 전부이며 전부가 다 내게서 나왔고 전부가 다 내게 속했다"는 말이 나오는데, 그 말씀 가운데 우주론과 구원론이 영지주의적으로 독특하게 결합되어 있음을 생각한 후 터너는 다음과 같은 말을 하고 있다: "여기서 예수께 대해 말한 내용과 다른 곳에서 아버지께 대해 예고한 내용이 너무나 비슷하기 때문에 사실상 그들은 거의 동일한 것처럼 보인다."10

실제로 그들 사이에 비슷한 사상이 나타나 있다고 생각될 경우 우리는 다른 학자들이 그러했듯이 우리 복음서와 외경적인 영지주의 문서들 사이에 상당한 관계가 있다고 생각하기 쉽다. 이런 문서들 중 어떤 것들에서는 실제로 예수와 아버지를 동일시하는 경향이 있는 것도 사실이다. 그러나 이런 문서들에 해당되는 것을 우리의 복음서에 그대로 적용시켜야 한다고 주장해서는 안 된다. 필자가 이미 다른

---

7 Doresse, *The Secret Books of the Egyptian Gnostics*, 344.

8 그러나 도레스의 설명은 책임 있는 논증이 될 수 없다. 왜냐하면 그는 15편 말씀이 "여인에게서 나지 않았다"는 문구가 아버지께 대한 것이지 예수를 가리키는 것이 아니라는 사실에 관해 아무런 설명도 하지 않기 때문이며, 50편 말씀이 제자들의 근원을 다루고 있다는 사실을 설명하지 않기 때문이다.

9 Haenchen, *Die Botschaft des Thomas-Evangeliums*, 64ff.

10 Turner · Montefiore, *op. cit.*, 113.

곳에서 강조했던 바와 같이, 도마는 그 자신의 입장에 따라 평가되어야 하며, 결코 우리의 복음서나 영지주의 문서들을 통해 분류하여 똑같은 판단을 내려서는 안 될 것이다.

일반적으로 영지주의적이라고 생각되어 있는 이런 문서들에 있어서도 예수가 언제나 아버지와 동일시되고 있는 것이 아니라는 사실도 주목해야만 한다. 예를 들어 빌립의 복음서에서는 다음과 같은 말씀을 읽을 수 있다: "아버지가 아들 안에 있고, 아들이 아버지 안에 있다. 이것이 하늘나라이다"(122:23f.). 마니교 시편에서도 이와 비슷한 사상이 나온다: "나는 당신이 아버지 안에 계시고, 아버지가 당신 속에 숨어계시다고 들었나이다"(121:25). 이런 말씀들에선 예수와 아버지 사이의 동일성보다는 오히려 동일성의 사상이 있는 것으로 보인다. 윌슨[11]이 지적했듯이 특히 마니교 시편의 말씀 가운데서는 요한적인 사상이 반영되어 있는 점을 간과해서는 안 된다(cf. 요 14:9ff.; 17:3).

더구나 학자들 가운데서 예수와 아버지 사이의 동일성 사상을 나타내었다고 해석되는 말씀들도 꼭 그런 식으로 해석될 필요는 없다. 우리는 이미 앞의 항목에서 15편 말씀을 다루었는데, 거기서는 "여자에게서 나지 않은 자"란 문구가 예수를 가리키는 것이 아니라, 아버지를 가리키는 것이었음을 확인했다. 복음서 어느 곳에서도 예수가 자신이 아버지라고 주장한 곳이 없다.[12] 또한 50편 말씀이 예수와 아버지 사이의 동일성 사상을 나타낸다고 해석할 이유는 없다. 왜냐하면 그 말씀의 문맥은 그 말씀이 제자들의 기원을 다루는 것임을 암시해

---

11 Wilson, *The Gospel of Philip*, 158.
12 '나의 아버지'(99, 61편 말씀) 살아계신 '아버지'(3편 말씀) '너희 아버지'(15편 말씀) 등도 참조할 수 있다.

주기 때문이다: "예수께서 이르시기를 만일 그들이 너희에게 너희가 어디서 왔느냐고 물으면, 우리는 빛으로부터 왔노라. 우리는 그의 아들들이며 우리는 살아계신 아버지의 택함 받은 자들이라고 그들에게 말하라."

실제로 우리가 가진 몇몇 말씀 중에는 예수가 하늘로부터 나왔고 하나님의 본성을 갖고 있다고 추리할 수 있는 말씀들이 있다. 예를 들어 19편 말씀은 다음과 같은 말로 시작되어 있다: "그가 존재하기 전에 있던 자는 복이 있도다." 그 말씀에서도 이 문구가 예수 자신 이외의 다른 사람을 가리키는 것인지는 확실하지 않다. 왜냐하면 문맥은 예수가 이 말씀을 누구에게 하신 것인지를 말하고 있지 않기 때문이다. 그러나 만일 우리가 이 말씀은 앞의 말씀,13 즉 19편 말씀에 의해서도 계속 다루어지고 있는 주제에 연관시킨다면, 이 말씀의 의미를 올바로 이해할 수 있을 것이다. 우리는 이미 18편 말씀을 논의하는 가운데서 '시작'이란 단어가 예수를 가리키는 것임을 살펴보았다. 만일 예수가 '시작'과 동일시될 수 있다면, 19편 말씀은 그 사상을 한 발자국 더 발전시켜 예수를 선재하신 자로 가리키고 있는 것이라고 생각할 수도 있을 것이다.14 더구나 예수의 선재 사상을 19편 말씀으로부터 추리해낼 수 있다면, 그 말씀은 예수가 이 세상을 떠나 다시 그의 존재의 본래 상태로 돌아간다고 말하는 12편과 38편의 말씀과 연관될 수 있을 것이다: "제자들이 예수께 이르되 우리는 당신이 우리

---

13 Kasser(*L'Évangile de Judas*, 55)는 19편 말씀이 요한복음 8:58로부터 영감된 것일 수 있으나 아마도 18편 말씀으로부터 약간 형태를 바꿔 발전된 것이라고 생각한다.

14 Grant · Freedman, *The Secret Sayings of Jesus*, 139. 저자들은 편의상 19편 말씀의 첫 부분을 선재하신 예수의 성육신이란 의미를 갖고 있는 요한복음 1:1-2, 1-14과 동일시하고 있다.

에게서 떠나실 것을 압니다." "너희가 나를 찾지 못하게 될 날이 있을 것이다."

그러나 만일 우리 말씀 가운데 나오는 그 문구가 예수의 선재를 가리키는 것이라고 할지라도, 꼭 아버지와의 동일성을 뜻하는 것은 아니다. 그 문구를 예수의 하늘 기원을 가리키는 99편 및 101편 말씀과 연관시켜 생각해 볼 때, 그 문구는 예수가 하늘 세계로부터 나타나셨다는 사상을 보여주는 것일 수 있다.

예수의 무죄성을 분명하게 말해주는 104편 말씀 가운데 예수의 신적인 본성이 암시되어 있을 수 있다: "… 예수께서 이르시기를 내가 범한 그리고 나를 패배시킨 죄가 어떤 것이냐?" 우리가 이것을 그다음 문장과 관련시켜 읽으면 그 말씀의 의도가 더욱 분명해지는 것같이 보인다: "그러나 신랑이 신부의 방에서 나올 때, 그들로 하여금 금식하고 기도하게 하라." 이 말씀의 목적은 유대교의 기도 및 금식 습관을 반대하는 것뿐만 아니라, 성관계를 갖는 인간의 죄악성과는 대조적으로 예수의 신적인 본질을 좀 더 분명하게 지적하는 것임이 분명하다.

우리는 지금까지 이 말씀 가운데서 도마가 이해하는 예수의 신적인 본질을 추리해 낼 수 있었다. 그러나 그 말씀으로부터 저자가 예수를 아버지와 동일시하고 있다는 결론을 끌어낼 수는 없었다. 왜냐하면 우리가 이미 다른 문제와 관련해서 논의했던 37편 말씀에서도 성관계의 기피가 예수의 제자들에게도 적용되어 있기 때문이다.

만약 도마가 예수와 아버지를 동일시하고 있지 않다면, 그는 아버지와 예수와의 관계를 어떻게 이해하고 있는가? 여기서 우리는 헨첸이 예수와 아버지 사이에 '동질성' 사상을 암시해 준다고 생각했던 말씀인 61편 말씀을 비판적으로 검토함으로써 우리의 논의를 요약해 보려고 한다. 이 말씀이 우리의 문제를 위해서는 너무나도 중요한 말씀인데 이 말씀에서는 "동일한 자로부터"란 이상한 문구가 예수의 인격과 연관되어 있다. 여기서는 예수가 동일한 것으로부터 난 자이며, 그에게 아버지의 것이 주어졌음이 분명히 언급되어 있다. 여기까지는 그 말씀이 예수의 하는 기원을 그리고 또한 예수가 아버지와 똑같은 본성을 가졌음을 언급하는 것으로 보인다: "나는 동일한 것으로부터 난 자이며 내게는 내 아버지의 것들이 주어졌다." 이 문구는 곧장 우리가 해답을 추구하는 예수와 아버지 사이의 관계 문제로 우리를 이끌어주고 있다.

그러나 이 문구, 특히 '동일한 것'이란 단어의 의미를 밝히려고 하기 전에 먼저 우리는 그다음 문장, 즉 우리를 혼란에 빠지게 하는, 하지만 우리의 문구를 이해하는 데 아주 중요한 그다음 문장에 주목해야 한다. 그 문장은 다음과 같이 되어 있다: "만약 그가 동일한 자라면, 그는 빛으로 채워져 있을 것이다. 그러나 그가 나누어져 있다면 그는 어두움으로 채워져 있을 것이다." 이 문장에서는 '동일한 것'이 예수 자신 이외의 다른 사람을 가리키는 것이 확실시되어 있다. 왜냐하면 "빛으로 채워질 것이다"와 같은 문구는 본질적으로 "죽음을 맛보지 않게 되리라"(예를 들어 18, 19편 말씀, cf. 11편 말씀)와 같은 의미이고, "어두움으로 채워질 것이다"란 문구는 "죽으리라"(예를 들어 61편 말씀)와 같은 의미인데, 그 문구가 도마복음서에는 예수 자신을 가리키는 말로 사용되지 않기 때문이다. 여기서는 "만약 그가 동일한 것이라면 그가 빛으로 채워질 것이다"란 문구가 아마도 하늘빛과 연관될 때 구원을 받게 될 그의 제자들을 가리키는 말일 것이다. '동일한 것'이란 말의 이런 용법은 우리로 하여금 예수와 아버지 사이의 관계 문제만을 생각하게 하는 것이 아니라, 그들에 대한 인간의 관계도 생각하게 해준다. 이 문제에 대한 논의는 다음 장에서 다른 문제와 관련해서 요약해 보고자 한다.

다시 우리의 본래 문제로 돌아가 보자. 우리는 이미 61편 말씀이 예수와 아버지 사이의 관계에 대한 문제에 중요한 열쇠가 된다고 말하고 있다: "… 살로메가 말하기를 사람이여 당신은 누구시오며 누구의 아들이 옵니까?… 예수께서 그 여자에게 이르시되 나는 동일한 것으로부터 난 자이며 내게는 내 아버지의 것들이 주어졌다." 그러나 이 말씀 가운데 예수의 인격에 대한 중요한 언급이 있기는 하지만, "나는 동일한 것으로부터 난 자이다"란 문구를 특히 그다음에 나오는 문장, 즉 "그러므로 내가 이르노니 만일 그가 동일한 것이라면, 그가 빛으로 채워질 것이요…"라고 한 문장과 비교할 경우 그 말씀의 전체 의미는 아주 애매해지게 된다. 여러 학자가[15] 콥트어 단어인 pet-shesh를 앞 문장에서 비슷하게 번역하였다. 이 단어를 예수 자신의 말씀인 ʾανοκ πε(희랍어로는 ἐγώ εἰμι)와 연관시켜 볼 때, 그 단어를 '평등성'(동일성) 혹은 적어도 예수와 아버지 사이의 '유사성'의 사상을 암시해 주는 것으로 보인다. 그러나 학자들이 나중 문장에서 'υωηυ'란 단어를 똑같은 식으로 번역하지 않은 것을 보게 될 때 난관에 부닥치게 된다. 우리의 공식적인 번역 그리고 헨첸의 번역은 그 단어를 '동일한

---

15 "Jesus sprach zu ihr: Ich binder, der von dem Gleichen ist"(Haenchen); "Jesus lui a dit: (Moi) je suis celui qui est, (hor) de celui qui est egal"(Kasser); Jesus said to her: "I am he who has been brought into being by Him who is equal to me"(Doresse); "I am he who came into existence from that which is equal"(Schoedel).

것'이라고 번역하였다. 카세르와 그랜트 프리드만은 각각 '버림 받은 동안', '버림받게 될 때'라고 번역하였다. 이러한 번역들은 'sheu'(떠나다)와 'shesh'(동일한)란 단어들 중 어떤 것을 택하는가에 달려 있는 것으로 보인다. 달리 번역된 것들도 있다: '침상을 떠날 때'(Leipoldt), '사람이 외롭게 될 때'(Doresse), '만일 그가 결합 된다면(?)'(Princeton 번역).[16] 마지막 번역은 성관계를 가리킬 수도 있는 그 말씀의 첫째 부분에 나오는 '침상 위에서', '나의 벤치 위에서'[17]란 말과 잘 연결되는 것으로 보인다. 여하간 나중 문장은 예수의 운명이 아닌 인간의 운명에 관한 것으로 보인다.

그 말씀의 중간 부분은 예수의 인격에 관한 질문과 대답으로 구성되어 있다. 그러나 "동일한 것으로부터"란 문구의 의미는 분명하지 않다. 문제는 그 문구가 이 복음서의 다른 곳에서 전혀 나타나지 않는 데 있는 것이 아니며 또한 신약성서에서도 그것에 해당되는 평행 본문이 없다는 데 있는 것이 아니다. 물론 그 문장 전체의 사상이 요한복음 5:18에 근사한 것처럼 보인다. 그러나 그 말씀을 "내게 내 아버지의 것들이 주어졌다"는 예수의 대답의 후반 부분에 관련시킬 때에야 그 말씀을 올바로 이해할 수가 있다. 두 부분을 함께 결합시키면 예수 자신이 자신을 아버지와 동일시하고 있는 것이 아니라, 그가 하는 세계의 대표자가 된다는 것을 그리고 아버지로부터 권위가 주어졌음을 말하고 있는 것으로 보인다. 그것이 사실이라면 요점은 예수와

---

16 영어 번역은 1959년 5월에 프린스턴신학대학에서 모였던 신약성서 세미나에 참석한 회원들에 의해 준비되었다.

17 이 부분에 대한 Wilson의 번역이 좀 더 명확한 것 같다: "...Thou hast mounted by bed." 아마도 이 문구는 성적인 관계를 가리킨다(Hennecke Schneemelcher, *N T. Apoc.* Vol I., 517).

아버지가 하나라는 사상에 있는 것으로 보인다.

이 점에서 우리는 통일성의 사상을 나머지 말씀과 관련시킬 수 있을 것으로 본다. 다른 말로 표현하자면 예수가 하늘 세계로부터 오신 것처럼, 그것도 자기와 하나가 되어 있는 아버지의 권위를 가지고 계시자로 오신 것처럼 인간의 이상적인 목표는 자신을 세상으로부터 격리시키고 자신의 출처인 하늘 세계와 하나로 결합되는 것이다. 세상에서 예수가 해야 할 임무는 물질적 세력의 속박 밑에 있는 인간 영혼들을 구해내서 빛으로 가득 찬 하늘 세계에 연결시키는 일이다.

예수가 아버지를 대표한다는 사상이 100편 말씀 가운데서도 암시되어 있는데, 그 말씀은 예수와 아버지 사이의 관계 문제뿐만 아니라, 도마의 '하나님' 사상에도 관련되는 말씀이다. 그 말씀에는 다음과 같은 말이 나온다: "그가 그들에게 이르시되 가이사의 것은 가이사에게 바치고, 하나님의 것은 하나님께 바치고, 나의 것은 나에게 바치라." 이 말씀 가운데 아버지란 말이 언급되어 있지 않은 것이 이상하다. 그러나 61편 말씀과 관련해서 논의한 내용에 비추어 본다면, '나의 것'은 '내 아버지의 것'과 똑같은 것이며, "나의 것은 내게 바치라"는 문구는 예수가 아버지의 대표자로서 그의 권위를 행사하고 있음을 설명할 수도 있을 것이다.

이 말씀에 계속 관심을 기울이게 해주는 요인은 '아버지의 것'과 '나의 것'이 구분되어 있다는 사실이다. 우리가 이 문구를 마태복음 22:15-22과 그 평행 본문에 나오는 평행 본문과 비교해본다면, 이 점이 '가이사의 것'과 '하나님의 것'만을 대립시키고, "나의 것은 내게 바치라"는 도마의 문구에 대해 아무런 언급도 하지 않는 마태복음 본문과의 주요 차이점들 가운데 하나임을 알게 될 것이다. 이미 앞에서 지적한 바와 같이, 100편 말씀은 도마복음서에 '하나님'이란 단어가 나타나 있는 유일한 말씀이다. 우리는 또한 저자가 '하나님의 나라'라는 문구를 전혀 사용하지 않는 사실도 살펴보았다. 이런 사실들을 고려한다면 이 복음서에서 예수와 아버지 사이의 통일성이 반복되어 있는 주제임에도 불구하고 이 말씀 가운데서 하나님과 예수 간의 대립이 표현되는 것은 결코 무의미한 일이 아니다. 이 사실 때문에 도마에게 하나님 사상이 아버지 사상과도 구별되고 있다는 점에 대해 주의 깊게 연구하지 않으면 안 된다.

이 점에서는 영지주의자들이 하나님을 가리켜 지고신(至高神)과는 다르고 또 그보다는 못한 창조신이라고 생각하는 일반적인 영지주의 사상[18]을 상기할 수 있을 것이다. 이 세상은 이 창조신의 활동 결과로 간주되어 있다. 지고신은 이 세상 창조에 아무런 책임이 없다. "지고신은 세상으로부터 떨어져 있으며, 그래서 물질적 우주에 전혀 관여하지도 않고 아무런 관심도 갖고 있지 않다."[19] 물질세계는 악한 세력들이 지배하는 곳으로 생각되어 있다. 그리스도는 세상을 지배하는 악한 세력들을 멸하고, 이런 악한 세력들의 속박으로부터 영지주의자들을 구원하기 위해서 하늘로부터 내려오셨다. 우리 말씀 가운데서 하나님을 가리켜 창조신이라고 분명히 언급한 적은 없지만, 하나님이 하늘 아버지와는 다르다고 하는 이 기본적인 영지주의 신관을 도마복음서 저자가 가지고 있었을 것으로 보인다. 그러나 도마복음서 전반에 걸쳐서 세상을 포기하는 경향이 강하게 나타나 있고 또한 우리 말씀

---

18 Grant, *Gnosticism and Early Christianity*, 98; Wilson, *Gnostic Problems*, 103;
   H. Jonas, *The Gnostic Religion*, 45-92; Gärtner, *op. cit.*, 73.
19 Jonas, *The Gnostic Religion*, 327.

가운데서 부정적인 의미로 한 번 사용된 것 이외에는 '하나님'에 대한 언급이 전혀 나타나지 않는 사실을 고려할 때, 저자가 고의적으로 (하늘) 아버지와 하나님을 구별하려고 한다는 생각을 할 수 있을 것이다. 다른 한편으로 저자가 예수와 아버지 사이의 통일성을 강조하고 있는 점을 감안할 때, 이 말씀에 나오는 '나의 것'이란 말이 아버지께 속한 것을 가리킬 수 있다고 생각할 수도 있을 것이다.

그 경우 저자는 하나님께 속한 것과 가이사에게 속한 것을 대립시키려 하면서도 다른 한편으로는 예수께 속한 것과 하나님께 속한 것을 대립시키려 한다고 말할 수도 있을 것이다. 하나님과 가이사가 이 세상의 지배 세력을 대표하는 반면에 예수와 아버지는 인간의 영혼들이 속해 있는 하늘 세계를 대표하고 있다. 그 경우 이 말씀의 의미는 아버지를 대표하는 예수가 그의 제자들에게 세상 및 창조신의 모든 활동으로부터 완전히 떨어지라는 요구일 것이다.

'하나님'에 대한 이런 부정적 견해와 하나님과 하늘 아버지 사이의 구별은 하나님과 예수 사이의 관계에 대한 성서의 교훈과 일치되지 않는다. 신약성서에서는 하나님이 결코 하늘 아버지와 구분되지 않는다. 한 분이신 지고신이 동시에 하나님이다. 그는 창조주 하나님이며, 만유의 주이시다. 그는 결코 자기가 창조한 세상의 통치를 쉬지 않으신다. 초대 기독교인들도 창조주 하나님과 구세주 그리스도를 구분하지 않았다(고전 8:6; cf. 요 1:3; 골 1:16; 히 1:16). 그들은 하늘과 땅의 모든 권세가 주님이신 그리스도에게 주어졌다고 믿었다(cf. 마 28:19; 빌 2:10; 골 1:20). 쿨만은 다음과 같이 말하고 있다: "주님이신 그리스도의 통치는 창조의 모든 영역에 확대되어야 한다. 만일 그의 다스리심으로부터 제외된 영역이 있다면, 그의 통치는 완전한 것이 아니며, 그리스도는 더 이상 주님이 아니다. 이런 까닭에 국가란 영역, 분명히 그 영역도 그의 통치 밑에 있어야 한다."[20] 이런 점에서 우리는 도마의 사상이 신약 교훈의 주류와 다르다고 생각한다.

도마복음서의 사상 가운데서 우리의 복음서와 또 다른 요소를 살펴보아야만 한다. 예수가 아버지를 대표하고 있다는 의미에서 예수와 아버지는 하나라고 하는 점이 100편 말씀과 61편 말씀의 주제라는 점을 이미 우리가 살펴보았다. 하나가 된다는 이 주제가 물론 우리 복음서에 없는 것은 아니다.[21] 특히 요한복음서에서 우리는 찾아볼 수 있다. 다드(C. H. Dodd)는 "내가 아버지께로(ἐκ) 나와서 세상에 왔고"(요 16:28)란 말을 주석하면서, 이 본문에서 '…로부터'(ἐκ)란 전치사는 예수가 구체적으로 하나님께 그 기원을 두고 있음을 가리키며 반면에 ἀπό와 παρά란 전치사는 하나님의 다른 모든 사자를 가리킬 때 사용되어 있다고 말했다.[22] 요한복음이 예수가 구체적으로 하나님으로부터 왔고, 그가 아버지를 대표하며 아버지의 뜻과 아들의 뜻이 일치한다는 것을 특히 강조하고 있는 것은 사실이다. 아버지께 대한 예수의 독특한 관계가 마태복음 11:27[23]과 마가복음 14:36[24]의 주제

---

20 Cullmann, *Christology of the New Testament*, 228; A.W. Wainwright, *The Trinity in the New Testament* (London: S.P.C.K. 1962), 149ff.

21 예를 들어 마태복음 11:27f.; 마가복음 14:36; 요한복음 3:17; 5:3, 19, 30; 8:16; 10:36, 38; 14:10; 16:28; 18:11 등.

22 C. H. Dodd, *The Interpretation of the Fourth Gospel* (Cambridge:Cambridge University Press, 1963), 259f.

23 이 본문의 진정성은 문제시되어 왔다. 예를 들어 Manson은 "아버지 이외에는 아들을 아는 자가 없다"는 이 구절이 후대의 삽입구라고 생각한다(T. W. Manson, *The Sayings of Jesus*, London: SCM Press, 1961, 80). Bousset는 Hermas의 문서들 가운데 평행 본문이 있다고 지적한다(W. Bousset, *Kyrios Christos*, Göttingen: Vandenhoeck und Ruprecht, 1913, 48f.).

이기도 하다. 그러나 그 두 복음서에는 예수의 아들 되심이 별로 크게 강조되어 있지 않다.

그러나 우리의 복음서들에서는 예수와 아버지 사이의 관계가 예수가 아버지께 순종적이며 종속적인 태도를 취하는 것으로 규정되어 있음을 주목해야 한다. 맨슨(T. W. Manson)[25]이 지적한 바와 같이, "나와 아버지는 하나다"(요 10:30; cf. 10:36, 38; 14:10)라는 주장은 본질의 동일성이나 '신비적 결합'의 의미로 이해될 것이 아니라, 종속된 존재인 아들이 아버지와 같은 뜻을 가지고 있고 또 아버지의 권위를 대표하고 있다는 의미로 이해되어야 한다. 예수는 하나님의 아들이다. 그것은 그가 인간으로서 자기가 하나님의 아들이라고 주장했기 때문이 아니라, 하나님이 그를 자기의 아들로 이 세상에 보내셨기 때문이다.[26] 그러므로 예수가 아버지와 하나라는 사실은 그가 아버지로부터 독립된 자기 자신의 권위를 주장하지 않고 완전한 순종 가운데서 자기를 보내신 아버지의 뜻을 이루기 위해 이 세상에 오셨다는 사실에 근거되어 있다.[27] 비록 예수가 아버지께 대한 독특한 것을 주장했지만(마 11:27), 그는 순종의 의무를 갖고 있으며(막 14:36), 반면에 인간적인

---

24 R. H. Fuller에 의하면 예수는 유대인들이 보통 하나님을 부를 때 사용하는 'Abbi'란 단어와는 달리 아라멕 단어인 'Abba'를 사용했는데, 그렇다고 예수가 자신을 하나님의 아들과 동일시했다는 것을 뜻하지는 않는다. 그가 직접 그런 구성을 하지는 않았으나 오히려 그것은 일종의 은유이다(R. H. Fuller, *The Mission and Achievement of Jesus*, Chicago: Alec. R. Allenson, Inc., 1956, 82ff.).

25 T. W. Manson, *On Paul and John* (Naperville, Ill.: Alec. R. Allenson, Inc., 1963), 133.

26 E. Hoskyns, *The Fourth Gospel*, ed. by F. N. Davey (London: Faber and Faber, Ltd., 1940), 91.

27 C. K. Barrett, (Commentary) *The Gospel according to St. John* (London: S.P.C.K., 1960), 214.

약점(막 10:18)과 지식의 한계(막 13:32)를 자기 안에 갖고 있었다.

이것은 경전복음서에 나오는 또 다른 중요한 요소인데, 도마복음서에는 나타나지 않는다. 도마가 우리의 경전복음서들과 마찬가지로 예수가 아버지를 대표하고 있고 또 예수와 아버지는 하나라는 사상을 갖고 있지만, 예수가 아버지께 순종하고 종속되어 있다는 사상을 전혀 보여주지 않는다.

IV. 예수와 '모든 것'

이 장(章)의 주제에 대한 논의를 끝맺기 전에 이제 우리는 우리가 깊이 생각해야 할 마지막 문제에 이르게 되었다. 도마복음서에 우리의 관심을 끄는 한 가지 특이한 사실은 예수의 인격이 하신 말씀 가운데서 좀 이상한 표현인 '모든 것'(all)이란 단어로 설명되어 있는 점이다(77편 말씀): "… 나는 모든 것이다. 모든 것이 나로부터 나왔으며, 모든 것이 내게 속했다." 표면상으로는 '모든 것'이란 단어가 기독론적 명칭으로 작용하고 있는 것처럼 보인다. 그러나 이런 인상은 잘못된 것이다. 왜냐하면 그 문구 마지막 부분에 나오는 '모든 것'이란 단어가 예수를 가리키고 있는 것이 아니기 때문이며 또한 똑같은 단어를 사용하고 있는 다른 두 말씀[1]에서도 그 단어가 기독론적 명칭으로 사용되어 있지 않기 때문이다: "예수께서 이르시되 찾는 자는 찾을 때까지 쉬지 말고 찾을 것이다. 그리고 찾으면 그는 어려움을 당하게 될 것이며, 그가 어려움을 당하게 되면 그는 놀랄 것이며, 그가 모든 것을 다스릴 것이다"(3편 말씀). "예수께서 이르시되 모든 것을 알고 있으나 자신을 알지 못하는 자는 모든 면에서 부족할 것이다." 이 항목 마지막 부분에서 77편 말씀을 해석하게 될 때, 다시 이 두 말씀들을 생각하게 될 것이다. 기독론적 명칭에 대해 연구할 생각으로 그 본문을 읽어서는 안 될 것이다. 이 말씀에서나 혹은 이 복음서 어디에서나 저자가 기독론적 명칭들에 관심을 갖고 있다는 흔적을 남겨놓고 있지 않기 때문에 기독론적 명칭에 관심을 두고 그 본문을 읽는다면 헛일이 되고 말

---

[1] 3편과 67편 말씀은 77편 말씀 이외에 '모든 것'(all)이란 단어가 나오는 유일한 말씀들이다.

것이다. 도마복음서의 저자는 예수에 대한 자신의 이해를 기독론적 명칭들에 의해 제시하지 않는다.

그러나 그 본문은 우리로 하여금 다른 질문들을 제기하게 해 준다. 우리는 앞에서 말한 그 문구가 현재 콥트어 역본으로 되어 있는 이 말씀 가운데서 물질적 세계 속에 나타난 예수의 보편적 계시란 주제가 제시되어 있는 것으로 보이는 문맥 속에 편집되어 있는 점에 주목해야 한다: "나무 조각을 쪼개 보라 내가 거기에 있도다. 돌을 집어 들어 보라 너희는 거기에 나를 찾아볼 수 있을 것이다." 우리는 다음과 같은 질문을 제기해 보고자 한다. '모든 것'('빛'과 마찬가지로)이라고 설명된 예수의 인격이 그 말씀의 전체 문맥 가운데서는 어떻게 이해되어야 하는가? 그 말씀의 후반부는 우리가 이미 살펴본 43편, 52편, 91편, 113편과 같은 말씀들[2]에 암시된 예수의 계시에 대한 불가해성 사상과 어떤 관계가 있는가? 이런 질문들에 대해 적절한 대답이 제시되어야만 한다. 왜냐하면 관심의 대상이 되어 있는 그 문구는 도마 기독론의 중요한 요소와 관련된 문맥 가운데서 나타나 있기 때문이다.

이런 문제들에 대한 필자 자신의 논의를 시작하기 전에 먼저 이 말씀에 대한 일반적인 해석을 간단히 개관해 보는 것이 도움이 될 것이다. 많은 학자 가운데서는[3] 이 말씀이 범신론 혹은 범-그리스도론

---

2 이런 말씀들 이외에 13편 말씀도 첨가될 수 있는데, 그 말씀에서 도마는 예수가 어떤 사람과 비슷한지 전혀 설명할 수가 없다고 기록하고 있다: "주여 내 입은 당신이 누구와 같으신지를 전혀 말할 수가 없나이다."

3 그러나 달리 해석할 수 있는 가능성을 제시한 사람들도 있다. 예를 들어 우리가 이미 살펴본 바와 같이 Doresse는 '나무 안에'와 '돌 안에'란 말들이 알레고리적으로 예수의 십자가와 무덤을 나타낼 수 있는 가능성을 보고 있다(Doresse, *The Secret Books of the Egyptian Gnostics*, 344). 또한 A. F. Walls는 흥미 있는 주장을 하고 있다. 그의 주장에 의하면, "돌을 든다"와 "나무를 쪼개다"란 말은 제단을 꾸미는 것을 의미한다. 그는 요한복음 2:19,

(pan-christism) 사상을 제시해준다는 데[4] 의견이 일치되어 있다. 예를 들어 게르트너는[5] 희랍어 역본과 비교해 볼 때, "그리스도가 세상 어느 곳에서나 개인과 함께 있다는 사상으로부터 그리스도가 돌 밑이나 나무 조각 가운데나 어느 곳에나 있다는 범-그리스도론적 사상으로 바뀌어 있음을 지적하고 있다." 이와 마찬가지로 카세르[6]는 이 본문 가운데 분명히 범신론이 나타나 있는 것 같다고 원칙적으로 주장한다. 그리고 또한 그랜트·프리드만[7]도 콥트어 도마복음서에는 이 말씀이 범신론에 대한 증거가 된다고 믿는다.

그러나 비록 범신론 사상이 이 본문에 적용될 수 있기는 하더라도 무작정 적용될 수는 없다. 특히 이 본문은 이미 돌과 나무를 예수의 일부로 생각하고 있는 그랜트·프리드만이 지적한 바와 같이, 예수가 물질적인 것들과 동일하다는 의미로 이해될 수는 없다.[8] 물질적인 것들, 즉 인간의 몸이나 물질세계 전체를 특히 멸시하고 있는 저자의

『요세퍼스 고대사』 XV. 391; XX 228에 따르면 "ἐγείρειν"이란 단어가 성전을 세우는 것에 대해 사용되어 있으며, 반면에 "σιζειν"은 창세기 22:3; 열왕기상 6:14(LXX)에서 제사의 나무를 준비하는 것에 대해 사용되었다는 근거를 가지고 그런 주장을 하고 있다. 그 경우 본문의 의미는 예수가 외로운 자라도 함께 현존하시며, 그렇기 때문에 그를 예배하는 자들은 제단과 제사를 준비하고 거기서 그를 만나보게 되기를 기대해야 한다는 것이다 (A. F. Walls, "'Stone' and 'Wood' in *Oxy. Pap.* I," *Vig. Chr.* Vol.16 (1962), 71f.).

4 '범-그리스도론'(pan-christism)이란 새 용어는 Fitzmyer와 Turner에 의해 채용되었다 (Fitzmyer, *op. cit.*, 540; Turner · Montefiore, *op. cit.*, 113).

5 Gärtner, *op. cit.*, 84f.

6 Kasser, *L'Évangile de Judas*, 99.

7 Grant · Freedman, *The Secret Sayings of Jesus*, 70. 더구나 그들은 영지주의적인 하와의 복음서에서 훨씬 더 가까운 평행 본문을 찾아내고 있다(Epiphanius, *Panarion*, 26, 31): "나는 만물 가운데 흩어져 있다. 그래서 너희는 어느 곳으로부터도 나를 수집할 수 있다"(178).

8 Grant · Freedman, *The Secret Sayings of Jesus*, 72f., 119f., 177f.

세계관에 비추어 본다면, 그런 해석은 별로 타당성을 가질 수가 없다. 저자가 예수와 물질적인 것들을 동일시하려 했다고 생각할 수도 없다. 우리의 본문이 예수를 물질적 우주와 동일시하는 사상을 주장하고 있다고 해석할 수 없는 것과 마찬가지로 도마의 사상을 무작정 범신론으로 몰아붙이는 생각은 지식만이 예수의 계시를 이해할 수 있는 유일한 열쇠라고 보는 예수의 계시 성격에 관한 도마의 이해와 일치되지도 않는다.

이 점에서 우리는 두 가지 가능성 중의 하나를 택해야 할 입장에 처하게 되는데, 즉 첫째 가능성은 우리 본문이 나머지 복음서와는 일치될 수 있는 새로운 사상 요소를 제시한다고 생각하는 것이고, 둘째 가능성은 만일 범신론 사상을 이 본문에 적용할 수 있다면 거기에는 도마의 범신론을 그의 사상 주류와 일치시켜 볼 수 있는 어떤 다른 요소가 내포되어야 한다고 생각하는 것이다. 이런 두 가지 가능성을 염두에 둔 채 우리는 이제 그 말씀의 내용에 관해 논의해 보고자 한다. 그 말씀의 첫 부분에서 '빛'과 '모든 것'이란 용어들이 이상하게도 예수의 인격과 연관되어 있다는 사실을 볼 때,[9] 이 문제가 너무도 복잡하여 그 본문 자체를 이해한다거나 혹은 그 말씀의 후반 부분에 일관성 있게 연결시킨다는 것이 거의 불가능한 것처럼 느껴지게 된다.

실제로 '빛'과 '모든 것'이란 말들이 그 문맥 가운데서 무엇을 뜻하는 것인지가 전혀 분명치 않다. 우리의 본문을 구성해 주는 두 문장의 서론 부분은 분명히 예수를 빛 그리고 모든 것으로 설명하고 있다. 그런데 그다음에는 예수와 모든 것을 구분하고 있다: "모든 것이 내게

---

9 이 말씀을 *Oxy. Pap.* I과 비교해본다면, 콥트어 말씀의 첫 부분이 희랍어 평행 본문에서는 나타나지 않을 알게 될 것이다.

로부터 나왔으며 모든 것이 내게 속했다." 이 짧은 문장 가운데서 '모든 것'이란 단어가 세 번 나와 있으나 비록 콥트어로는 매번 같은 단어가 사용되었는데, 모두 같은 의미를 갖고 있는지 분명치 않다.

　도마복음서에 나오는 '모든 것'이란 말의 의미는 아주 여러 가지인 것으로 추측되어 있다. 틸(Till)[10]은 67편 말씀에서 나오는 '모든 것'이란 단어가 '물질세계'를 가리키고 있다고 생각한다. 그 말씀의 의미는 아마도 물질세계의 허무함을 아는 것이 필요하지만, 자기 인식을 얻을 수 없다면, 그것으로 충분치 못하다는 것일 것이다. 만일 틸의 해석이 맞는다면, 67편 말씀에서 나오는 '모든 것'은 이 본문에 나오는 '모든 것'과 일치될 수가 없을 것이다. 왜냐하면 도마복음서의 저자가 예수를 물질세계와 동일시할 수가 없었을 것이기 때문이다. 아마도 2편 말씀에 나오는 '모든 것'과 같은 의미를 가질 수 있는 건데, 그 말씀에서는 은밀한 구원 지식을 얻은 자가 물질세계의 세력들을 정복하고 다스릴 것이라고 암시되어 있다. 그랜트·프리드만[11]에 의하면, 77편에 나오는 '모든 것'은 '참된 존재의 전체'를 의미한다. 그들은 틸과는 반대로 67편 말씀의 '모든 것'은 77편 말씀의 경우와 마찬가지로 예수를 가리킨다고 생각한다. 그들에게 있어서는 "모든 것이 그로부터 나왔고 그에게로 돌아갔다"는 의미에서 예수는 모든 것이다. 그러나 '모든 것'이란 말에 대한 이런 해석이 비록 77편 경우에는 적합할지 몰라도 2편과 67편 말씀에 적용하기는 어렵다. 모든 것을 얻은 자가 예수를 다스릴 수 있다고 생각할 수는 없다. 예수를 계시자로 아는 인식이 자기 인식에 의해 보충되지 않는 한, 불충분하다고

---

10 Till, *BJRL*, 41 (1959), 453f.

11 Grant · Freedman, *The Secret Sayings of Jesus*, 120, 173, 177.

생각할 수도 없다.

터너[12]는 67편 말씀의 의미를 확정 짓기가 어렵다고 보고 있다. 그러나 그는 이 말씀의 '모든 것'이 '지식의 주체'를 가리키는 것임이 확정되었다고 생각한다. 필자가 보기에는 자아도 지식의 주체이기 때문에 그 설명은 너무 일반적인 것이라고 생각된다.

게르트너[13]는 77편 말씀에 나오는 '모든 것'이란 사상이 「데오도투스의 발췌문」(Excerpta ex Theodoto)과 「베드로행전」과 같은 영지주의 문서들 가운데 비슷한 평행 본문이 있다고 찾아내었는데, 그는 그런 문서들로부터 아들에 대한 '범신론적' 견해 그리고 예수의 본성에 관한 범신론적 평가를 끌어내고 있다. 즉, 아들은 모든 곳에 계신 자이며, 예수는 모든 것 안에 있고, 모든 것이 예수 안에 있다는 사상이다. 게르트너는 이런 사상에 근거해서 77편 말씀의 후반에 나오는 범신론적 진술, 즉 "나무 조각을 쪼개 보라 내가 거기에 있으며, 돌을 집어 보라 너희는 거기서 나를 찾으리라"고 한 말이 그 말씀의 앞부분과 짝지어져 있다고 생각한다. 아마도 이것이 두 개의 독립된 말씀들이 결합하게 된 이유였을 것이다. 그러나 게르트너의 주장도 예수와 모든 것 간의 구분에 대한 문제를 해결해 주지 못한다.

쿤(K. H. Kuhn)[14] 은 한 걸음 더 나아갔다. 그는 77편 말씀의 두 부분이 그 두 부분의 사상이 비슷했기 때문에 서로 연결되었을 뿐만 아니라 콥트어에서만 가능한 두 문장 간의 말장난에 의해(πτηρυ, '얻다',

---

12 Turner · Montefiore, op. cit., 113.

13 Gärtner, op. cit., 146f.

14 K. H. Kuhn, "Some observations on the Coptic Gospel according to Thomas," Museon, 73 (1960), 317f.

쪼개다) 연결된 것으로 생각한다.

　이런 여러 가지 주장들에도 불구하고 우리는 아직 이 본문의 의미에 관한 문제를 해결할 수는 없다. 이런 모든 의견은 범신론 사상의 전제 위에 기초되어 있는 것으로 보인다. 그러나 보통 의미의 범신론을 도마복음서에 적용하는 것은 어려울 것이다. 왜냐하면 도마복음서에는 물질세계를 반대하는 입장이 나타나 있기 때문이다. 도마복음서 기자가 세상의 물질적인 것이 하늘 세계와 양립될 수 없다고 생각하면서 예수가 그 물질적인 것들 속에 스며들어 있다고 생각할 수는 없을 것이다.

　그렇다면 우리는 이 문제를 다른 각도로부터 새롭게 연구해 볼 수도 있다. 이 본문의 문맥에서 볼 때, '빛'과 '모든 것'이 어느 정도 예수와 동일시되어 있는 것은 분명한 것 같다. "모든 것 위에 있는 빛" 그리고 "모든 것이 내게로부터 나왔고, 모든 것이 내게 속했다"는 문구들은 지배의 사상을 암시하는 것으로 보인다. 예수가 소유한 '빛'은 그 빛에 가리어 감추어져 있는 사람의 빛과 같지 않다(83편 말씀). 사람 안에 있는 빛은 그가 온 세계를 비추지 않을 때, 어둠 속에 남아 있게 된다(24편 말씀). 인간의 빛으로부터 나오기는 했으나(50편 말씀) 그는 그의 마음이 어두워 빛의 세계로부터 오신 예수를 인식하지 못한다(43, 52, 91편 말씀). 예수께서 세상에 오신 것은 무지에 취해 있는 눈먼 영혼을 각성시키고 이 세상 세력에 압도되어 있는 인간 속의 빛을 다시 불붙여 주기 위해서이다. 이렇게 예수는 빛의 세계로부터 난 자이고 죄를 지으시지 않았기 때문에(104편 말씀) 그에게 속한 모든 빛의 사람들의 주님이시다(100편 말씀). 그가 하시는 일은 그들을 그들의 본향인 빛의 세계로 다시 돌아가게 하는 일이다. 이와 마찬가지로 예수가 모든 것이라고 말하는 것은 그가 물질적인 우주를 창조하셨다는 의미에서가 아니라, 그가 물질적 세력들을 그의 지배 아래 두셨다는 의미에서다. 그는 시작이며 나중이다(18편 말씀). 2편 말씀에 따르면 예수께서 전해주시는 은밀한 지식을 추구하여 찾은 자들은 물질세계에 의존해 있지 않다. 그와는 반대로 세상이 오히려 그들의 지배 아래 있다. 그러나 그들 자신은 예수에 속해 있다(100편 말씀). 예수와 그의 제자들과 물질적 세계 간의 관계는 우리로 하여금 예수께서 전적으로 지배의 위치를 확보하고 계신 그림을 연상하게 해준다. 이런 의미에서 예수는 모든 것이다.

만약 이런 지배의 사상이 도마가 77편 말씀의 초반에서 강조하려고 했던 요점이라면, 우리는 그 말씀이 77편 후반의 말씀과는 어떤 관계가 있는가 하는 질문을 제기할 수 있다. 그 후반 말씀 가운데서는 물질세계 안에서의 예수의 인식이 주제가 되는 것으로 보인다. 만약 우리가 77편 초반에 대한 우리의 해석을 가능한 해석이라고 생각한다면, 그 말씀의 초반과 후반 간에는 아무런 일관된 연관성도 있을 수 없는 것처럼 보일 것이다.

그러나 그 두 부분 사이의 합리적 연관성을 이루려는 시도 가운데서 2편과 67편 말씀에도 관심을 돌려볼 수도 있을 것이다. 거기에서는 '모든 것'이란 단어가 추구하고 찾고 안다는 주제와 관련되어 있기 때문이다. 은밀한 지식을 추구하고 찾음으로써 '모든 것'에 대한 지배를 하게 된다(2편 말씀). 그 경우에 상호 연관시키는 개념은 '모든 것'에 대한 이해와 지배가 오직 사람이 예수로부터 은밀한 지식을 추구하고 찾을 때만 가능하다는 사상이다.

만약 우리가 이 사상을 우리의 말씀에 적용한다면, 그 말씀의 두 부분을 하나로 연결시킬 수 있을 것으로 보인다. 2편과 67편 말씀에 비추어 볼 때 우리는 77편 말씀의 초반으로부터 예수를 '모든 것'으로 아는 인간의 인식이 오직 그가 지식을 얻었을 때에만 가능하다고 추리해낼 수 있을 것이다. 마찬가지로 인간이 이 지식에 의해서 술취한 상태, 눈먼 상태 그리고 아무것도 모르는 무지의 상태로부터 깨어나지 않고서는 예수께서 보통 인간의 이해를 초월한 빛이라는 사실을 깨달을 수 없을 것이다. 똑같은 방법으로 물질세계 안에서의 예수께 대한 인식은 비록 예수가 자신을 물질적인 우주 속에 계시하고 계시더라도 오로지 지식을 획득한 자들에 의해서만 가능하다.[15] 그러므로 이 말씀의 두 부분은 똑같은 사상으로 결합되어 있는 것으로 보인다.

이런 관점에서 볼 때 필자는 범-그리스도론 사상을 역설적인 의미에서 우리 본문에 적용시켜 보고자 한다. 즉, 예수는 물질적인 세상 가운데 계시되어 있으면서 동시에 은폐되어 있다. 우리는 앞에서 논의한 바 있는 3편, 113편, 51편, 91편, 52편 및 43편 말씀을 상기할 수 있는데, 우리는 그 말씀들을 하늘나라 그리고 계시자이며 산 자이신 예수란 주제와 관련해서 검토해 보았다. 그때 우리는 하늘나라를 현재 어느 곳에서나 인식할 수 있음을 지적했었다: "아버지의 나라가 땅 위에 퍼져 있는데, 사람들이 그것을 보지 못한다"(113편 말씀). 이 말씀은 하늘나라가 지금 여기에 현존함을 의미하고 있으며, 동시에 지식 없이는 그것을 인식할 수 없음을 뜻하고 있다. 마찬가지로 91편 말씀은 예수께 대해 다음과 같이 말하고 있다: "… 너희 얼굴 앞에

---

15 도마에게는 물질세계가 계시가 나타날 수 있는 장소로 생각되는 경우에 한해서 신학적으로 중요한 의미를 가진다.

있는 분을 너희가 알지 못했도다." 또한 52편과 43편 말씀도 그렇다. "너희는 너희 앞에 계신 산자를 버리고 죽은 자에 관해 말하였도다." "… 내가 너희에게 말한 것으로부터 너희는 내가 누구인지를 알지 못하는도다." 이런 말씀들은 분명히 예수가 그의 제자들 가운데 현존해 있다는 사실과 또한 그들이 그를 인식하지 못하고 있다는 사실을 설명해 준다. 하늘나라와 예수의 경우 모두 계시되어 있으면서 동시에 은폐되어 있다는 것이 그 중심 사상이다.

우리는 우리의 말씀과 또한 하늘나라 및 예수의 현존과 그것들에 대한 인식을 역설적으로 제시하는 앞의 말씀들을 똑같은 범주의 사상으로 분류할 수 있을 것이다. 예수가 '모든 것'이며 또 어느 곳에나 현존해 있기 때문에 우리는 예수를 '나무'와 '돌'들 가운데서 찾아볼 수 있다. 그러나 동시에 우리가 그로 알아볼 수 있는 지식을 얻기까지는 그가 은폐되어 있으며 우리의 이해를 초월해 있다.

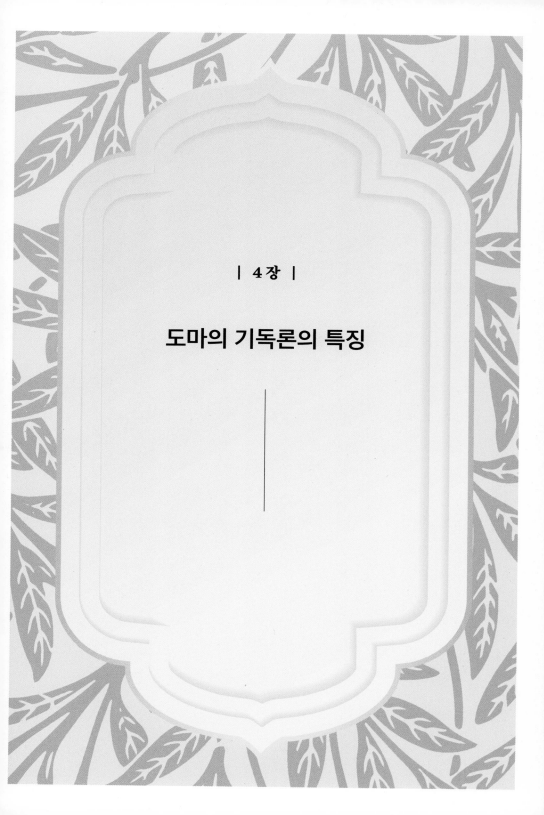

| 4장 |

도마의 기독론의 특징

앞 장에서 우리는 도마복음서에 나오는 말씀 중 도마의 기독론과 다소 관련이 있다고 생각되는 말씀들을 몇 가지 검토해 보았다. 이런 말씀들에 대한 사실적인 분석을 토대로 우리는 그 말씀들을 여러 부제에 따라 분류하여 고찰함으로써 도마가 예수를 어떻게 이해하고 있는지를 가능한 한 체계적으로 설명해 보려고 했었다. 문서의 성격이 요구하는 바에 따라서 연구 과정 가운데서 여러 중요한 단어들이나 말씀들을 그것이 속해 있는 직접적인 문맥에서만이 아니라, 동일하거나 비슷한 단어나 말씀들이 나타나 있는 여러 다른 문맥들과 관련시켜 검토해 봄으로써 그런 단어나 말씀들의 의미를 서로 다른 것과 비교해 보고 또 서로 다른 것을 가지고 보충하는 일이 필요했었다.

이 같은 연구의 결과로 우리는 이런 말씀들로부터 도마복음서의 기자가 예수를 어떻게 이해했었는가에 대한 포괄적인 설명을 끌어낼 수 있게 되었다. 우리는 또한 도마복음서 전반에 걸쳐 저자가 예수를 전적으로 은밀한 구원 지식의 계시자로 제시하고 있다는 사실도 발견할 수 있었다. 계시자이신 예수가 도마의 기독론의 핵심적인 주제이다. 도마복음서에 나오는 다른 여러 주제들은 독특한 기독론을 구성해 주는 배경을 이루어 주며 또한 나머지의 기독론적 주제들은 이 핵심적인 주제에 그 초점을 맞추고 있다고 말할 수 있다.

이제 우리가 해야 할 남은 작업은 도마의 기독론의 특징에 관한 문제를 다루는 일이다. 이것이 어려운 작업이라고 하는 것은 우리가 잘 알고 있으나 우리의 목적을 위해서도 이 작업은 피할 수가 없다. 우리에게 있어 가장 큰 관심사는 도마의 기독론을 올바로 정립시킬 수 있는 가능한 신학적 위치를 찾아내는 일이다. 우리가 도마복음서와 비교해 볼 수 있는 다른 어떤 문서를 갖고 있다면 좀 더 용이하게 저자의 사상을 규명할 수 있을 것이다. 우리의 문제를 연구하기 위해서 우리는 먼저 도마의 기독론을 경전복음서의 주요 기독론적 특징들과 비교해볼 것이며, 그러고 나서 영지주의의 관점에서 도마의 기독론을 이해하고자 시도할 것이다. 논의를 위한 하나의 방법으로서 우리는 다음과 같은 질문들에서부터 시작해 보고자 한다.

첫째, 공관복음서의 기독론의 주요 특징들과 비교해 볼 때, 도마의 기독론의 독특한 요소들은 어떤 것들인가? 우리가 도마복음서에 나오는 여러 기독론적 주제들을 검토해 본 결과에 의하면, 우리가 그런 주제들 가운데서 찾아볼 수 있었던 요소들이 대부분 공관복음서에 나오는 독특한 특징들과 일치되지 않는 것 같은 인상을 피할 수 없다. 대부분의 이런 요소들이 우리의 복음서들 가운데서 나타나지 않거나 혹은 적어도 강조되어 있지 않다. 이 문서의 또 다른 요점을 살펴보면서 우리는 도마가 공관복음서에서 찾아볼 수 있는 본질적인 기독론적 요소들을 그대로 보존해 주는가 하는 질문을 제기해야만 한다. 바로 이 점이 이 장에서 우리가 연구하게 될 요점이다.

둘째, 도마와 요한 사이에 나타나 있는 기독론 사상의 유사성에 대해서는 어떻게 말할 수 있을까? 도마의 기독론 가운데에서는 요한

의 사상이 반영되어 있는 것 같은 점들이 많이 있기 때문에 우리는
특별히 요한복음과 도마복음을 면밀히 비교해 보아야만 한다. 그러나
이런 요한 사상의 반영이 단지 형식적인 유사성에서 나오는 것인지,
아니면 두 복음서 기자들이 그들의 기독론을 형성할 때 본질적으로
갖는 신학 사상을 갖고 있었기 때문인지를 질문해 보아야만 한다.
이 문제는 우리가 지금 도마의 기독론의 성격을 규명하려는 데 관심을
갖고 있기 때문만이 아니라 또한 요한의 기독론을 보다 더 잘 이해하는
데서도 아주 중요하다. 우리의 연구 과정 가운데서 두 복음서 간의
접촉점이 어디에 있는지를 그리고 또 어떤 점에서 그 두 복음서가
서로 자기를 보이는지를 밝히게 될 것이다.

셋째, 도마의 기독론을 영지주의적이라고 말할 수 있을까? 도마복
음이 영지주의적 문서라고 하는 점에 대해서는 많은 학자가 의견
을 같이하고 있다. 그러나 우리는 특히 기독론적인 특징들과 관련해서
우리의 문서를 새롭게 검토하여 과연 그런 결론이 타당한지를 살펴보
아야만 한다. 앞 장에서 우리가 여러 말씀들을 연구해 본 결과로 이
복음에 영지주의적 요소들이 있다는 사실을 부인할 수 없게 되었다.
그러나 특히 어느 정도나 그리고 어떤 의미에서 도마복음서가 영지주
의적인지를 질문해 보아야만 할 것이다.

도마의 기독론의 특성을 밝히려는 이런 여러 가지 시도들이 어떤
결과를 초래하게 될 것인지에 대해서는 정확히 말할 수 없다. 그러나
도마의 기독론의 특징을 포괄적으로 이해하고자 한다면 이런 연구를
피할 도리가 없을 것이다. 왜냐하면 이 문서 자체는 우리가 이미 살펴
본 바와 같이 다양한 자료들로 구성되어 있기 때문이다. 도마복음서를
경전복음서나 영지주의의 관점으로 평가하기 전에 먼저 도마복음서

에 대한 선입감을 가져서는 안 될 것이다. 그렇게 되면 이 복음서를
제대로 다루지 못하게 될 것이다.

I. 경전복음서의 주요 기독론적 특질들과의 비교

도마복음서에 두드러지게 나타나는 사실들 가운데 하나는 도마복음서의 많은 말씀이 공관복음서 가운데 평행 본문을 갖고 있기는 하지만, 그 어느 것도 공관복음서의 평행보다 정확히 일치하지 않다는 점이다. 그와 같은 차이가 경전 형태의 공관복음서를 이용한 도마복음서의 최종 편집자가 자기 나름대로 편집 작업을 했기 때문이며, 그런 차이들이 오히려 저자가 독자적인, 좀 더 원시적인 순수한 복음 전승을 이용한 증거라고 그렇게 확실하게 말할 수는 없다. 이미 앞 장에서 언급한 바와 같이 우리는 이런 점들 이외에도 자료에 관한 한 또 다른 가능성들을 생각할 수도 있다. 여기서 우리는 자료 문제를 다루려는 것이 아니다. 처음부터 우리는 자료 문제에 관한 논의를 가능한 한 개방하려고 했었다. 이 논문은 현재에 있어서 오직 한 가지 특별한 가능성만을 최종적인 결론으로 내세우면서 다른 가능성을 배제시키려는 입장을 취하지 않는다.

그러나 공관복음서 형태의 말씀들이 수없이 나타나 있는 도마복음서와 같은 이런 문서에 직면할 때 우리는 자연히 도마복음서의 저자가 공관복음 신학의 각도로부터 제시하고 있는 신학적 설명을 관심 있게 살펴보게 된다. 우리의 목적을 위해서 특히 우리에게 관심거리가 된 것은 도마의 기독론을 공관복음의 기독론의 관점으로부터 살펴보는 것이다. 다음과 같은 질문이 이미 제기되었다. 공관복음서의 기독론의 주요 특징들과 비교해 볼 때, 도마의 기독론의 독특한 요소는 어떤 것들인가? 우리는 이미 앞 장에서 두 복음서 간의 평행 본문들에도 불구하고 도마의 기독론의 기본 특징을 공관복음서의 기독론과 동일시할 수 없다는 점을 살펴보았다. 이제 우리는 과연 도마가 공관복음서 기독론의 주요 특징들을 그대로 보유하고 있는지 알아보고자 한다. 이 문제를 연구함에서 우리는 도마복음서와 공관복음서가 신학 사상에서 얼마만큼의 거리를 갖고 있는지를 좀 더 분명히 규명할 수 있게 될 것이다.

도마의 기독론의 두드러진 사실 중 하나는 저자의 예수관과 예수가 인간과 어떤 관계를 갖고 있는가에 대한 저자의 견해이다. 우리는 2장에서 도마의 인간관을 간략히 살펴보았다. 이 복음서에 의하면 인간이 두 범주로 분류되어 있는데, 즉 계몽된(가치 있는) 자와 계몽되지 못한(가치 없는) 자로 분류되고 있으며 또한 예수는 오직 전자의 인간들과만 관계하신다는 사실을 발견하였다. 그는 잃은 양을 찾으시는 구세주가 아니다. 이런 견해는 우리로 하여금 중요한 기독론적 질문을 제기하게 해준다. 즉, 만약 도마가 예수는 오직 '가치 있는' 자들만을 구원하기 위해 세상에 오셨다고 믿는다면, 그에게 죄, 용서 및 은총의 개념이 과연 있는가 하는 것이다.

이 문제를 연구함에 있어서 우리는 먼저 예수와 관련해서 '가치 있는' 자들의 신분이 어떤 것인지를 살펴보고자 한다. 13편 말씀에 의하면 도마가 예수를 '주인'이라고 불렀을 때 예수로부터 책망을 받았다: "도마가 그에게 말하되 주인이여 나의 입은 당신이 어떠한 분인지를 전혀 말할 수 없나이다. 예수께서 이르시되 나는 너의 주인이 아니니 이는 네가 취했고 내가 널리 퍼뜨린 넘치는 샘에서 마셨기 때문이니라." 이 책망은 도마가 우월한 영적 식별력의 표지를 보여주었기 때문에 그에게는 더 이상 주인이 필요하지 않다는 것과 또한 그는 그 자신 안에 지식의 원천을 갖고 있는 것을 암시해 준다.

'가치 있는' 자와 같은 의미인 계몽된 인간의 가능성이 24편 말씀에서 언급되어 있는데(70편 말씀에서도: "예수께서 이르시되 만약 너희가 너희 안에 있는 것들을 이끌어 낸다면, 너희가 갖고 있는 것이 너희를 구원하리라….."), 그 말씀에 의하면 영적인 분별력을 행사할 수 있는 능력이 이미 들을 귀를 가진 '빛의 사람'에게 주어졌다고 암시되어 있다. 그는 자신 안에 보전되어 있는 본질적 요소를 가지고 예수께서 하신 은밀한 말씀들을 이해하고, 예수의 하늘 기원을 인식할 수 있게 된다. 이 말씀에 나오는 제자들의 질문은 요한복음 14장 5절을 상기시켜 준다: "도마가 그에게 말하되, 주여 어디로 가시는지 우리가 알지 못하거늘 그 길을 어찌 알겠삽나이까?" 그러나 거기에는 중요한 차이가 있다. 요한복음 14:6 에서는 예수가 도마에게 대답하면서 자기가 길이요 진리요 생명이라고 말하고 있는데 반하여 우리의 말씀에서는 예수가 그의 제자들에게 그들이 그들 자신 안에 빛을 소유하고 있음을 상기시켜 준다. 다른 말로 표현하자면 문제는 자기 부정, 순종 및 믿음 가운데서 예수를 따르는 것이 아니라(마 10:38; 막 8:34; 눅 14:27; 9:23), '빛의 사람' 자신 안에 있는 자기 추구의 능력을 통해 은밀한 지식을 획득하는 것이다.

'빛의 사람'이란 도마의 사상이 인간의 기원이 하늘에 있다는 사상과 연관되어 있는 것으로 보인다. 50편 말씀에 따르면 예수의 제자들은 빛으로부터 유래되었다고 언급되어 있다: "예수께서 이르시되 만일 그들이 너희에게 너희가 어디로부터 유래했느냐고 묻거든 우리는 빛으로부터 왔다고 그들에게 말하라…." 이 말은 인간 존재의 기원이 예수의 기원과 똑같다는 것을 암시한다(cf. 61편과 77편 말씀). 앞에 나온 말씀(49편 말씀)도 인간 기원의 문제를 다루고 있는데, 서로 연관성이 있는 것으로 보인다. "… 너희가 하늘나라로부터 왔기 때문에 너희는 그 나라를 찾을 것이요 그곳에 다시 가게 되리라." 그 말씀은 계몽된 인간에 대한 또 다른 표현인 '외로운 자'와 '선택된 자'의 하늘 기원[1]을 설명해 준다. 49편과 50편 말씀에 비추어 볼 때, 비록 18편과 19편 말씀에 나오는 선재 사상이 주로 예수에 대한 것이기는 하지만, 그래도 인간에게 확대될 수 있을 것으로 보인다. 신약성서는 하늘 기원(선재)을 예수께만 국한시키고 있으나 도마복음서는 그것을 인간에게까지 확대시키고 있는 것으로 보인다.

예수와 인간 사이의 일치 사상은 108편 말씀 가운데서 가장 뚜렷이 언급되어 있다: "내 입으로부터 마시는 자는 누구나 나와 같이 될 것이며, 나 자신이 그가 될 것이다." 이것은 '일치' 사상에 대한 언급 이상의 것이다. "내 입으로부터 마신다"는 은유적 표현은 요한복음 4:14; 7:37과 요한계시록 22:17을 반영해주는데, 거기서는 예수가 생명의 물로 언급되어 있다. 그러나 이런 본문들 어느 곳에서도 예수는 자기가 주는 물을 마신 자와 동일시되지 않는다. 그는 기독교인의 영원한 생명이 달려 있는 원천이다. 그러나 우리의 말씀에서는 인간과 예수 사이의 동일성[2]의 가능성이 분명하게 언급돼 있다. 그러므로 도마는 예수와 '계몽된 인간' 간의 차이를 '평준화시키는' 경향을 가진다고 주장할 수 있다.

이런 관찰과 함께 우리는 도마복음서의 죄 문제를 다루어보고자

---

1 영지주의자들의 하늘 기원에 대한 언급은 빌립의 복음서 112장 10절에서 찾아볼 수 있다: "주께서 이르시되 그가 존재하기 전에 있는 자는 복이 있도다. 왜냐하면 그는 전에도 계셨고 장래에도 계실 분이기 때문이니라"(Wilson, *The Gospel of Philip*, 116 인용문).

2 Haenchen이 이 점에 대한 흥미 있는 관찰을 하고 있다. 그는 도마가 예수를 아버지와 영지주의자들 간의 중간쯤에 위치시키고 있다고 생각한다(Haenchen, *Die Botschaft des Thomas-Evangeliums*, 65).

한다. 우리는 먼저 1차적으로 주요한 질문을 제기해야 한다. 만일 도마에 있어서 예수와 인간이 모두 그 기원을 하늘에 두고 있으며, 인간이 하늘 존재가 갖고 있는 본성의 '뿌리'를 보유하고 있는 것으로 생각된다면, 예수가 구주라고 하는 것은 어떤 의미에서며 또한 그는 어떻게 구주로서 역할을 하는 것일까? 우리는 '통일성'이란 중요한 주제가 복음서 전체를 꿰뚫고 있다는 사실을 자주 언급해 왔다. 인간이 아래 세상에서 거주하게 된 것은 그가 빛의 세계로부터 소외되었기 때문이며, 그것이 바로 인간이 세상 안에서 당하고 있는 곤경이다. 예수의 역할은 몸과 세상에 의해 갇혀 있는 내적 인간의 상실된 통일성을 하늘 세계를 가지고 회복시키는 것이다. 이것이 72편 말씀의 주제인데, 그 말씀에 보면 예수는 그의 제자들에게 다음과 같이 말하고 있다: "나는 재산 분배인이 아니다. 내가 그런 자인가?" 이 말씀은 누가복음 12:13-15과 비슷하다. 두 말씀에서의 질문은 본질적으로 똑같다. 그러나 예수의 대답에서 우리는 중요한 차이점을 보게 된다. 누가의 본문이 물질적 소유에 대한 인간의 탐심에 관한 것인데 반해서 도마는 분배의 사상[3]을 정죄하고 있다. 그러나 도마의 본문에는 누가복음의 평행 본문에 나오는 '심판'이란 단어가 나오지 않는다. 도마에게서는 예수가 지상 소유의 분배와 아무런 관계도 없다.[4] 도마의 말씀 가운데서 '분배'라는 단어가 여러 번 반복해서 강조되어 있는데,[5] 저자는 그 단어를 가지고 예수는 물질적 소유 문제에 있어서 결코 분배자가

---

3 Kasser, *L'Évangile de Judas*, 96.

4 Haenchen, *Die Botschaft des Thomas-Evangeliums*, 53.

5 Grant · Freedman 과 Kasser는 이 말씀의 마지막 문장, 즉 "나는 분배자가 아니다. 내가 그런 자인가?"라는 문장이 편집자에 의해 첨가된 것이라고 생각한다(Grant · Freedman, *The Secret Sayings of Jesus*, 175; Kasser, *L'Évangile de Judas*, 96).

아니며6 또한 인간과 하늘 세계를 분리시키는 자도 아니라는 점을 강조하려고 했던 것으로 보인다. 예수는 상실된 통일성을 파괴하는 자가 아니라 회복시키는 자이다.

그러나 도마복음서에의 인간의 소외와 상실성이 하나님께 대한 인간의 적극적 반항의 결과로 생각되어 있지 않다는 사실을 주목해야 한다. 그것은 인간이 범한 극악한 죄의 결과가 아니다. 사실상 '죄'란 말이 도마복음서 전체에 걸쳐 오직 두 번만 언급되어 있으며(104편 과 4편 말씀), 그 두 말씀에서도 '죄'는 유대적 기독교적 습관인 금식과 관련해서 언급되어 있다.7 104편 말씀에서는 예수가 죄로부터 자유하기 때문에 금식이 배격되어 있다: "그들이 (그에게) 말하되 오셔서 우리로 오늘 기도하게 하고 금식하게 하옵소서. 예수께서 이르시되 그렇다면 내가 범한 죄가 어떤 것이며 어떤 점에서 내가 패배당했느냐?" 4편 말씀은 금식이 죄를 낳기 때문에 그것을 가치 없는 것으로 평가하고 있다. 이 말씀의 배경이 되어 있는 사상은 외적인 종교적 습관이 사람에게 무의미할 뿐만 아니라, 내적 인간과는 반대되는 육체적 몸과만 관계된 것이기 때문에 죄적인 것이라고 보는 사상으로

---

6 72편 말씀 이외에도 '분배'라는 주제가 언급되어 있는 말씀이 또 있다. 17편 말씀에 의하면, 예수는 땅 위에 구분을 가져오기 위해 오셨다고 기록되어 있다(눅 12:51-53). 여기서 '분배' 라는 말은 인간이 세상적 관심으로부터, 즉 가족 관계로부터 '분리'되는 것을 뜻한다. W. Schoedel, "Naassene Themes and Gospel of Thomas," *Vig. Chr.* 14 (1960), 229.

7 이런 말씀들에서만이 아니라 6편과 53편 말씀에서도 도마가 반(反)유대적 태도를 보여주고 있다는 증거들이 있다. 기도, 금식, 구제 등과 같은 유대 관습들이 무의미한 것으로 배격되어 있다. 또한 유대인들(43편 말씀)과 바리새인 및 서기관(39편 말씀)들이 논쟁의 대상이 되어 있는 사실도 주목해야 한다. Kasser, *L'Évangile de Judas*, 49; Haenchen, *Die Botschaft des Thomas-Evangeliums*, 50; Turner · Montefiore, *op. cit.*, 81; Grant · Freedman, *The Secret Sayings of Jesus*, 134; Wilson, *Studies in the Gospel of Thomas*, 84, 104, 123, 132.

보인다. 이 말씀의 주제는 "외적인 것과 반대되는 내적인 것에 대한 강조를 배경"으로 갖고 있다(cf. 마 23:23).[8] 금식의 습관은 아마도 그것이 "영혼의 내적 성향보다 열등한"[9] 것으로 생각되기 때문에 배격되어 있을 것이다. 여하간 도마에게는 죄가 하나님의 뜻에 대한 전 인간의 철저한 불순종으로 생각되지 않는다. 두 말씀 모두 죄와 관련해서 불순종을 언급하고 있지도 않다. 헨첸[10]이 지적하고 있는 바와 같이 도마는 인간의 '무죄성'을 전제하고 있는 것처럼 보인다. 인간이 하늘 세계로부터 유래되었다고 생각하고 있기 때문에 인간은 죄가 없을 수 있다.

그러나 '죄'의 개념과 관련해서 생각해야 할 중요한 문제가 있다. 인간의 곤경에 대한 도마의 견해는 '맹목적', '텅 빈' 그리고 '술 취한'(28편 말씀)이란 말로 표현되어 있는데, 이런 모든 단어는 인간이 그의 참된 본성과 참 하나님에 관해서는 무지한 상태를 나타낸다. 예수의 깊은 관심사인 인간의 이 '무지'[11]가 도마복음서에는 '죄' 개념을 대신하고 있는 것으로 보인다. 그러나 무지는 인간의 과격한 과오의 결과가 아니다. 즉, 인간이 하나님으로부터 돌아서는 죄의 결과가 아니다. 그것은 단지 인간이 세상에 살게 될 때 인간이 당하게 되는 비극적 운명일 뿐이다. 그러므로 도마에게는 하나님과 인간 사이의 근본적 간격이 하나님의 뜻에 대한 인간의 근본적인 불순종 때문에 생겨나는

---

8 Gärtner, *op. cit*., 36.; Haenchen, *Die Botschaft des Thomas-Evangeliums*, 50.

9 Doresse, *The Secret Books of the Egyptian Gnostics*, 74.

10 Haenchen, *Die Botschaft des Thomas-Evangeliums*, 74.

11 진리의 복음서에는 아버지께로부터 나온 것이나 탄생된 것을 원초적인 죄로 묘사하고 있다(20-24). 그 복음서의 주제도 서두의 말이 지시하고 있는 바와 같이 아버지를 알지 못하는 자들이 구속자이신 말씀의 중재를 통해 아버지를 아는 것이다.

것이 아니라, 자신의 기원과 운명에 대한 무지와 참 하나님께 대한 무감각에 의해 생겨나는 것이다.

이런 까닭에 도마복음서에 예수의 활동은 은밀한 지식을 계시하는 것 이상으로 확대되지 않는다. 즉, 인간의 참된 본성과 참 하나님에 대한 지식을 계시하는 것에 한정되어 있고, 이것이 구원의 내용을 이루고 있다. 예수의 주요 호소는 인간의 신앙과 회개가 아니며, 자기에게 응답하고 하나님께 순종하라는 요구가 아니라, 무지의 상태로부터 인간이 각성할 것과 또한 자신의 노력에 의해 지식을 획득하는 것인데(70편 말씀), 이것이 구원에 이르는 길이다.

저자의 인간관과 또한 저자가 예수의 역할을 오직 은밀한 지식을 전해주는 계시자로만 보고 있는 점을 고려할 때, 도마복음서에 예수의 십자가가 중요시되어 있지 않은 것은 결코 놀라운 일이 아니다. 사실상 십자가가 55편 말씀 가운데서 언급되어 있기는 하지만, 그 단어가 나타나는 분별을 고려한다면, '십자가'란 말이 예수의 죽음을 가리키는 것이 아니라 일반적인 의미로 제자됨의 대가를[12] 인간이 세상에서 당하는 곤고와 고통이란 뜻으로 나타내는 말이다. 악한 포도원 농부 비유(막 12:8 f.; 마 21:33 f.; 눅 20:9f.)가 공관복음서에는 기독론적으로 중요한 의미를 갖는데, 그 비유가 나오는 65편 말씀에 보면 도마가 예수의 죽음을 부인한다고 주장할 만한 이유가 없다.

이 본문의 말씀을 예수의 죽음이 오직 죽은 것처럼 보였다고 생각하는 가현설적 기독론의 눈을 갖고 읽는 것은 합당치 못하다. 저자가 의도한 것이 십자가는 있지도 않았다고 생각하는 새로운(영지주의적)

---

12 Turner · Montefiore, *op. cit.*, 89.

해석이라고 주장할 근거도 없다. 왜냐하면 이 말씀에서는 새로운 신비적 지식이 이 이야기와 관련됐다는 흔적을 찾아볼 수 없기 때문이다. "귀 있는 자는 들으라"는 도마가 애용하는 문구가 있기는 하지만, 이 문구로부터 그 이야기의 새로운 의미가 그 문구에 의해 어떻게 나타나 있는지 알 도리는 없다. 그러나 공관복음서의 평행 본문들과 비교해 볼 때,13 그 내용이 단순하고 또 알레고리적 요소가 없기 때문에 도마는 마태와 마가보다도 알레고리칼한 해석으로부터 더 해방된 누가를 포함해서 공관복음서 기자들이 그랬던 것처럼, 이 이야기에 기독론적으로 중요한 의미를 부여하지는 않았던 것으로 생각된다. 예수의 십자가에 대해 직접적으로 아무런 언급도 하지 않는 사실은 속죄의 수단이었던 예수의 육체적 죽음이 도마에게는 구원에 아무런 의미도 없다는 인상을 주고 있는데, 도마에게는 인간에게 구원을 가져다주는 요인이 결코 예수의 십자가가 아니라, 그가 전해주는 은밀한 지식이기 때문이다. 도마복음서에는 인간이 하늘의 아버지로부터 소외당한 것이 그의 뜻에 대한 불순종으로 인해서 야기된 것이 아니라고 했다. 그렇기 때문에 십자가에 의한 속죄는 문제가 되지도

---

13 우리는 이 이야기에 대한 보도에서 도마와 공관복음서와의 사이에 중요한 차이가 있음을 볼 수 있다: 1) 도마는 '적절한 시기'에 대한 암시가 없다. cf. "때가 이르매"(막 12:2; 눅 20:10); "열매 맺을 계절이 가까워오며"(마 21:34). 2) 도마복음서에는 포도원 주인의 아들이 직접 보내지기 전에 오직 두 종만이 보냄을 받고 있다(막 12:2-5; 마 21:35-26; 눅 20:10-12). 3) 도마는 아들을 죽이는 방법에 관해 아주 간단히 설명해버리고 있다. 그는 단지 다음과 같이 말하고 있다: "그들이 그를 잡아 죽였다"(마 23:39; 막 12:8; 눅 20:15). 4) 마지막으로 공관복음서는 모두 포도원 주인이 마지막에 가서 자기의 '독생자'를 보냈다고 말하는데, 도마복음서는 단순히 '나의 아들'이라고만 기록하고 있는 점에 주목해야 한다. Jeremias, *The Parables of Jesus*, 70ff.; Dodd, *The Parables of the Kingdom*, 124ff.; Turner · Montefiore, *op. cit.*, 62f.; Wilson, *Studies in the Gospel of Thomas*, 101f.; Grant · Freedman, *The Secret Sayings of Jesus*, 171f.

않는다.

만약 십자가가 구원에 있어서 아무런 중요한 의미가 없다면, 논리적으로 '은총'도 별로 중요하지 않다는 말이 된다. 도마복음서에는 인간의 회개와 하나님의 용서가 구원을 위한 불가결한 요인으로 생각되어 있지 않다. 구원은 하나님의 은사가 아니라, 자신의 노력에 의해 얻어지는 목표이다. 90편 말씀이 이런 사상을 가장 분명히 나타내 주고 있다. 이 말씀과 아주 비슷한 평행 본문이 마태복음 11:28-30에서 나타나 있다. 그러나 중요한 차이점들이 있다. 도마복음서에는 "수고하고 무거운 짐 진 자는 모두"란 마태의 문구가 나타나지 않으며, 더욱 중요한 것은 마태복음이 "그리하면 너희의 영혼이 편히 쉬게 되리라"는 표현 대신에 도마복음서의 말씀에서는 "그리하면 너희가 너희를 위해 쉼을 얻으리라"[14]로 되어 있다. 이런 차이들은 도마복음서에는 예수의 초대가 죄로 말미암아 지치고 무거운 짐을 진 자들에게 주어진 것이 아니라는 점과 또한 '쉼'(구원)이 더 이상 그리스도를 통한 하나님의 은사가 아니라, 인간 자신이 자기의 노력에 의해 획득해야 할 궁극적인 목표라는 점을 암시하고 있다. 죄의 용서에 대해서는 전혀 아무런 언급도 없는데, 그것은 구원이 죄 때문이 아니라 지식의 결여 때문에 추구되어 있기 때문이다. 도마에게는 관심의 초점이 구세주가 죄인을 찾으시는 데 있는 것이 아니라, 인간 자신이 자기의 구원을 찾는 데 있다.[15]

---

14 학자들은 그 문구를 다음과 같이 번역하고 있다: "et vous trouverez pour vous"(Kasser); "und ihr werdet Ruhe finden für euch"(Haenchen); "And you will find rest for yourselves"(Schoedel, Doresse, Princeton Translation); "And you will find rest for yourselves"(Wilson).

15 2편, 38편, 92편 말씀들은 이 점에서 근본적으로 똑같은 사상을 전하고 있다. "구하고

기독론에서 공관복음서와 도마복음서 간의 또 다른 중요한 차이는 도마복음서가 예수의 말씀들을 역사적 문맥 가운데서 제시하고 있지 않다는 점이다. 예수의 말씀들이 예수의 사건들 가운데서 역사적 연속성이나 발전과 아무런 관계도 없이 나타나 있다. 예수는 구약성서의 예언들과 아무런 연관성도 없으며, 시간의 종말에 있을 종말론적 완성과도 관련이 없다. 이 사실은 과거와 미래의 사건들이 도마에게 있어서는 아무런 의미도 없다는 것을 암시할 것이다. 인간의 마지막 목표이며, 은밀한 지식에 의해 획득될 구원이 현재적인 실재에 지나지 않는다.

예수가 구약성서의 예언과 아무런 연속성이 없다는 것이 52편 말씀의 주제이다: "그의 제자들이 그에게 스물네 명의 예언자들이 이스라엘에서 말했는데, '그들은 모두 당신께 관해서 말했습니다'라고 말하니 그가 그들에게 이르시되 '너희는 너희 앞에 있는 산 자를 버리고 죽은 자에 관해 말하는도다'." 이 말씀에서 우리는 문자적으로 '안에서', '함께', '통해서'란 의미를 가진 콥틱어 전치사를 번역하는 데 약간의 어려움이 있다. 이 전치사[16]는 '위치', '시간', '도구'를 가리키는 데 사용될 수 있으며 혹은 부사형 'εβολ' 뒤에 나올 때는 '…로부터'란 뜻으로 사용될 수도 있다. 이런 여러 가지의 가능성 때문에 문제의 이 문구에 대해서는 여러 가지의 번역이 제시되었다. 예를 들면 '네 안에'(Kasser), '너 가운데'(Haenchen), '너에 대해서'(Schoedel, Wilson, Princeton Translation), '너를 통해서'(Doresse) 등이다.

찾는다"는 주제는 이런 말씀들에서 관심의 초점이 되어 있다.

16 J. Martin Plumley, *An Introductory Coptic Grammer*(*Sahidic Dialect*) (London: Home and van thal, 1948), 127.

만약 우리가 우리의 말씀 가운데 나오는 합성어를 '네 안에' 혹은 '너를 통해'란 의미로 번역한다면, 그 문장의 의미는 모든 예언자가 그리스도와 똑같은 정신으로 말했다는 뜻이 될 것이다. 이것은 "예언자들 가운데 예언자"란 유대 기독교적 견해[17]와 일치될 수 있는데, 이 견해에 따르면 참 예언자인 그리스도는 아담으로부터 시작해서 초기의 여러 예언자의 모습들을 거쳐 나오다가 마지막으로 예수에게서 계시되었다고 한다. 이런 예언자들이 시대에 따라 다르게 나타났지만, 그들은 모두 같은 정신으로 말했다. 그러나 만약 콥트어 문구를 '너에 관해'라고 번역해야 한다면, 구약성서 예언자들과 예수 사이의 연관성을 가정할 필요는 없을 것이다. 그 문구는 단지 예언자들이 예수의 오심에 관해 말했다는 사상을 전하고 있을 뿐이지 약속과 성취의 도식 가운데서 예언자와 예수를 연관시키는 것이라고 볼 필요는 없다.

그러나 그 문구를 어떻게 번역하든지 간에 이 말씀의 요점은 예수의 대답에 있는데, 그 대답에 의하면 제자들이 예수를 과거의 예언자들과 연관시키는 것이 잘못이라고 지적되어 있다. 예수의 대답은 제자들이 아직도 예언자들의 말이 어느 정도 중요하다고 생각하고 있는 사실 때문에 예수가 상심하고 있음을 암시해 준다. 도마에게 있어서는 예수와 예언자들을 연관시킬 수 있는 공통의 근거나 연속성이 있을 수 없다. 예언자들의 메시지는 과거에 속한 반면에 예수는

---

17 Georg Strecker, *Das Jüdenchristentum in den Pseudoklementinen* (Berlin: Akademie-Verlag, 1958), 145-153; J. Schoeps, *Theologie und Geschichte des Jüdenchristentum* (Tübingen: Verlag J.C.B. Mohr, 1949), 87-98; O. Cullmann, *Le problems litteraire et historique du roman pseudo Clementin* (Paris: F. Alcan, 1930), 227-234.

살아계신 자로서 제자들 가운데 현존해 있다. 예언자들은 불완전하고 거짓되나 예수는 완전하며 참되다.

52편 말씀에 비추어 볼 때 모든 공관복음서에 다 나오는 이사야서 5:1-7의 여호와의 포도원에 대한 구약의 본문을 왜 저자가 65편 말씀 가운데 포함시키지 않았는지 그 이유를 알아내는 일은 별로 어려운 일이 아니다(cf. 마 21:33-41; 막 12:1-8; 눅 20:9-16).[18] 그것은 예수와 구약 예언 간의 연관성을 단절시키려는 도마의 경향을 보여주는 또 다른 실례임에 틀림 없다. 그렇기 때문에 그리스도의 생애와 죽음이 예언적 약속의 성취라는 사상과 관련된 기독론적 사상은 도마에게 아무런 의미도 없다.

도마의 기독론의 독특성은 예수와 구약 예언 간의 아무런 연속성이 없다는 사실에 있을 뿐만 아니라, 예수의 말씀과 그의 행동 간에도 아무런 연속성이 없다는 사실에 있다. 도마는 예수가 제자들을 부른일, 이적들을 행하신 일, 병 고치며, 예루살렘에 여행하며, 성전을 깨끗이 청소한 일이나 또는 그의 죽음과 부활을 야기한 일련의 사건들에 대한 이야기를 전혀 제시하지 않는다. 예수의 말씀들이 그의 행동의 문맥[19] 가운데서 보도되지도 않는다. 사실 도마복음서에는 "예수의 행동은 하나도 없고 오직 예수의 말씀뿐이다."[20] 저자는 오직 은밀

---

18 '모퉁이 돌'에 대한 언급이 그다음 말씀(66)으로 옮겨져 있으나 "성서에서 읽어보지 못하였느냐?"란 공관복음서 평행 본문의 말이 그 말씀에서는 나타나지 않는다.

19 이레네우스는 영지주의자들이 설교와 말씀과 비유들을 그 본래의 문맥들로부터 떼어내어 그들의 신화에 적용시키기를 좋아한다고 말한다(Adv. haer. I. 8, I). 진리의 복음서에 나오는 말씀들이 역사적 문맥으로부터 발견된다는 사실에 주목할 필요가 있다.

20 J. Munck, "Bemerkungen zum koptischen Thomasevangelium," *Studia Evangelica*, 14/2, 146.

한 지식을 제자들에게 전해주는 예수의 교육 활동에만 관심을 갖고 있다. 예수의 행동들에 대한 설화적 설명이 없는 사실은 아마도 그의 신학적 견해 때문인 것으로 설명될 수 있을 것인데, 그의 신학적 견해에 의하면 인간의 구원이 예수께서 그의 지상 활동 가운데서 행하신 그의 행동들에 의존된 것이 아니라, 인간이 그가 계시자로서 전해주시는 은밀한 지식을 획득하는 일에 달려 있다.

바로 이 본질적인 점에서 도마복음서는 공관복음서와 완전히 차이를 보이고 있다. 비록 공관복음서 상호 간에도 많은 차이점이 있기는 하여도 예수에 관한 역사적 설명을 제시하면서 그의 말씀과 그에 행동을 구체적인 역사적 상황 가운데서 서로 연결시키고 있다는 점에서는 모두 일치하고 있다. 공관복음서는 시간을 초월한 일련의 영원한 진리를 제시하고 있는 것이 아니다. 왜냐하면 공관복음서 기자들은 예수가 이 땅에 오신 목적이 교리들을 가르치기 위해서가 아니라, 특별한 역사적 과제를 성취하시기 위해 오셨다고 믿고 있기 때문이다. 즉, 그는 하나님의 구원 계획에 따라 투쟁, 사랑, 고난 및 순종의 생활을 살았다. 그의 지상 생활은 인간의 구원을 결정지어준 십자가와 부활에서 극치에 달했다. 그러나 도마는 이런 본질적인 문제들에 관해 거의 아무런 언급도 하지 않는다.

지금까지 우리는 기독론적 이해에 있어서 도마가 공관복음서 기자들과 일치하지 않는 본질적인 요점 몇 가지를 살펴보았다. 도마복음서에 공관복음서 형태의 말씀과 어구들이 약간 다른 형식으로 많이 포함되어 있지만, 도마와 공관복음서 기자 사이에 상당한 신학적 거리가 있다는 사실을 간과해서는 안 된다. 이런 형태들의 말씀 가운데서 볼 수 있는 그런 차이점들이 경전복음서들로부터 편집하는 과정에서 생긴 저자 자신의 책임으로 생각되어야 하는지, 아니면 저자의 손에 입수되기 이전에 이미 그런 변화를 겪은 그의 자료 때문인지는 별문제로 하더라도, 도마복음서의 현재 형태는 적어도 본질적인 기독론적 특징에 있어서 공관복음서와 아주 가깝다고 말할 수는 없을 것이다. 그러나 도마가 초대교회의 신학적 주류로부터 벗어나는 과정에 있는 것인지, 아니면 그 주류로 되돌아가는 과정에 있는지의 문제는 우리가 나중에 다루어보게 될 또 다른 문제이다. 현재로서는 다른 분야의 연구로 옮겨가기 전에 먼저 도마와 공관복음서 기자들 사이에 신학적인 거리가 있다는 사실을 지적하는 것뿐이다.

그러나 도마복음서와 경전복음서들 사이의 기독론적 사상에 관한 또 다른 면을 생각해 보아야 한다. 도마의 사상이 공관복음서의 주요 기독론적 특징들과 다르다는 점을 인정한다고 하더라도, 몇 가지 중요한 요점에서는 도마가 요한복음의 기독론과 비슷한 것 같은 인상을 피할 도리가 없을 것이다. 도마복음서와 관련해서 세계, 인간 및 구원에 대한 신학적 이해에 있어서 도마와 요한 간에는 유사점들이 있는 것으로 보이며, 좀 더 구체적으로 말하자면 두 기자는 계시자이신 예수, 예수의 신성, 예수와 아버지, 예수와 세계 그리고 예수와 인간 사이의 관계에 대해 비슷한 사상을 갖고 있는 것으로 보인다.

도마복음서에 나오는 많은 말씀이 문자적으로 공관복음서에서 평행 본문으로 나타나 있는 것 이외에도 기독론적 사상에서 도마복음과 요한복음 간에 약간의 유사성이 나타나 있는 것은 흥미 있는 일이다. 공관복음서와 비교해 볼 때 요한복음이 문헌적인 관계에 관한 한, 2차적인 위치로 물러나 있다는 점은 이미 라이폴트(Leipoldt)[21]에 의해서 지적되었다. 우리는 요한복음으로부터의 인용문이 도마복음서에 거의 나타나지 않는 사실을 알고 있다.

물론 요한복음과의 유사성이 정당화된다고 하더라도 거기에는 자료 문제가 남게 된다. 도마가 요한복음을 알고 있었을까? 카세르 (Kasser)[22]는 도마가 대부분 공관복음서로부터 인용하고 있는 것으로 보이나 그의 문체는 요한복음의 영향을 받은 것이라고 말한다. 그러나 도마와 요한이 각기 공관복음 전승을 독자적으로 이용했고 또 그들 자신의 신학적 목적에 따라 그 전승 자료들을 배열했는데, 몇 가지 점에서 비슷한 견해를 나타내게 된 것이라고 생각하는 것도 불가능한 일은 아니다. 또한 도마복음서의 저자가 요한복음을 직접 자료로 사용했다기보다는 오히려 구전이거나 문서 전승이거나 간에 요한복음과 비슷한 전승 자료를 사용했을 또 다른 가능성도 있을 수 있다.[23]

그러나 우리가 여기서 이런 문제들을 자세히 설명할 수는 없다. 그런 문제들을 토의하기 위해서는 또 다른 기회가 필요할 것이다. 우리가 이미 앞에서 언급했던 바와 같이 자료 문제가 확실해질 때까지는 그 말씀들에 자료를 추천하는 것이 우리의 연구 목적에 절대적으로 필요한 일은 아닐 것이다. 이 문제에 대해 최종적인 결론을 내리지 않고서도 우리의 논의는 계속할 수 있다. 현재에서 우리의 유일한 목적은 도마와 요한 사이에 비슷한 사상을 갖고 있는 것처럼 보이면서도 본질적인 점에서는 서로 다른 기독론적인 특징들을 연구하는 일이

---

21 Leipoldt, *TLZ* 83 (1958), 495. Leipoldt의 견해는 Grant의 지지를 받고 있다.

22 Kasser, *Rev. Th. Ph.* (1959), 366. "그 자료들이 요한복음보다는 오히려 마태복음과 누가복음으로부터 많이 나왔지만, 그 관점은 요한복음의 관점에 더 가깝다"(Grant · Freedman, *The Secret Sayings of Jesus*, 116).

23 R. E. Brown, "The Gospel of Thomas and the Gospel of John," *NTS* 9 (1963), 157.

다. 도마복음서에는 요한복음으로부터의 인용문이 없다는 사실을 감안하여 우리는 두 복음서에 공통으로 나타나 있는 개개의 신학적 어휘들에 관심을 갖는 것이 아니라, 그 두 복음서 사이의 사상 패턴에 관심을 갖는 것이다.

우리는 이미 앞에서 기독론이 도마복음서의 전체 신학적 구조 안에서 중심적인 위치를 차지하고 있으며, 요한복음의 경우도 마찬가지라고 지적했다. 요한복음에서는 대부분의 예수의 교훈이 그 자신에 관한 것이다. 즉, 예수는 '말씀'의 계시자이며, 생명과 빛과 진리의 근원이다. 좀 더 올바로 표현하자면 "그는 계시를 가져다주실 뿐만 아니라, 그의 인격 자체가 계시이다. 그는 빛을 가져다주시며 동시에 그는 빛이다. 그는 생명을 주신다. 그런데 그는 또한 생명이시다. 그는 진리를 선포하신다. 그런데 그는 동시에 진리이시다."24 자신에 관한 예수의 교훈 서두에 나오는 "나는 …이다"라는 독특한 요한의 문구에 주목해야 한다. 그 문구는 그가 어떤 존재인지 그리고 그가 세상에 무엇을 가져다주는지를 강력히 표현해 준다. 그래서 바레트 (C. K. Barrett)는 다음과 같이 말하고 있다: "요한은 공관복음서 기자 이상으로 기독론의 중요성과 중심성을 의식하고 있다. 요한에게는 예수가 복음이며 복음이 예수이다."25

앞에서 지적했던 바와 같이 도마복음서에는 한편으로는 예수와 아버지 사이에 그리고 다른 한편으로는 세계와 인간 사이에 날카로운 대립이 나타나 있다(21, 16, 27, 36, 42, 55, 60, 64, 78, 79, 101, 112편 말씀). 마찬가지로 대립적인 사고의 패턴이 요한복음 전반에서도 그대로

---

24 Cullmann, *The Christology of the New Testament*, 259.
25 Barrett, *op. cit.*, 58; Bultmann, *op. cit.*, Vol. II, 4.

나타나 있다. 26 여기서는 '빛'과 '어두움'(1:5, 10; 8:12; 12:35, 46; cf. 요일 1:5f.; 2:8f., 11), '하나님과 세상'(8:23; 9:39; 11:9; 12:25, 31; 16:11; 18:36), '육과 영'(3:6; 6:63), '진리와 거짓'(8:44; cf. 2:21, 27), '하늘과 땅'(3:12) 간의 대립으로 나타나 있다.

요한복음에서는 세상 안에 있는 인간의 상태를 '육으로부터'(3:6), '아래로부터'(8:23), '땅으로부터'(3:31), '악마로부터'(8:44) 난 존재로 설명되어 있다. '거짓', '어두움', '아래', '악마'와 같은 단어들은 '세상'을 나타내는 상징적인 용어들이다. 그와는 반대로 하나님께 속한 인간은 '영으로부터'(3:6), '위로부터'(3:31), '하나님으로부터'(7:17; 8:47), '진리로부터'(18:37) 난 자로 설명되어 있다.

도마에서와 마찬가지로27 요한에 있어서도 세상 안에 있는 인간의 상황에 대한 이해가 그의 기독론적 이해를 위한 전제이다. 다른 말로 표현하자면 요한복음서 기자는 예수가 생명과 빛과 진리의 근원으로 이 세상에 오신 것이 인간이 이 세상 안에서 악, 어두움 및 거짓이란 세상적 세력에 의해 얽매여 있기 때문인 것으로 이해한다. 예수의 말씀을 듣고 새로워진 생명은 인간이 세상 안에서 새롭게 존재할 수 있는 방법이다. 요한에게서 구원은 신성의 문제, 곧 성령과 진리에 의해 위로부터 탄생하는 것이다.

우리는 이미 앞에서 예수가 아버지를 대표한다는 의미에서 예수와 아버지가 하나라는 사상이 61편과 100편 말씀의 주제(64편과 99편

---

26 Bultmann, *op. cit.*, Vol. I, 173-177; Vol. II, 1-21; K. G. Kuhn, "Die in Palestina gefundenen Hebräischen Teste und des Neue Testament," *ZTK* 47 (1950): 209-211; C. H. Dodd, *op.cit.*, 103-109.

27 Fitzmyer는 '세계 안의 인간'이란 도마의 주제가 독특하게도 요한적이라고 보고 있다 (Fitzmyer, *op. cit.*, 536).

말씀 참조)라고 지적한 바 있는데, 그런 사상 때문에 예수는 자신의
신분이 하는 세계를 대표하는 자라고 말하고 있으며, 그래서 아버지로
부터 권세가 주어졌다고 말하고 있는 것이다. 그런데 아버지와 아들의
관계가 요한복음에서도 계속 반복되는 주제이다(1:14, 18; 3:16, 18, 35;
5:19, 20, 23, 36, 37; 6:38, 46; 8:19, 28; cf. 14:9, 10f.). 공관복음서와 비교해
볼 때 요한복음에는 예수께서 아버지에 관해 말씀하신 것이 많이
나온다. 요한복음 전반에 걸쳐 '아들'과 '아버지'란 단어가 예수와 하나
님을 가리키는 가장 두드러진 명칭들이다.[28] 아들과 아버지 사이의
관계가 요한복음에서는 예수의 신적인 권위(6:46; 8:19, 28; 21:50; 14:9),
'독생자'(1:14, 18; 3:16, 18) 그리고 아들과 아버지의 통일성(10:30, 38;
14:10f.)이란 말에 의해 설명되어 있다. '아들'과 '아버지'의 관계에 대한
복음서 기자의 독특한 강조는 그가 'ἀποστελλειν', 'πέμπειν'[29]이란
단어를 자주 사용하는 데서 나타나 있다. 예수는 아버지로부터 권위를
받아 이 세상에 보내졌다. 그는 아버지로부터 위임을 받은 자이다.

두 복음서 기자 간의 사상의 유사성은 예수의 '선재'(先在)에 대한
그들의 이해에서도 드러나 있다. 예수의 선재 사상이 18편과 19편
말씀 가운데 암시되어 있다는 점은 이미 지적한 바 있다. 요한복음에
서는 그 사상이 좀 더 분명히 표현되어 있다(1:1; 8:58; 17:5, 24). 이것은
요한의 기독론 사상에 있어 아주 독특한 요소로서 공관복음서에서는
그런 사상을 찾아볼 수 없다. 마태와 누가가 동정녀 탄생 이야기를

---

28 V. Taylor, *The Person of Christ* (London:MacMillan, 1958), 147, 150; T. W. Manson,
 On Paul and John (Naperville, Ill.:Alec R. Allenson, Inc., 1963), 131ff.
29 요한복음에서는 'ἀποστελλειν'이란 동사가 28회 사용되었고, 그 동의어인 'πέμπειν'은
 31회 사용되었다.

소개하지만, 이것이 선재 사상을 암시해 주지는 않는다. 오히려 동정녀 탄생 이야기는 하나님의 아들의 이색적 탄생을 설명해 준다. 그러나 요한에서는 "'말씀'이신 예수가 태초부터 존재하고 있었다"(cf. 1:1, "… 아브라함이 있기 전에 내가 있었다."; 8:58), "만물이 그를 통해 창조되었다"(1:3), "그는 세상이 만들어지기 전에 아버지와 함께 영광을 누렸다"(17:5, 24).

도마에게서는 예수가 본질적으로 신적인 존재이다. 예수가 육신으로 이 땅에 존재했었다는 것이 부인되고 있지는 않지만, 예수에 대한 도마의 생각은 주로 하늘 세계로부터 오신 분에 대한 것이다. '살아계신 자', '빛', '모든 것'과 같은 기독론적으로 중요한 단어들은 본질적으로 예수의 하늘 본성을 나타내 준다. 요한복음도 말씀이신 예수의 신성(1:1-5)에 대한 선포로부터 시작하여 "나의 주님이요 나의 하나님"(20:28)이란 도마의 신앙고백으로 끝난다.

도마가 예수를 구원 지식의 계시자로 제시하고 있는 것처럼(서론, 91, 92, 51, 52, 43편 말씀), 요한복음에서도 예수는 '말씀'의 계시자이다(2:22; 4:41, 50; 5:24, 38; 6:63, 68; 8:31, 47; 12:48; 15:3). 그는 또 진리의 계시자이다. 그러나 그 자신이 진리라고 말하는 것이 더 적절하다(1:14, 17; 8:32, 40, 45-46; 14:6; 17:17; 18:37). 하나님이 자신을 계시하기 위해 보내신 그의 아들을 통해 계시되지 않는 한(1:18; 5:37; 17:26) 결코 하나님을 알 수 없다.

우리는 도마의 기독론을 '지식'의 문제로 논의했다(1, 5, 24, 39, 43, 46, 61, 67, 91, 92, 113편 말씀). '믿는다'는 신약성서의 용어가 도마복음서에도 '안다'는 단어로 대치되어 있다. 인간 편에서 적극적으로 지식을 추구하는 것이 구원을 얻는 방법이다. 이런 이유 때문에 도마복음서에는 '추구하다'와 '찾는다'는 용어가 그렇게도 현저한 위치를 차지하고 있다(1, 2, 24, 27, 38, 60편 말씀; cf. 70, 92편 말씀). 요한복음에서도 진리에 대한 적극적인 추구가 현저한 위치를 차지한다. 예를 들어서 13:36-14:12은 공관복음서에 전혀 평행 본문으로 나타나 있지 않은데, 예수와 그의 제자들 사이의 일련의 대화를 소개하고 있는 것으로서(베드로, 도마, 빌립과 더불어) 거기에 보면 제자들이 비슷한 질문을 제기한다: "주여 어디로 가시나이까?"(13:36), "주여 당신이 어디로 가시는지 우리가 알지 못하는데 어찌 그 길을 우리가 알 수 있읍니까?"(14:5), "주여 우리에게 아버지를 보여주시옵소서 그리하면 족하겠나이다"(14:8). 8:25에 나오는 질문도 같은 형태의 것으로 제시할 수 있는데, 즉 "당신은 누구십니까?"라는 질문이다. 이 같은 질문들은 도마복음서에 나오는 다음과 같은 말씀들과 비슷하다: "당신이 계신 곳을 보여주시옵소서. 우리가 그 곳을 찾는 데 필요하기 때문이니이다"(24편 말씀), "당신은 누구입니까? 누구의 아들입니까?"(61편 말씀), "당신이 누구신지 우리에게 말씀해 주시옵소서"(91편 말씀), "당신이 누구시온대 우리에게 이런 말씀들을 하십니까?"(43편 말씀).

요한에게 있어서 진리를 아는 것은 자유롭게 되는 것이며(8:32), 하나님을 아는 것이 영생을 얻는 것이다(7:3).[30] 예수께서는 눈먼 자들에게(알지 못하는 자들에게) 지식을 전해주어 그들로 그들의 눈(앎)을 뜨게 하기 위해 이 세상에 오셨다(1:18; 9:39-41; 17:26).

그러나 예수의 말씀을 들을 수 있는 자들은 오직 아버지께서 그에게 주신 그리고 그에게 속한 자들뿐이다. 우리는 도마복음서 전반에

---

30 Dodd, *op. cit.*, 151.

걸쳐 계몽된(가치 있는) 자와 계몽되지 않은(가치 없는) 자들 간에 현저한 차이와 구별이 있다는 것을 살펴보았다(16, 20, 49, 8, 75, 62, 109편). 그런데 요한복음에서도 비슷한 사상이 나온다. 즉, 예수가 이 세상에 나타내신 바 된 것이 아니라, 오직 그 자신의 백성들에게만 나타나셨다(14:22; 10:14; 17:6).[31] 진리로부터 난 자들만이 그의 말씀을 들을 수 있다(18:37). 그는 아버지께서 그에게 주신 자들을 지키시며(17:12), 세상을 위해서가 아니라 그들을 위해 기도하셨다(7:9; 17:24).

지금까지 우리의 의도는 기독론적 사상에 있어서 도마와 요한이 어떤 점에서 비슷한지를 지적하는 것뿐이었다. 그러나 이런 관찰이 두 복음서에 대한 정당한 평가라고 생각해서는 안 된다. 왜냐하면 도마의 기독론 가운데에는 요한복음의 기독론과 다른 또는 거기에서는 찾아볼 수 없는 중요한 것들이 있기 때문이다.

우리는 이미 두 복음서 기자가 모두 예수는 본질적으로 신적인 하늘 존재라고 강조하고 있음을 지적했다. 이 점에서 그들의 의견이 일치되어 있다. 그러나 예수의 인성에 대한 평가에 있어서 그들의 차이점이 분명히 드러나 있다. 도마에게 있어서 '지상의' 예수가 별로 아무런 중요성도 갖지 못하고 있는 반면에 요한은 예수의 인성을 예수의 신성만큼이나 강조하고 있다.

"말씀이 육신이 되었다"는 요한복음서 기자의 선포(1:14)는 하나님의 신적인 창조적 말씀이 인간 존재가 되었음을 의미한다.[32] 성육신하신 말씀은 환상적인 존재로 출현한 것이 아니라 실제의 인간으로 나타났으며, 그래서 사람들 가운데 살면서 제자들을 선택하고(1:35-51),

---

31 Bultmann, *op. cit.*, Vol. I, 178; Vol. II, 13; Barrett, *op.cit.*, 59f.
32 Barrett, *op. cit.*, 62.

이적들을 행하고(예를 들어 2:1-12; 4:46-54; 5:1-18; 6:1-15; 6:16-21; 9:1-41; 10:1-44), 적대자들과의 투쟁에 직면하고(5:1-18; 7:14-52; 11:45-54), 체포되고(18:1-11), 십자가에 달리고(19:17-30), 부활하셨다(20:1-18). 예수 안에 있는 로고스(말씀)는 성육신된 나사렛 예수를 의미하며, 하나님은 구체적인 역사적 상황 가운데서 그 예수를 통해 세상에 말씀하시며 자신을 계시하신다. "예수의 생애는 성육신한 로고스의 역사이다."[33]

그러므로 영지주의자들의 본질적인 주장, 즉 신적인 그리스도가 인간은 아니라든가 혹은 신적인 그리스도가 세례 때에 인간 예수에게 내려왔다가 수난 때에 다시 하늘로 올라가 버렸다는 주장을 상기할 때, 요한의 기독론을 영지주의적이라고 규정해버리는 것은 정당화될 수가 없다.

요한의 기독론을 이렇게 평가한다고 해서 도마의 기독론을 영지주의 진영으로 몰아넣는다는 뜻은 아니다. 우리는 이미 도마의 사상에 영지주의적 요소가 어느 정도나 되는지를 살펴보았다. 도마가 예수의 인생을 별로 중요시하고 있지는 않지만, 영지주의자들처럼 가현설 사상을 가질 만큼 그렇게 멀리 빗나가지는 않는다. 따라서 도마가 영지주의자들의 가현설 사상에 동조하지 않으나 요한만큼 예수의 인성을 중요시하지도 않는다는 것이 올바른 결론일 것으로 보인다. 도마가 이 점에서는 요한과 영지주의자들 중간 위치에 서 있다고 말할 수도 있을 것이다.

도마와 요한은 예수(아들)와 아버지 사이의 관계에 대해서 많은 말을 한다. 도마에게서는 예수와 아버지가 동일한 존재가 아니지만,

---

33 Dodd, *op. cit.*, 284.

예수는 아버지를 대표하는 자이며, 아버지가 계신 빛의 세계를 계시해 주는 자이다. 아버지는 예수를 통한 계시에 의해서만 알려져 있다. 요한에서도 예수는 아버지를 계시해 주는 자로 나타나 있는데(1:17, 18), 그는 아버지로부터 세상에 보내진 자이며(3:18), 아버지의 목적과 본성에 대한 완전한 지식을 갖고 있는 자이다(3:11; 4:22; 7:28, 29; 8:14, 55; 10:15; 12:50; 13:3). 아버지와 아들은 하나이다(10:30, 38; 17:22).

그러나 요한의 사상 가운데에는 도마에게서 찾아볼 수 없는 중요한 요소가 있다. 요한의 경우에 육신으로 성육신하신 아들이 영원 전부터 아버지와 함께 거했음을 분명히 믿고 있기는 하지만, 그는 예수와 아버지와의 관계를 본질적으로 도덕적인 관계로, 즉 아들이 겸손히 아버지에게 순종하는 도덕적 관계로 본다. 아들과 아버지가 하나라는 사상이 여러 번 반복되는 주제임에는 틀림없으나 요한복음에서는 아들이 항상 아버지께 종속되어 있는 사실을 간과해서는 안 된다.34 아들은 자기 자신의 뜻이나 권위를 내세우지 않는다(5:19-20; 6:38-40; 5:30; 14:10, 28). 그는 그 자신의 영광을 구하지 않고 아버지의 영광을 구한다(8:50, 54). 그러나 아들의 영광은 그가 자발적으로 겸손해지고 순종하는 마음으로 아버지의 뜻을 이루는 데서 나타나 있다(12:23; 17:5; cf. 빌 2:6-11). 그 영광은 아버지가 주신 영광이다. 그는 그것에 의존되어 있다. 도마에게서는 이런 중요한 요소를 전혀 찾아볼 수가 없다. 그에게 있어서 예수는 그가 아버지께 속한 은밀한 말씀을 전해주는 한,

---

34 R. Bultmann, "Das Evangelium des Johannes," *Meyer's Kritisch-exegetischer Kommentar über des Neue Testament* (Göttingen: Vandenhoeck und Ruprecht, 1941), 17-19; Cullmann, *Christology of the New Testament,* 266; Dodd, *op. cit.,* 194-196; Wain-right, *op. cit.,* 192.

아버지의 대표자요 계시자이다. 은밀한 지식에 의해 구원을 얻는다고 하는 구원론적 관점에서 볼 때, 죽기까지 사랑하는 행동을 통해 보인 완전한 순종과 겸손 가운데서 아버지의 뜻을 이루는 것은 도마에게 있어서 별로 중요한 일이 아니다. 따라서 저자는 아들과 아버지 사이의 도덕적 관계를 전혀 고려하지 않는 것이다.

예수와 세상 간의 관계에 대한 이해에 있어서 도마와 요한 사이에 유사점들이 있다는 것을 우리는 이미 살펴보았다. "세상은 가치가 없다"(80, 111편 말씀)는 문구는 도마의 세계관을 나타내는 독특한 표현이다. 요한에게서도 부정적인 표현들이 나타나 있다: "나는 세상을 위해 기도하지 않는다"(17:9), "세상은 그들을 미워하였사옵니다. 그것은 내가 세상에 속하지 않는 것같이 그들도 세상에 속하지 않았기 때문이옵니다"(17:14), "주님 주님께서 우리에게는 자기를 나타내려 하시고 세상에는 나타내려 하시지 않는 것은 무슨 까닭입니까?"(14:22) 등이다.

도마와 요한이 각기 그 당시 영지주의 사상 세계에서 유행하던 부정적인 세계관을 신학적 전제로 택하다가 자신들의 신학을 각기 다른 방향으로 발전시켰을 가능성도 있을 것이다. 다른 말로 표현하자면 도마는 부정적인 세계관이 기초가 되어 있는 전제 위에 그의 신학을 구성하기 시작했다. 그는 그의 신학 전반에 걸쳐 똑같은 세계관을 유지하면서 예수를 통한 아버지의 계시 장소로 이용될 경우에만 세상 존재에 대해 의미를 부여한다(3, 28, 77, 113편 말씀). 따라서 세상 그 자체는 도마에게 긍정적인 의미를 갖지 못한다.

다른 한편으로 요한이 도마와 마찬가지로 비슷한 세계관을 자기 신학의 전제로 삼고 있으며, 요한의 신학 사상은 도마 사상의 한계를 넘어서서 세상 존재의 의미를 긍정적으로 평가하는 데까지 나아가고 있다. 요한복음서 기자가 그 당시에 통용되어 있던 세계관을 그대로 받아들였다는 말은 그가 그 세계관의 의미 내용 전부를 받아들였다는 뜻은 아니다.[35] 그에게 있어서 세상에 대한 경멸은 그 자체가 목적이 아니라 예수께서 세상에 구주로 오신 목적을 깨달을 수 있는 새로운 통찰력을 얻기 위한 영적 훈련이다. 비록 현존하는 세상이 악한 세력의 지배 아래 혹은 예수나(1:10) 하나님을 인정하지 않고(1:25) 제자들을 미워하는(15:18-19; 17:14) 악한 통치자의 지배 아래 있지만, 그래도 세상은 하나님의 피조물이다(1:10). 그의 독생자를 이 세상에 보내신 것은 세상에 대한 하나님의 사랑을 나타내는 표현이다. 모든 인간을 하나님 자신에게로 이끈 하나님의 아들의 죽음도 하나님의 사랑에 대한 최대의 증거이다(12:32; cf. 1:9). 그의 사랑은 그 자신의 백성으로 생각되는 자들(10:14)에게만이 아니라, 그의 음성을 듣지 않는 '다른 양들'에게까지 확대되어 있다. 하나님께서 예수를 보내신 것은 "세상을 정죄하기 위해서가 아니라 그를 통해 세상이 구원받게 하기" 위함이었다(3:17). 구원받지 못하게끔 예정된 자는 하나도 없다. "모든 사람은 아버지의 인도를 받을 수 있는 가능성을 갖고 있다."[36] 그의 피조물과 마찬가지로 모든 사람이 그의 사랑의 대상이다.

마지막으로 우리는 비록 도마와 요한에게 있어서 예수의 '말씀'이 그들의 복음서에서 중요한 위치를 차지하고 있지만, 예수의 '말씀'에 대한 이해에 있어서 도마와 요한 사이에는 커다란 차이가 있다는 중요한 사실을 인식해야만 한다. 도마에게 있어서는 '말씀'이 예수께

---

35 Wilson, *Gnostic Problem*, 261.
36 Bultmann, *Theology of the New Testament*, Vol. II, 23.

서 그것을 이해할 수 있는 선택된 개인들에게만 전해주신 '은밀한 말씀'이다. 예수와 선택된 자들 사이에서도 그 관계는 은밀한 지식을 전해 순자와 받은 자의 관계를 넘어서지 못한다. 도마복음서에는 예수와 그의 제자들 사이에 사랑과 믿음의 관계를 찾아볼 수 없다. 도마복음서에는 예수의 '말씀'이 그의 사랑의 행동 가운데서 나타나지 않는다. 사실 도마복음서에는 예수의 행동이 은밀한 말씀을 하시는 '행동' 이외에는 전혀 나타나지 않는다.

다른 한편으로 요한복음서에는 예수의 선교 가운데 나타난 말씀의 계시가 모든 인간을 위한 하나님의 사랑의 결과이다(3:16). 말씀의 계시가 모든 사람에게 열려 있다. 그러나 예수의 말씀 가운데서 드러난 하나님의 이 사랑은 오직 그의 말씀을 듣고 그를 믿는 자들에게만 효과적인 것이 된다(5:24; 6:35). 예수께서 선포하신 말씀은 단지 듣는 것으로써만 이해되지를 않는다.[37] 말씀을 듣는 것은 객관적 실재에 대한 인간의 이해 행위를 넘어서고 있다. 말씀을 듣는다는 것은 인간이 말씀을 하시는 분과의 관계에 참여하는 것이다. 말씀을 듣는 인간의 편에서는 신앙과 순종의 행위가 필요하게 된다(8:31, 51; 12:46-48).

마찬가지로 요한에게서는 말씀과 진리를 '안다'는 것이 신앙과 순종 가운데서 말씀을 '듣는다'는 말과 동의어인데, 그 말도 말씀을 하시는 예수와 그 말씀을 듣고 응답하고 인간 사이의 사랑과 순종의 관계[38]를 나타내기 위해 사용되어 있다(10:14, 27). 예수 안에 나타난

---

37 Dodd, *op. cit.*, 266.

38 R. Bultmann, "Gnosis" in *Kittel's Bible Key Words* Vol. II (New York:Harper and Brothers, 1958), 45-51; Dodd, *op. cit.*, 152ff.; O. A. Piper, "Knowledge," Interpreter's Bible Dictionary, K.Q., 45; F. V. Filson, "The Gospel of Life," *Current Issues in the New Testament Interpretation*, 114.

계시가 인간과 예수 사이의 이런 새로운 관계를 여는 길이다.

더구나 도마와는 반대로 예수의 '말씀'에 대한 요한복음서 기자의 사상은 예수의 '활동'에 대한 사상을 떠나서 이해될 수 없다. 요한복음은 예수의 말씀에 못지않게 그의 활동에 대해 관심을 갖고 있다. 하나님의 계시는 그의 말씀 가운데서만이 아니라 그의 행동 가운데서 나타나 있다. "예수가 선포한 하나님의 말씀은 동시에 그가 생활을 통해 보여준 말씀이다. 즉, 그 자신이 하나님의 말씀이다."[39]

예수의 행동에 대한 요한의 사상은 '표적'이란 중요한 단어에 의해 잘 표현되어 있다(2:18; 4:48; 6:26; 12:37). '표적'은 예수 안에 나타난 하나님의 활동과 행위를 가리킨다. 요한에게 있어서 예수의 말씀과 표적이 본질적인 통일성을 이루고 있는데, 그것은 구원의 말씀이 그의 활동 가운데서 계시되어 있기 때문이다. 표적은 로고스 성격을 밝혀 주는 예수의 활동이다. 왜냐하면 '표적'으로 나타나는 예수의 활동 가운데서 로고스가 육신이 되었기 때문이다. 요한에게 있어서 예수의 성육신의 본질은 예수가 하나님의 활동을 행하는 데 있다(5:17-19). 요한에게 있어서 계시의 초점은 예수의 활동과 행동에 있다.

그러나 표적이 예수의 신성에 대한, 즉 그가 하나님께로부터 왔다는 사실에 대한 증거가 아니라는 점을 유의해야 한다. 표적이 신앙을 불러일으키는 것은 아니다. 신앙이 없는 자들에게는 표적이 오직 불신앙만을 낳을 뿐이다(12:37). 모든 표적은 신앙으로 받아들여져야 한다. 표적은 예수와 인간 사이에 사랑과 신앙의 관계를 새로 열기 위한 예수의 활동이다.

---

39 Cullmann, *Christology of the New Testament*, 267.

II. 영지주의적 요소

이제 우리는 마지막 문제에 직면하게 되었다. 지금까지 우리는 도마의 기독론을 경전복음서의 주요 기독론적 특징들로부터 그리고 그 특징들과 비교해서 살펴보며 규명해 보려고 했다. 우리의 연구를 토대로 도마복음서와 경전복음서들 간에 차이점은 어떤 것이고 또 유사점은 어떤 것들인지가 분명해지게 되었다. 이제 우리는 문제의 또 다른 면을 볼 준비를 해야 한다. 도마의 기독론을 규명해야 하는 우리의 과제는 도마복음서를 영지주의의 배경에 비추어 평가해 봄으로써 더 발전시켜야만 한다. 왜냐하면 도마복음서가 영지주의적인 나그함마디 도서관에 속한 문서이기 때문이다. 그러나 그 도서관의 다른 문서들은 물론 도마복음서의 영지주의적 성격에 관한 논의는 학자들 간에 아직 아무런 결론도 맺지 못하고 있다. 만일 도마복음서를 영지주의적 문서로 규정할 경우 도마복음서의 영지주의적 성격을 좀 더 구체적으로 밝힐 수 있게 되기 전에는 우리의 논의를 끝낼 수 없을 것이다. 우리는 먼저 도마복음서가 어느 정도나 그리고 어떤 의미에서 영지주의적 문서인가 하는 질문을 제기해야 한다. 이제 다음에 이 문제에 대한 연구를 추구해 볼 것이다.

그러나 먼저 우리는 이 연구가 당장 영지주의를 정의하는 문제에 귀착된다는 점을 인정해야만 한다. 도마복음서를 영지주의의 배경에 비추어 합리적으로 평가할 수 있을 정도로 영지주의에 대한 분명한 정의가 있는 것은 아니다. 아마도 우리는 한 가지 형태로 된 영지주의를 결코 찾아볼 수 없을 것이며, 따라서 널리 인정되어 있는 바와 같이 영지주의에 대한 통일된 정의도 찾아볼 수 없을 것이다. 지난

반세기 동안 영지주의 문헌에 대한 지식이 상당히 증대되었음에도 불구하고 영지주의의 기원, 그 발전 과정, 그 전체적 사상 구조 및 기독교와의 관계 등의 문제에 관해 적절한 해답을 제시하는 일은 아직도 불가능한 상태에 있다.[1] 최근 수년 동안에 걸쳐 이런 문제들을 해결해 보려는 여러 시도들이 감행되어 왔었다. 그러나 애매한 문제들이 완전히 다 밝혀진 것이 아니다. 특히 학자들의 논의 가운데서는 영지주의가 기독교 이전에 생겨났을 가능성이 아직도 계속적인 논쟁의 대상이 되어 있다. 영지주의의 발전 과정에 대해서도 분명히 밝혀진 것은 거의 없다.

물론 이런 것들이 아직도 치밀한 연구를 요하는 아주 중요한 문제들이다. 그러나 우리의 목적을 고려할 때 우리가 이런 문제들을 가지

---

1 Grant, *Gnosticism*, 15ff.; *Gnosticism and Early Christianity*, 6-38, 151-185; Jonas, *The Gnostic Religion*, 31-47; G. Quispel, "The Jung Codex and its significance," *The Jung Codex*, 76ff.; Wilson, "Gnostic Origin Again," *Vig. Chr.* II (1957), 110; K. Schubert, "Der Sektenkanon von En Feshcha und die Anfänge der jüdischen Gnosis," *TLZ* 78 (1953), 495ff.; J. Munck, "The New Testament and Gnosticism," *Current Issues in New Testament Interpretation*, ed. by W. Klassen and G. F. Snyder (New York: Harper and Brothers, 1962), 224-245; G. Quispel, *Gnosis als Welt- religion* (Zürich: Origo Verlag, 1951), 1-12, 28-44; Kasser, *L'Évangile de Judas*, 11ff.; Bultmann, *op. cit.*, Vol. I, 109ff.; Van Unnik, *op. cit.*, 28-45; M. P. Nilsson, *Geschichte der Griechischen Religion* (München: C.H. Beck'sche Verlagbuchhandlung, 1950), 586-589; E. Haenchen, "Gab es eine vorchristlichen Gnosis?," *ZTK* (1952), 316ff.; J. Schoeps, *Urgemeinde, Judenchristentum, Gnosis* (Tübingen: J.C.B. Mohr, 1956), 30-35; Wilson, *Gnostic Problem*, 64-85; W. Schmithal, *Die Gnosis in Korinth* (Göttingen: Vandenhoeck und Ruprecht, 1956), 240-242; H. Leisgang, *Die Gnosis* (Stuttgart: Alfred Kröner Verlag, 1955), 1-8; J. Daniélou, *Théologie du judeo-christianisme* (Paris: Desclee, 1958), 86f.; C. Colpe, *Die Religionsgeschichtliche Schule* (Göttingen: Vandenhoeck und Ruprecht, 1961), 194-208.

고 광범위한 토론을 벌일 수는 없다. 무엇보다도 우리의 관심사는 영지주의를 명확하게 정의 내릴 수 없게 해주는 영지주의 사상의 다양한 성격이다. 사상의 내용이 기원 및 발전 과정의 다양성은 물론 그 구성 요소의 혼합적 성격을 보여주고 있다. 영지주의 안에서 한 가지의 사상 체계를 찾아내려고 한다면 실패할 수밖에 없다. 이 사실이 우리에게는 중대한 문제로 대두되고 있는데, 이미 그랜트(K. M. Grant)가 다음과 같이 정확히 언급했다: "영지주의 체계에는 조로아스터교, 바벨론 종교, 유대교, 헬라 시대의 철학과 종교 그리고 기독교와 연관된 사상이 포함되어 있다. 어떻게 우리가 영지주의를 전체적으로 정의 내릴 수 있는가?"[2]

만약 영지주의가 초대 기독교를 위협했던 일련의 연관된 이단 학파들에 의한 전체적인 사상 운동을 나타내는 것이라면, 만약 '절충주의적'이란 용어가 윌슨(Wilson)[3] 및 멍크(Munck)[4]가 주장하는 바와 같이 영지주의의 본질을 설명하기에 적합한 용어라면, 만약에 상이한 모든 그룹, 종파 및 학파들이 관례적으로 영지주의란 용어로 설명되어 있는 하나의 커다란 종교 전승에 속하고 있다면 그리고 특히 만약에 나그함마디 문고 전체가 쇼델(W.R. Schoedel)[5] 및 우닉(Van Unnik)[6]이

---

2 Grant, *Gnosticism and Early Christianity*, 6. "우리가 영지주의의 기원을 찾아가야 할 곳은 절충주의적 과정의 소용돌이 가운데서 여러 갈래의 사상이 서로 혼합되던 곳이다"(Wilson, *Gnostic Problem*, 78).

3 Wilson, *Gnostic Problem*, 178, 260f.

4 "절충주의는 기독교와 영지주의가 처음으로 존재하게 되었던 시대를 정확히 묘사해주는 일반적 정의이다"(Munck, *New Testament and Gnosticism*, 236).

5 William, R. Schoedel, "Rediscovery of Gnosis," *Interpretation* 16 (1961), 396.

6 Van Unnik, *op. cit.*, 21.

지적한 바와 같이 아주 광범위한 영지주의적, 반(牛)영지주의적 사상을 보여주고 있다면, 우리가 도마복음서를 영지주의의 어떤 특수한 형태나 학파의 배경에 비추어 평가하는 일은 불가능할 뿐만 아니라 부적당한 것처럼 보인다. 물론 도마복음서를 영지주의의 특수한 한 학파와 비교하여 양자 간의 유사점과 차이점들을 지적할 수는 있다. 그러나 그런 비교의 결과를 가지고 도마복음서가 영지주의적 성격을 가졌다고 규정해서는 안 된다. 왜냐하면 그런 학파들 중 어느 것도 영지주의를 전체적으로 나타내 보이고 있는 것은 없기 때문이다.

따라서 이런 한계점들을 인식하며, 도마복음서를 영지주의의 배경에 비추어 평가하는 일은 오직 영지주의의 여러 학파 가운데 여러 가지의 다양성에도 불구하고 공통적인 사상적 특징들이 있어 그런 것들을 통해서 도마복음서를 살펴보고, 그런 것들과 도마복음서를 비교해 볼 수 있을 경우에만 가능할 수 있다고 주장해야 한다. 우리는 이런 가정을 토대로 하여 우리의 논의를 발전시키려고 노력할 것이다.

사실상 널리 인정되어 있는 바와 같이 영지주의는 결코 통일된 사상 체계가 아니다. 따라서 영지주의는 여러 그룹 가운데서 여러 방법으로 나타나 있는 사상의 경향 혹은 분위기라고 규정되어야 할 것이다. 심지어 같은 영지주의학파 안에서도 비록 기본 도식은 같더라도 상세한 내용에 있어서는 제자들 간에 여러 가지의 다른 형태를 보여주고 있다. 그럼에도 불구하고 영지주의 여러 학파에 공통된 어떤 독특한 특징들이나 적어도 비슷한 경향들을 찾아내는 일이 완전히 불가능한 것은 아니다. 다양한 사색들 가운데서도 내용과 범위에 있어서 그들의 사상이 여러 가지로 발전할 수 있는 어떤 공통의 전제가 있는 것으로 보인다. 이 전제는 보통 신관, 세계관 및 인간관에서 나타나 있는데, 이런 전제로부터 지식이 구원의 유일하고 중요한 방법으로 대두되어 있다.

영지주의자들은 일반적으로 신성의 복수를 전제한다. 즉, 최고의 신과 열등한 신(혹은 신들)이 있다고 가정한다. 완전한 최고의 신은 완전히 알려져 있지 않다.7 그는 이 아래의 세상과 인간을 지배하는 것으로 생각되는 불완전하고 적대적인 신들에 의해 창조된 이 세상으로부터 멀리 떨어져 있다. 인간의 본질적인 존재(내적 인간)는 완전한 참 하나님께 속해 있는데, 이는 그가 본성상 신적인 것에 근사하기 때문이다. 그러나 이 물질적인 세계에서는 인간이 오직 낯선 이방인이요 잠정적인 체류자일 뿐이다.8 이것이 세상 안에 있는 인간의 운명인데, 이것은 하나님의 본성을 가진 내적 인간이 물질적인 몸 안에 갇히고 잠에 빠지거나 취해서 참 하나님과 자신의 참된 본성에 대해 무지한 채로 남아 있기 때문이다. 그러나 인간이 종속되어 있는 이 세계는 일시적인 현상적인 세계일 뿐 인간은 이 세계로부터 영원한 일시적이 아닌 세대,9 곧 그의 본래 출처로 돌아가야만 한다.

세상 안에 있는 인간의 운명에 대한 이런 전제를 근거로 영지주의자들은 구원을 인간이 이 세상의 속박으로부터 해방되는 것으로 이해하고 있으며, 이 구원은 오직 지식에 의해서만 성취되는 것으로 이해한다. 지식이란 말은 인간이 참 하나님과 자신의 참된 본성에 대해

---

7 Jonas, *Gnostic Riligion*, 326f.; Wilson, *Studies in the Gospel of Thomas*, 21; van Unnik, *op. cit.*, 22; Grant, *Gnosticism and Early Christianity*, 26.

8 H-Ch. Puech, "The Jung Codex and other Gnostic Documents," *The Jung Codex*, 33.

9 '세대'(Aeon)라는 용어는 우주의 구조를 설명하는 중요한 신화론적 단어이다. 영지주의자들은 우주와 인간의 기원에 대한 신화론적 설명에 깊은 관심을 기울이고 있다. 신화론은 모든 영지주의적 체계에 있어서 중요한, 아마도 가장 특출한 특징 중 하나이다.

인식하는 것을 뜻한다. 그러므로 영지주의의 근본적인 주제는 참 하나님과 참 자아에 대한 지식이며, 이 지식이 인간으로 하여금 악한 세력이 지배하는 세상으로부터 피하여 하늘 세계의 참 하나님과 재결합할 수 있는 길을 열어준다. 따라서 구원은 죄로부터의 구원을 의미하는 것이 아니라, 하나님도 인간도 아닌 악한 세력의 지배 아래 있는 세상에 처해 있는 인간 운명으로부터의 구원을 뜻한다. 따라서 구원은 전 인간의 회심과 구속으로 구성되고 있는 것이 아니라, 몸 안에 갇혀 있는 신적 본성의 해방과 세상으로부터의 해방으로 구성되어 있다.

구원 개념과 연관해서 영지주의자들은 그리스도에 대한 그들 나름의 해석을 갖고 있는데, 그들의 해석은 기독교의 교리와 여러 가지 점에서 다르다. 영지주의 기독론의 근본 사상에 따르면 구속자이신 그리스도가 최고의 신으로부터 나왔으며, 세상의 속박 밑에 있는 자들을 구하기 위해서 세상의 지배 세력을 멸하기 위해 오셨다. 세상 안에서 그가 하시는 일은 그를 통해 구원 지식을 찾는 자들에게 구원 지식을 전해주는 일이다. 그리스도가 하늘 세계로부터 온 자라고 생각되고, 하나님으로부터 난 자라고 생각되기 때문에 그리스도의 신성이 아주 강조되어 있으며, 그의 인성을 상대적으로 거의 도외시되고 있다. 분명히 이런 태도는 영지주의의 기본 전제를 이루고 있는 인간의 몸과 물질세계에 대한 부정적 견해에 근거되어 있다. 결과적으로 예수의 지상 생애와 죽음은 별로 또는 거의 아무런 의미도 없는데, 그것은 영지주의자들에게는 전체 구원이 예수의 지상 생애와 죽음에 달려 있는 것이 아니라 그가 전해주는 지식에 달려 있기 때문이다. 그들에게는 그리스도가 갖고 있는 참 구원 지식을 전해주는 계시자로서의 역할보다 더 중요한 것이 없다.

그러므로 세상이 하나님과 원수라는, 인간이 세상에 이방인으로 존재하고 있다는 생각 그리고 인간의 몸에 대한 부정적 견해가 영지주의 기독론의 출발점이 되는 기본적인 전제들이다.

이런 이해를 토대로 우리는 이제 도마복음서를 검토하면서 기독론적 이해에 있어서 영지주의적 요소가 어느 정도나 나타나 있는지를 살펴보게 될 것이다. 우리 자신의 연구와 판단을 시도하기 전에 먼저 이 문제에 관한 학자들의 의견을 간단히 살펴보기로 하자.

도마복음서에 관한 연구가 시작된 이래로 약간의 예외는 있지만,[10] 대부분의 학자의 의견은 도마복음서가 다소간 영지주의적인 문서라는 판단으로 기울어졌었다. 예를 들어 터너(Turner)[11]는 각 말씀들의 평행 본문들이 여러 영지주의 문서들 가운데서 나타나 있고 혹은 그 본문들이 다른 자료들에서 영지주의학파의 것들로 생각되기 때문에 도마복음서와 영지주의 간의 근사성은 의심할 여지가 없다고 생각한다. 그래서 그는 다음과 같이 말한다: "그 자료의 성격이 어떠하

---

10 예를 들어 J. Danielou, "Un Recueil inedit di paroles de Jesus?" *Etudes* 302 (7-8, 1959): 38-49. 저자는 도마복음서가 영지주의적 문서가 아니고, 아마도 2세기에 시리아에서 생겨난 유대 기독교적 문헌의 범주에 속한다고 주장한다. Cf. A. J. B. Higgins. "Non-Gnostic Sayings in the Gospel of Thomas," *Novum Testamentum* 4 (1960): 292-306. Higgins는 공관복음서적인 형태와 내용으로 되어 있는 비(非)영지주의적 말씀들과 공관복음서에 평행 본문이 없는 말씀 중 비영지주의적인 것들을 검토하였다. 그는 왜 편집자가 분명한 영지주의의 흔적도 없이 이런 말씀들을 포함시켰는가고 질문을 제기한다. 그러나 그의 대답은 설득력을 갖지 못한다. 그는 도마복음서가 옛 말씀들과 새 말씀들을 꿰어 맨 작품이기에 편집자가 이런 대중적인 말씀들이 특별히 영지주의적인 것은 아니었으나 그 말씀들을 그대로 포함시킨 것이라고 생각하고 있다. Cf. Grobel은 그의 논문 가운데서 도마복음서에 나오는 말씀의 층은 영지주의적 경향을 가진 것으로는 설명될 수 없는 연관된 공관복음의 말씀과는 다른 점을 보여주고 있음을 증명하려고 하였다. K. Grobel, "How Gnostic is the Gospel of Thomas?," *NTS* 8 (7, 1962): 367-373.
11 Turner · Montefiore, *op. cit.*, 19.

든지간에 이 문서가 영지주의 집단들 가운데서 이용되고 거의 틀림없이 거기서 편집되었음이 분명하다."[12] 터너는 도마복음서가 일종의 영지주의적 유언서로 이용되도록 의도되었을 것이라고 생각한다. 아마도 이 문서는 영지주의 신봉자들의 신앙을 확고히 하기 위한 수단으로 그리고 또한 영지주의를 추구할 가능성이 있는 자들을 끌어들이기 위한 촉진제로 이용되었을 것이다.

도마복음서를 다루는 데서 나타나 있는 게르트너의 명확한 요점을[13] 다른 영지주의적 혹은 영지주의화하는 본문들이 도마복음서에 나오는 표현들의 의미를 가장 잘 예증하며 밝혀 줄 수 있다고 하는 그의 확고한 신념에서 보여지고 있다. 이런 극단적인 연구 방법은 윌슨으로부터 비판을 받았는데, 윌슨은 그의 연구를 재검토하는 가운데서 다음과 같이 말하고 있다: "새 복음서의 영지주의적 성격을 충분히 인식하고 있는 사람들까지도 게르트너가 여기서 표명하는 재해석의 정도와 그 극단적 성격에 대해서는 놀라게 될 것이다."[14] 그러나 윌슨 자신은 다음과 같은 사실을 인정하고 있다. 즉, "도마복음서는 영지주의 문서 안에서 발견되었으며, 영지주의적 용도에 이용될 수 없는 것은 거의 하나도 포함되어 있지 않다"[15]는 사실이다. 그의 평가는 도마복음서가 그 현재의 형태 가운데서 보여주고 있는 전체적 인상이 영지주의적이라는 것이다.

---

12 Turner · Montefiore, *op. cit.*, 83.

13 Gärtner, *op. cit.*, 147f. 저자는 도마의 기독론에서 좀 더 독특한 요소의 영지주의를 인정하고 있다(p. 94).

14 *New Testament Studies* 8 (1962), 284에 그 서평이 나온다.

15 Wilson, *Studies in the Gospel of Thomas*, 11; Hennecke-Schneemelcher, *NT. Apoc.*, 305.

카세르(Kasser)[16]는 그가 문헌 형식에 대한 분석을 통해 영지주의적 찬양시가 도마복음서의 핵심을 구성하고 있다고 생각하는 것 이외에도 기독론적 설명에 있어서 영지주의적 어조가 강하게 드러나고 있음을 인정하고 있다. 스미스(K. Smyth)[17]는 이 복음서의 교리적 성격의 측면에서 도마복음서의 교리가 근본적으로 영지주의인 것이기 때문에 도마복음서에 순수한 교리를 찾아내려는 일은 쓸데없는 일이라고 생각한다. 도마복음서는 히폴리터스가 설명해 준 나세네 영지주의와 비슷한 애매한 범신론을 가르치고 있다. 커팍스(Cerfaux)[18]는 구체적으로 발렌티안파를 염두에 두고 말씀들이 영지주의적 관점으로부터 확대되고 재해석되었다고 주장하는 것이 필요하다고 생각한다.

푸에치,[19] 쿨만[20] 그리고 도레스[21]도 비슷한 생각을 갖고 있는데, 즉 콥트어 도마복음서가 희랍어 역본으로부터의 단순한 번역이 아니라, 초기의 좀 더 '정통적인' 역본을 후대에 강하게 강조된 영지주의적 성격을 갖고 번역한 이단적 수정본이라는 것이다. 이렇게 생각하는 이유는 콥트어 인쇄본에 영지주의적인 첨가와 수정이 나타나 있기 때문이다. 가장 분명한 증거는 5편 말씀 가운데서 찾아볼 수 있는데, 이 말씀에는 옥시린쿠스 파피루스 654번의 마지막 말씀, 즉 "… 배상

---

16 Kasser, *L'Évangile de Judas*, 14.

17 K. Smyth, "Gnosticism in the Gospel according to Thomas," *Heythrop Journal* 1 (1960): 189-198.

18 Cerfaux, *Muséon* 70 (1957), 321ff.

19 H-Ch. Puech, "Gnostic Gospels and Related Documents," Hennecke- Schneemelcher, NT, Apoc., R. McL. Wilson trans., 305f.

20 Cullmann, *Interpretation* 16 (1961), 427.

21 Doresse, *The Secret Books of the Egyptian Gnostics*, 348.

된 것 가운데 부활되지 않을 것이 없다"는 말씀이 포함되지 않았는데, 이것은 부활에 대한 언급이 콥트어 편집자에 의해 삭제되었음을 의미한다.

그랜트[22]도 삭제된 경우를 알고 있는데, 그는 희랍어에서 콥트어로 번역되는 과정에서 그런 일이 일어난 것으로 생각하고 있다. 예를 들어 그는 36편 말씀과 옥시린쿠스 파피루스 655번을 비교하는 가운데서 이 말씀의 희랍어 역본이 콥트어 역본의 경우보다도 공관복음서에 나오는 예수의 말씀을 더 많이 포함하고 있음을 발견했다. 이것은 콥트어 편집자가 세상 포기에 대한 철저한 태도를 강조하기 위해 의도적으로 그렇게 편집한 증거로 간주될 수 있다.

삭제의 흔적을 영지주의적 경향에 대한 증거로 간주할 수 있는 것과 마찬가지로 '첨가'도 편집자가 영지주의적 색채를 더욱 분명히 만들기 위해서 덧붙인 것으로 생각될 수 있다. 게르트너[23]가 그런 생각을 하고 있다. 그는 예수의 말씀에 덧붙여진 '첨가' 가운데 경전 복음서에 없는 부분은 분명히 영지주의의 영향 때문인 것으로 생각하고 있다. 예를 들어 86편 말씀 가운데 나오는 '휴식'이란 단어는 독특한 영지주의적 용어인데 "…인자는 머리 둘 곳이 없다"는 유명한 공관복음서의 말씀(마 8:20; 눅 9:58)에 첨가되어 있는데, 편집자의 신학 사상을 토대로 손질된 것이다.

---

22 Grant, *Vig. Chr.* 13 (1959), 170; Grant · Freedman, *The Secret Sayings of Jesus*, 51f., 152.

23 Gärtner, *op. cit.*, 60f. 저자는 '휴식'이란 단어가 특히 후대의 유대 기독교적이며 영지주의적 전승과 관련해서 중요한 역할을 했던 '축복의 상태'에 대한 표현이라고 보고 있다. '휴식'이란 단어가 신약성서에서는 도마복음서처럼 전문적인 의미로가 아니라, 일반적인 용어로 사용되어 있다(예를 들어 마 11:28-30).

베어(Beare)24는 우리 복음서들에 평행 본문을 갖고 있는 도마복음서의 비유들을 검토한 후 도마복음서에 나오는 어떤 비유들이 상당히 변화된 모습으로 소개되고 있는데, 이것은 저자가 의도적으로 영지주의 사상을 강조하기 위해서 취했던 편집 활동의 결과로 설명하는 것이 가장 좋을 것이라고 말한다. 예를 들어 '땅을 갈고'(29편 말씀), '크고 좋은 고기'(8편 말씀), '가장 큰 양'(10편 말씀)과 같은 말들은 우리 복음서들에서 찾아볼 수 없는 표현들인데, 예수가 그의 제자들을 선택할 때 영지주의적 배타성 사상을 표현하고 있는 것으로 보는 것이 가장 좋은 것이다. 베어의 생각은 다음과 같은 그의 관찰에 근거한다: "영지주의자들에게 있어서 복음서는 죄인의 구원을 위한 능력의 말씀이 아니라, 정말로 '영적인' 그리고 죄의 용서란 의미에서 구원을 필요로 하지 않는 선택된 자들을 위한 은폐된 진리의 계시이다."25

앞에서 검토해 본 바와 같이 대부분의 학자는 도마복음서가 분명히 영지주의적인 혹은 영지주의화하는 복음서라는 견해를 따르는 경향이 있다. 그러나 그런 주장들 가운데 어떤 것들이 정당한 근거를 갖고 있기는 하지만, 그런 주장을 그대로 받아들이는 데 약간의 주저할 수밖에 없는 것들도 있다. 그런 주장들이 대부분은 그들의 결론에 유리한 몇 가지의 선택된 말씀들에 대한 연구에 근거하고 있다는 점을 지적하지 않을 수 없다. 편견적인 일방적 관찰을 토대로 일반적인 결론을 끌어낼 수는 없다. 많은 말씀이 영지주의 문서 가운데 평행

---

24 Beare, *Canadian Journal of Theology* Vol. 6 (1960), 109.

25 Beare, *Ibid*., cf. Cerfaux(*op. cit*., 11, 314, 322ff.)도 107편 말씀이 영지주의자들이 애용하는 말씀이며, 그들이 그 말씀을 그들의 목적에 맞게 적용한 것으로 보고 있다. 그는 진리의 복음서 32:18-25에서 설명을 찾고 있다.

본문을 갖고 있고 또 어떤 특징들이 분명히 영지주의적인 것이기에 영지주의적 요소가 있다는 사실을 인정하는 데 주저해서도 안 되겠으나 어떤 말씀들 가운데에는 전혀 영지주의적 요소가 나타나지 않는다는 사실을 간과해서도 안 된다. 이 점에서 히긴스(Higgins)와 그로벨(Grobel)은 추천할 만한데, 그들은 도마복음서에 비(非)영지주의적인 말씀들이나 비영지주의적 경향이 있음을 지적하는 데 공헌하였다. 그러나 그로벨은 제한된 수의 말씀들에 대한 연구를 토대로 자기 주장을 내세우고 있는데, 물론 이런 제한된 말씀에 대한 연구를 근거로 일반적인 결론을 내릴 수는 없을 것이다. 이런 것들 이외에도 여기서 다시금 게르트너의 과오, 즉 도마복음서에 대한 지나친 영지주의적 전제를 갖고 '영지주의화하는' 도마복음서를 만들어 낸 과오를 말할 필요는 없다. 이제 우리는 다시 주석적인 과정을 거치지 않은 채 도마복음서를 재검토하여 이미 앞에서 밝혀 놓은 영지주의의 기본 특징들에 대한 이해를 적용하면서 도마복음서를 어느 정도나 영지주의적이라고 규정할 수 있는지를 살펴보고자 한다.

우리의 논의 가운데서 자주 지적했던 바와 같이 도마복음서는 세계(21, 27, 64, 42, 110, 105편)와 인간의 몸(29, 37, 46 , 79, 104, 112편)에 대한 강한 부정적 태도와 또한 아버지(최고신)와 세상 간의 대립(3, 15, 27, 100편), 빛(생명)의 사람과 어둠(죽음)의 사람 사이의 대립으로 그 특징이 드러나 있다(1, 11편 24, 18, 19, 24, 111편).

도마복음서의 주요 주제인 지식은 세상 안에 처해 있는 자기 상황에 대한 인간의 인식(67, 28편 말씀)과 자기의 참 본성이 빛의 세계로부터 나왔다는 데 대한 인식(50편 말씀) 그리고 계시자, 살아계신 자, 빛이며 모든 것(50, 51, 59, 77, 111편), 말씀이신 예수가 대표하고 있는 하늘 아버지에 대한 인식(3, 15편 말씀)으로 구성되어 있다.

지식은 가치 있는 자들에게(8, 9, 50, 62, 107편 말씀) 은밀한 말씀을 전하고(서론, 17, 38, 92, 108편 말씀), 물질세계를 지배하는 악한 세력의 속박으로부터 그들을 구원하기 위해(21편 말씀) 세상에 오신 예수께서 직접 전해주신다.

예수는 동일한 자로부터 유래했으며(61편 말씀), 그에게는 아버지의 것들이 주어졌으며(61, 100편 말씀), 그는 선재하였으며(18, 19편 말씀), 아무런 죄도 짓지 않았다(104편 말씀). 그가 육신으로 이 세상에 나타나셨으나 그의 은밀한 말씀은 물론 그 자신까지도 계몽된 따라서 가치 있는 자들이 아니고서는(13, 38, 43, 52, 91, 113편 말씀) 보통 인간의 이해력을 초월해 있다. 예수의 지상 생활(28, 92, 99, 101편 말씀), 죽음(55편 말씀) 그리고 부활(cf. 6편 말씀)은 비록 도마에게서 완전히 부정되고 있는 것은 아니지만, 거의 아무런 의미도 갖고 있지 않다.

도마복음서에 나오는 이런 특징들을 생각할 때, 도마복음서에는 기독론적 이해에 있어서 기본적인 영지주의적 요소가 들어있다고 말할 수 있다. 아버지와 세상과 인간에 대한 예수의 관계에 관한 도마의 이해 가운데서 영지주의적 요소를 찾아내는 일은 결코 어려운 일이 아니다. 예수의 은밀한 교훈 가운데에는 세상과 육체적 몸에 대한 부정적 견해가 복음서 전반에 걸쳐 분명히 드러나 있다. 예수가 전해준 지식이 구원의 수단으로 중요하다는 점이 몹시 강조되어 있으며, 그 구원은 인간이 아버지와 자신의 참 본성을 인식함으로써 성취된다. 따라서 도마복음서에는 영지주의적 기독론을 구성하는 데 이용될 수 없는 것은 거의 없는 것처럼 보인다.[26] 도마복음서의 편집자가 여러 가지 자료들로부터 재료를 모아다가 도마복음서가 근본적으로 영지주의적 예수관을 보여줄 수 있게끔 그 자료들을 배열시킨 것이라고 말할 수도 있다.

그러나 도마복음서의 전체를 꿰뚫고 있는 기독론이 완전한 의미에서 전부 영지주의적일 수는 없다는 점을 인정해야만 한다. 우리는 도마복음서에 저자가 보다 광범위한 신화적인 영지주의적 사변을 예수의 입술에 담지 않는 사실을 놓치지 말아야 한다. 도마복음서에 나오는 예수의 말씀들 가운데에는 인간의 기원과 그의 운명, 영지주의자가 세상을 떠난 뒤 갖게 될 하늘 여행 혹은 하늘 우주(세대)의 기원과 구조, 플레로마(충만함), 천사들 그리고 하늘 세계에서 유래했다는 예수의 신화적 기원과 물질세계 안에서의 그의 지위에 관한 상세한 묘사나 설명이 없다.

비록 도마복음서에 하늘 아버지(최고신)와 구별된 창조신(데미우르고스)이 100편 말씀 가운데서 가정되어 있기는 하지만, 분명히 언급되어 있지도 않거니와 어느 곳에서도 상세히 설명되어 있지 않다.[27] 우리는 이미 앞에서 도마복음서에는 가현설적 기독론을 주장할 근거가 별로 없다는 점을 지적했었다. 비록 도마복음서의 저자가 '지상의 예수'에 대해 중요한 위치를 부여하지는 않지만, 도마의 기독론이

---

26 Puech(Hennecke-Schneemelcher, *N. T. Apoc.*, 278ff.)는 적어도 도마복음서와 빌립의 복음서가 영지주의적인 마니교 집단들 가운데서 사용되던 문서들 중에 포함되어 있었다고 보도해 준다. Gärtner(*op. cit.*, 134)는 도마복음서를 영지주의적 본문들과 그리고 영지주의 사상의 영향을 받은 후대 유대 기독교적 본문들과 비교하고 있으며, 그 결과는 도마의 기독론이 영지주의적인 예수관과 비슷한 특성들을 보여주는 것이다.

27 Jonas(*op. cit.*, 295)는 '창조신'(Demiurge)이라는 주제를 나그함마디에 나오는 다음과 같은 작품들 가운데 위치시키고 있다: *Paraphrase of Shem; Hypostasis of the Archons; Origin of the World; Sacred Book of the Invisible Great Spirit; Gospel of the Egyptians; Sophia of Jesus; Apocryphon of John.*

성육신하는 존재의 형태로 나타난 것이라고 생각하는 영지주의적 해석과 일치한다고 생각할 근거는 없다.

또한 도마복음서에는 예수와 아버지를 동일시하기 위해 도마가 차이점을 "평준화시키고 있다는 견해를"[28] 뒷받침할 만한 충분한 증거도 없다. 예수의 선재(18-19편 말씀)와 그의 무죄성(104편 말씀)에 대한 암시가 있기는 하지만, 저자가 예수의 지위를 아버지의 대표자로서의 지위 이상으로 높게 추켜세우려고 애쓰지는 않는다(예를 들어 37, 61, 65, 100편 말씀). 도마복음서 전반에 걸쳐서 도마가 '아버지의 나라'(57, 96, 97, 78, 99, 113편 말씀), '살아계신 아버지의 택하신 자'(50편 말씀), '나의 아버지'(61, 64편 말씀), '너의 아버지'(15편 말씀)와 같은 문구들을 사용하고 있는 것은 결코 무의미한 사실이 아니다. 이것은 도마가 결코 예수를 아버지와 동일시하고 있지 않음을 뜻한다.

그러므로 본질적으로 영지주의적 요소라고 생각되어야 할 것들이 많이 있기는 하지만, 도마의 기독론이 충분히 발전된 영지주의적 기독론을 대표하고 있는 것은 아니라는 점을 인식해야만 한다. 도마복음서는 그 복음서가 극단적인 영지주의적 작품이란 인상을 주지 않는다.[29] 오히려 도마복음서를 '반(半) 영지주의적' 형태로 규정하는 것이 옳을 것이다.

그러나 이런 명칭을 붙였다고 해서 도마가 영지주의의 진영 쪽으로 반쯤 기울었다거나 혹은 그 진영으로부터 절반쯤 벗어났다는 뜻은 아니고, 다만 도마복음서의 영지주의적 요소가 완전히 발전된 영지주의를 대변하고 있는 것은 아니라는 뜻이다. 이런 성격 때문에 도마복

---

28 예를 들면 Gärtner, *op. cit.*, 100; cf. 137.
29 Puech, Hennecke-Schneemelcher, 305.

음서는 "영지주의 체계 가운데 나오는 좀 더 상세한 교훈을 위한 예비적 입문"[30]으로 이용될 수 있었을 것으로 생각되기도 했다. 물론 도마복음서를 그렇게 교육적인 의미로 사용하는 것이 저자의 본래 의도인지의 여부는 현재로서는 전혀 밝힐 수 없다.

---

30 Turner · Montefiore, *op. cit.*, 97.

결 론

본 논문은 도마복음서 안에 있는 몇 가지 중요한 문제들에 특별히 관심을 기울이면서 도마복음서 안에 나오는 자료들로부터 도마의 기독론을 구성해 보려고 했다. 이 계획은 기독론이란 주제와 직 · 간접으로 관련된 수많은 단어와 말씀들을 연구해 봄으로써 수행되었으며, 따라서 우리는 여러 문제를 좀 더 넓은 범위와 구조 속에서 다룰 수 있게 되었다. 우리는 또 이런 말씀들에 대한 신학적 구성을 토대로 경전복음서와 영지주의를 비교하면서 도마 기독론의 성격을 규명하려고 했었다.

우리 연구의 최종 결과는 도마복음서에는 여러 가지 복합적인 사상이 내포되어 있기 때문에 기독론에 관한 한, 일반적 성격에 대한 전체적 인상을 제시하는 일이 불가능한 것은 아니라고 하더라도 저자가 갖고 있는 신학 사상의 성격에 대해 단순화한 결론을 내릴 수 없음을 증명해주었다. 도마복음서에 나오는 말씀들에 어떤 선입감에서 오는 전제를 덧붙이지 않는 한 또는 자신의 목적에 도움이 될 수 있는 몇몇 말씀에만 한정하지 않는 한, 도마의 사상이 한 가지의 빛깔만을 갖고 있다고 주장할 수는 없을 것이다. 사실상 우리는 도마복음서에 나오는 어떤 점들이 기독교 문서들, 특히 요한복음과 비슷하다고 하는 점을 살펴보았다. 두 복음서 기자는 여러 가지 점에서 똑같은 사고 양식을 갖고 있는 것처럼 보인다. 도마의 말이나 그의 어떤 사상들이 본래 전적으로 이단적이라고 말하는 것은 옳은 일이 아니다. 사실 초대 기독교에서는 정통과 이단이 단어나 사상이나 전제들에 있어서 많은 공통점을 갖고 있었다. 중요한 문제는 그들이 이런 것들을 어떻게 사용하고 있는지를 올바로 살펴보는 일이다.

그러나 다른 한편으로 우리가 도마복음서를 경전복음서에 나오는 주요 기독론적 특징들과 주의 깊게 비교해본다면, 본질적인 점에 있어서 두 복음서 간에는 중요한 차이점들이 있음이 분명해진다. 똑같은 주제를 다룰 때에도 도마는 흔히 복음 기자들과는 다른 설명을 제시하고 있을 뿐만 아니라, 경전복음서에서 볼 수 있는 본질적인 요소들을 보여주지 못하고 있다. 요한복음과 비교해본다고 하더라도 두 복음서 기자들 사이에는 기독론적 이해에 있어 유사점보다는 오히려 차이점이 더 많다.

도마의 사상과 영지주의 간의 유사성에 대해서도 비슷한 주장을 할 수 있다. 도마복음서가 영지주의 문서에 속해 있다고 하는 외면적인 증거 이외에는 도마복음서에 영지주의의 교리를 뒷받침하기 위해 이용될 것이 별로 없다. 우리는 이 연구의 여러 부분에서 도마 사상의 기본 요소가 일반적으로 영지주의 사상의 근본 특징들과 일치하고 있음을 살펴보았다. 그러나 우리는 또 도마의 기독론에서 볼 수 있는 영지주의적 요소가 완전히 발전된 철저한 영지주의적 기독론을 보여주지 않는다는 사실도 발견하였다. 도마의 사상이 본질적으로 영지주의적이라고 말할 수 있을는지는 몰라도, 그의 사상 내용은 저자가 철저한 영지주의자라는 인상을 보여주지 않는다.

그렇기 때문에 만일 우리는 도마복음서가 한 가지 통일적인 형태의 사상으로 구성된 것이 아니라, 기독교적인 요소와 영지주의적 요소를 함께 보전하고 있는, 그러면서도 동시에 그 두 요소와 다소간에 차이점을 갖고 있는 복합적인 이질적 사상들로 구성되었음을 인식한다면, 우리는 저자가 영지주의 사상을 기독교화시키고 있는 것인지 또는 그와 반대로 기독교 사상을 영지주의화시키고 있는 것인지 의아하게 된다. 이 점이 중요하고 흥미 있는 문제이기는 하지만, 다음의 두 가지 이유 때문에 그 두 가지 가능성 중 어느 하나도 확신을 갖고 인정할 수 없을 것이다.

첫째, 그런 질문은 그 성격상 저자가 어떤 특수한 형태의 자료나 사상을 사용하는 것에서 출발하여(그것이 기독교적인 사상이거나 영지주의적 사상이거나 간에) 거기서부터 그 반대 방향으로 옮겨가고 있다고 전제해야만 한다. 그러나 이런 전제를 도마복음서에 적용시킬 수는 없는데, 그 이유는 저자가 사용하고 있는 자료를 매 경우 확실히 밝혀낼 수는 없어도 여하간 저자가 다양한 자료들을 사용하고 있음을 우리가 이미 살펴보았기 때문이다. 더구나 영지주의적 요소 혹은 기독교적인 요소를 갖고 있는 말씀들이 저자의 편집 솜씨에 의한 것이었다고 혹은 저자가 그런 말씀들을 사용하기 전에 전달 과정에서 이미 어떤 변화를 겪을 것이었다고 확실히 말할 수는 없다. 만약 후자의 경우가 사실이라면 그의 자료들을 영지주의화했다거나 기독교화한 데 대해 저자는 아무런 책임도 없을 것이다.

또 다른 어려운 문제는 옥시린쿠스 파피루스와 도마복음서의 콥트어 역본 간의 관계가 불확실하다는 데 있다. 만약 대부분 학자의 의견과는 달리 콥트어 역본이 옥시린쿠스 파피루스를 직접 번역한 것이 아니라면 그리고 몇몇 학자들이 주장하고 있는 바와 같이 같은 복음서에 대한 역본이 하나나 둘 정도가 더 있었다면, 콥트어 역본이 좀 더 정통적인 희랍어 역본을 영지주의화시켜 번역한 것이라든가 혹은 그와 반대로 콥트어 역본은 희랍어 역본이 분명해지기까지 오히려 희랍어 역본보다도 정통적인 요소를 더 많이 갖고 있었다고 말할 수는 없다.

더욱이 최종 편집자의 역사적 환경이나 그의 배후에 있던 공동체에 관해 아는 바가 전혀 없기 때문에 저자가 어디서부터 출발하고 있는지 또는 무슨 목적으로 글을 쓰기 시작했는지를 확실하게 말할 수 없다. 그의 사상이 혼합적인 성격을 갖고 있다는 점을 고려한다면, 두 방향 모두, 즉 영지주의로부터 기독교로 그리고 기독교로부터 영지주의에로의 가능성을 모두 생각할 수 있다. 지금까지의 결론은 주로 특별한 문제만을 다루며, 다른 면에 대해서는 충분한 고려를 하지 않는 학자들의 경향에 의존해 왔던 것으로 보인다.

이런 문제들에 대한 고려 이외에도 두 가능성 중 어느 하나만을 택하기 어려운 다른 원인들이 있다. 어떤 학자들의 생각에 따르면, 도마복음서는 순수한 기독교를 그 당시의 영지주의 사상과 결합시킨 그런 형태의 기독교 복음을 대표하고 있으며, 그 목적은 복음을 그 당시 사람들이 이해할 수 있는 새로운 방법으로 제시하기 위한 것이었다고 한다. 만약 이것이 사실이라면 도마는 효과적인 전달의 방법으로 그 당시 사상의 패턴에 따라 기독교 복음을 해석함으로써 기독교 복음을 옹호하려고 의도했던 사람으로 생각될 수 있을 것이다.

사실 기독교인 작가들에 의한 그런 변증적 시도들의 실례는 우리에게 전혀 생소한 것이 아니다. 바울, 요한 그리고 히브리서 기자와 같은 신약성서 기자들도 그들의 신앙을 증거 하기 위해 그 당시의 용어들을 사용하였다. 초대 기독교인들이 절충주의적인 환경 속에서 살면서 기독교인 저자들이 그들의 신앙을 그 당시 세계가 이해할 수 있고 용납할 수 있는 방법으로 해석해야 될 경우에 이런 일이 불가피했을 것이라는 사실에는 의문의 여지가 없다. 우리는 초대 기독교 시대에 영지주의가 기독교를 위협했던 가장 강력한 사상이었음을 알고 있다. 영지주의는 교회 밖에 있던 도전적 현상이었을 뿐만 아니라, 그 영향이 기독교 공동체 안에서는 위협적으로 느껴졌다. 이런 상황 아래서 기독교의 저자들은 이교도의 언어와 사상이 기독교 사상을 효과적으로 전달할 수 있는 수단이라고 생각하여 그런 것들을 통해 기독교회의 신앙을 제시하려고 하였다. 물론 때로는 영지주의자들의 언어와 사상을 가지고 그들을 공격하기 위한 목적으로 그런 것들을 이용하기도 했다. 그러나 영지주의적 요소들이 맹목적으로 이용되어 있는 것이 아니라, 기독 교회의 본질적 신앙을 위해 채용되어 있고 또 거기에 종속되어 있음을 주목해야 한다.

바로 이 점에서 우리는 사상적 패턴에 있어서 도마와 비슷하여 우리의 관심을 끌었던 요한복음이 왜 영지주의란 의심을 받을 수 있는 요소들을 그렇게 많이 포함하고 있는지를 알 수 있다. 요한복음이 한때 교회로부터 이단적인 문서로 간주되기도 했으나 교회 편집자가 부족한 내용들, 예를 들어 종말론과 성례전 등을 복음서에 더 첨가한 후에야 정통 교회 안에서 인정을 받게 된 것으로 주장되어 있다. 다른 한편으로 요한복음이 처음에는 영지주의자들에 의해 유통되고 이용되다가 2세기 말경에 이르러서야 교회가 요한복음을 영지주의적 이단을 공격하는 데 도움이 되는 문서로 인식하기에 이르렀다는 주장도 있었다.

요한복음이 우리에게 영지주의적 인상을 주는 경향이 있다는 점에 대해서는 새로이 논의할 필요가 없을 것이다. 실제로 요한은 기독교 신앙을 그 당시 사람들이 이해할 수 있는 언어로 제시하는 작업을 성취했었다. 그는 이 작업을 다른 어느 신약성서 기자들보다도 더 성공적으로 수행하였다. 그러나 요한이 영지주의적인 언어와 사상을 이용할 때, 요한이 자기가 하는 일을 잘 인식하고 있었다는 점을 기억하지 않으면 안 된다. 그는 항상 자기의 과업이 자기가 사용하고 있는 단어와 사상 가운데서 그의 복음에 유용하게 사용될 수 있는 것이 무엇인지를 찾아내는 것임을 늘 의식하고 있었다. 기독교 신앙의 핵심적 진리 가운데서 그가 사용하는 영지주의적 언어와 사상 때문에 왜곡 당한 요소는 하나도 없었다. 이것은 중요한 점이다. 정말로 문제가 되는 것은 단어가 아니며, 사상도 아니고, 오히려 그런 것들을 이용하는 목적과 또한 그런 것들로부터 의미를 끌어내는 방법이다. 사실상 복음서 기자가 영지주의적 언어와 사상을 이용한 것은 기독교를 그 당시 사람들에게 이해시키고 받아들이게 하는 데 있어서 효과적인 통로의 역할을 하였다.

그러나 도마의 경우는 다르다. 기독교 신앙을 이교 세계에 밝혀 주고 전달하기 위한 목적으로 영지주의적인 언어와 사상을 이용하기보다는 오히려 비록 모든 경우에 다 그런 것은 아나나 적어도 대부분의 경우에 있어서 저자는 기독교 문서로부터 자료들을 끌어내어 완전히 다른 문맥 가운데서 그 자료들을 소개함으로써 결과적으로 그 자료들이 기본적인 영지주의 사상에 도움을 주는 방향으로 이용되어 있다. 더욱이 만약 도마가 정말로 그의 복음서를 기독교화하려는 의도를 갖고 있었다면, 왜 도마가 경전복음서들에서 볼 수 있는 기독교 사상의 본질적 요소들을 그대로 내버려 두거나 중요하게 다루지 않는지 그 이유를 이해하기가 어렵다. 이 점이 저자의 기독론적 설명에서 특히 두드러지게 나타나 있다는 점을 우리는 이미 살펴보았다. 이런 이유 때문에 우리는 도마복음서가 본질적으로 기독교화하는 복음이라고 주장할 수가 없다.

그러나 이렇게 주장했다고 해서 우리가 그 반대의 입장을 택할 수도 없다. 즉, 도마가 극단적인 영지주의자였기 때문에 순전히 영지주의적인 복음을 제시하기 위해 영지주의화하려는 의도를 갖고 있다고 생각할 수도 없다. 우리가 방금 지적했던 바와 같이 기독교 문서로부터 인용된 몇몇 자료들이 영지주의적 사상을 뒷받침하는 데 이용되었던 것은 사실이다. 여러 가지 점에서 영지주의적 사상들을 지적해내는 일은 어려운 일이 아니다. 지식에 대한 전면적인 강조, 세상에 대한 아주 경멸적인 태도 그리고 특히 예수를 은밀한 지식의 계시자로 보는 입장 등을 고려할 때, 도마의 근본 사상이 기본적으로 영지주의적이거나 혹은 적어도 그것에 가깝다고 주장할 수밖에 없다.

그러나 도마가 오직 영지주의적인 것들만을 그의 복음서에 끌어모으려 했던 극단적인 영지주의자였다고 주장할 수는 없다. 우리가 이미 살펴본 바와 같이 영지주의적인 요소들을 많이 찾아낼 수 있기는 하지만, 그렇다고 도마복음서에 들어 있는 모든 것이 다 영지주의적인 것들이라고 볼 수는 없다. 도마복음서는 아직 극단적인 영지주의와는 거리가 멀다. 특히 기독론의 문제에서 더욱 그렇다. 만약 그가 가능한 모든 방법을 다해 영지주의화시키려고 했다면, 왜 도마가 순전히 영지주의적인 요소, 즉 가현설적 기독론을 제시하지 않았는지 그리고 그것과 관련된 정교한 신화론을 소개하지 않는지, 그 이유를 이해하기 어렵다.

저자가 철저한 영지주의로 발전해나가지 않은 사실 때문에 우리는 비록 그가 정통적인 요소와 함께 영지주의의 기본 요소들을 갖고 있다고 하더라도 도마가 가장 온건한 형태의 복음서를 가지고 기독교인들을 매혹시키려고 시도했던 영지주의의 선전가라고 생각할 수는 없다. 앞에서 제시했던 여러 가지 이유 때문에 이런 가능성을 지지할 수 있는 근거가 있기는 하지만, 도마로 하여금 그의 복음서를 쓰게 만들었던 역사적 상황에 대해 아는 바가 없기 때문에 도마를 가리켜 긍정적으로 영지주의 선전가라고 말할 수 없다. 물론 저자 자신의 의도와는 별개로 도마복음서가 기독교인들을 끌어들이기 위한 영지주의 선전을 목적한 초보적 문서로 사용되었을 것이라고, 또 그럴 경우에 많은 사람의 마음을 사로잡았을 것이라고 생각하는 일이 불가능한 것은 아니다. 그런 생각이 흥미 있는 가정이기는 하지만, 이것은 현재로서는 확실히 말할 수 없는 문제이다. 여하간 도마복음서가 의식적으로 영지주의 선전을 위한 문서로 작성되었건 아니건 간에 모든 것을 영지주의적인 것으로 만들려 했던 극단적인 영지주의자에 의해 쓰인 영지주의적 복음서라고 결론 내리기는 어렵다.

따라서 우리가 복음서의 특수한 면에 대해서만 눈을 뜨고 그렇게 함으로써 두 가능성 중의 어느 하나만을 택하려고 하지 않는 한, 도마가 영지주의 사상을 기독교화시키려고 했다든가 혹은 기독교 복음을 영지주의화시키려고 했다고 주장하기는 어렵다. 이 점에 있어서 저자의 진짜 의도가 무엇인지에 대해서는 아는 바 없다. 아마 그가 두 입장을 지키려고 애쓰지 않았을는지도 모른다. 우리가 보기에 결과적으로 그가 기독교적 요소보다는 오히려 영지주의적 요소를 더 많이 갖고 있기는 하지만, 저자가 기독교적 요소와 영지주의적 요소를 혼합시켜 그가 생각하기에 가장 순수한 복음 이해를 제시하기 위해서 여러 가지 다양한 자료들을 이용할 것이라고 생각하는 일이 불가능한 것은 아니다. 그가 기독교 복음서들에 만족하지 않았을 뿐만 아니라, 극단적인 영지주의 사상에 대해서도 만족할 수가 없어서 자기가 알고 있는 다른 어떤 복음서들보다도 예수가 전한 메시지의 좀 더 순수한 의미를 잘 전해줄 수 있는 자기 나름의 독자적인 복음 해석을 기획하고자 했을 가능성도 있다. 그랬기 때문에 그의 사상을 재구성하는 과정에서 그가 기독교적 요소와 영지주의적 요소를 둘 다 혹은 그중 어느 하나를 제시하거나 버릴 때마다 거기에는 그가 그렇게 하는 이유가 있었을 것이다. 그러나 그것이 저자 자신의 의도와 일치하건 안 하건 간에 그의 신학적 작업의 결과는 결국 영지주의 사상에 더 유리하게 이용되어 있다. 우리는 도마의 신학 사상 가운데서 경전복음서들에게 제시된 요소들 이외에 별도로 다른 본질적 요소들이 더 첨가되었을 것이라고 기대할 수 없다. 오히려 도마복음서는 경전복음서의 가치 자체를 더 확인해 주는 데 도움이 된다. 그러나 도마복음서는 우리로 하여금 초대 기독교 시대에 있었던 영적 투쟁의 세계에 대해서 그리고 저자 자신과 또한 저자 배후에서 그 투쟁에 관련되었던 공동체에 의해서 기독론적 사상을 새롭게 형성해 보려고 했던 구체적 시도들에 대해 생각할 수 있게 해준다. 현재로서는 전체적인 상(像)을 알지 못한 채로 있지만, 나그함마디 문고에 속한 문서들이 더욱 많이 출판됨으로써 우리는 이 문서와 또 그 환경에 대해서 좀 더 포괄적인 이해를 가질 수 있게 될 것으로 생각된다.

| 부록 |

글의 출처

<부록 1> 도마복음서의 문제점	_ 「기독교사상」(1965. 1.)
<부록 2> 도마복음서의 신학	_ 「현대와 신학」(1964. 12.)
<부록 3> 도마복음서와 노스티시즘	_ 「현대와 신학」(1967. 12.)

부록 1

도마복음서의 문제점

    지금으로부터 약 18년 전 상부 애굽(Upper Egypt)의 나그함마디 (Nag-Hammadi)라는 촌락 부근에서 성서학계와 초대 기독교 역사 연구에 종사하는 학자들에게 크게 놀라움을 자아내게 한 고전 문헌이 발견되었다. 이것은 콥트어(Coptic)로 기록된 노스틱(Gnostic) 문헌으로서 49개의 단행본 또는 논문이 포함된 13편의 옛 문서 두루마리 (Papyri)인데, 이 문서를 가리켜 "나그함마디 문헌"(Nag-Hammadi Documents)이라고 한다. 이것은 이와 같은 시기에 사해 근방에서 발견된 「사해사본」(*Dead Sea Scrolls*)만큼 학계에 큰 관심을 일으켰으나 사해사본에 비하여 이것이 최근까지 널리 알려지지 않은 것은 그 문헌의 소유권에 관한 정치적 문제와 이에 따르는 콥트어의 현대어 번역이 늦어진 게 주요 원인이다. 다행히 1950년대 후반기에 이르러서부터 이 문헌이 독·불·영어 등으로 번역되어 세상에 나오게 되었고, 이에 관한 학자들의 연구 발표도 활발해지게 되어 구미에서는 전문 학자 이외의 사람들도 새로운 흥미와 기대를 갖게 되었다. 그러나 우리나라에서는 이에 관한 소개가 별로 되어 있지 않은 것 같아서 초보적인 수준에서나마 이 문헌에 관한 대략한 소개를 해둘 필요를 느낀다. 근래에 와서 우리가 가끔 듣게 되는 소위 「도마복음」(Gospel of Thomas), 「진리의 복음」(Gospel of Truth) 또는 「빌립보 복음」(Gospel of Philip) 등도 이 나그함마디 문헌 가운데 포함되어 있는 것들인데, 다행히 이것들은 현대어로 번역되어 전문가 이외의 사람들도 접근할 수 있게 되었다. 그러나 아직도 이 문헌의 대부분이 번역되어 있지 않으므로 전체적인 윤곽과 성격을 결정하기에는 아직 시일이 필요하지만, 지금까지 전문 학자들의 연구 결과로 알려진 사실들을 대략 추려보는 것은 가능하겠고 또 현 단계에서는 그 정도의 소개도 필요하리라고 본다. 이런 의미에서 여기에서는 이 문헌 중 이미 가장 많은 관심을 끌고 있는 도마복음서에 관하여 그 문서가 포함하는 몇 가지 문제점을 검토해 보기로 한다.

나그함마디 문헌 중 가장 흥미를 돋우는 문서가 도마복음서인데, 이것은 1959년 몇 학자의 공동 번역으로 세상에 나와 널리 알려지게 되었다. 이 문서가 크게 흥미를 끄는 이유는 이 책 안에는 114편의 예수의 말씀(Logion)이 소개되어 있는데, 그중에는 우리의 정경 복음서에 있는 예수의 말씀과 비슷한 것이 많이 있기 때문이다. 여기에서 우리는 이 문서의 자료 문제 또는 이에 관련된 진정성 문제(Authenticity) 그리고 그 문서에서 추리해 볼 수 있는 신학적 경향, 나아가서는 노스티시즘(Gnosticism)과의 관계 등 여러 중요한 문제들을 연구할 수 있는 좋은 재료를 발견하게 되었다. 기왕에도 경외전 가운데 예수의 유년 시절에 관한 기사를 실은 소위 "도마복음서"라는 것이 있었으나 1953년 전문가 푸에치(Puech) 교수가 내놓은 제1차 연구 보고서에서 최근에 발견된 도마복음서는 예수의 유년 시절에 관한 기사는 포함되지 않고, 오직 예수의 말씀(logia)만이 수록되어 있다는 사실이 밝혀졌다.

물론 우리에게는 예수의 유년기, 소년기 등에 관한 역사적 사실을 알 수 있는 자료가 퍽 아쉽지만, 그것은 현재 운위되어 있는 도마복음서에서는 기대할 바 못 되고, 다만 우리가 큰 관심을 갖게 되는 것은 본서가 전하고 있는 예수의 말씀이다. 도마복음서가 전하는 예수의 말씀 가운데는 정경의 복음서와의 병행 기사도 많이 있지만, 그중의 하나도 그 내용이 동일한 기사는 없다. 그러므로 우리의 당장의 관심사는 본 복음서에 예수의 말씀의 수록이 어떤 문헌학적 의의를 갖는 것일까의 문제이다. 우리는 신약성서 안에서 적어도 세 군데에서 소위 "기록되지 않은 예수의 말씀(Agrapha)"의 존재를 시사하는 말씀을 알고 있다. 즉, 사도행전 20장 35절에 다음과 같은 말씀이 있다: "… 또 주 예수의 친히 말씀하신 바 주는 것이 받는 것보다 복이 있다 하심을 기억하여야 할지니라." 여기에 주 예수의 말씀으로 알려진 "주는 것이 받는 것보다 복이 있다"라는 말씀은 정경의 복음서 어디에서도 발견되지 않는다. 또 누가복음 1장 1절에는 다음과 같은 말이 있다: "처음부터 말씀의 목격자 되고 일꾼 된 자들의 전하여 준 그대로 내력을 저술하려고 붓을 든 사람이 많은지라." 여기의 '붓을 든 사람'은 예수의 생애에 관하여 저술을 기도한 사람들을 가리키는 말이다. 그러니까 우리가 잘 알고 있는 마태, 마가, 누가, 요한 등 네 복음서의 저자 이외에도 복음서 같은 것을 기록한 사람들이 있었다는 말이 된다. 또 요한복음 20:30에는 그 복음서 안에 기록되지 않은 예수의 이적들이 많이 있었다는 것을 말해주는 기사가 있다. "예수께서 제자들 앞에서 이 책에 기록되지 아니한 다른 이적도 많이 행하셨으나"라는 말씀이 곧 그것을 의미한다. 결국 위에서 본 기사들은 우리의 네 복음서 밖에도 예수의 생애와 교훈이 기록된 문헌이 있으리라는 추측을 가능하게 해준다. 실제로 옛날의 기독교 교부 히폴리터스(Hippolytus)는 소위 「히브리인의 복음서」(Gospel according to the Hebrews) 또는 「애굽인의 복음서」(Gospel according to the Egyptians) 등의 경외 복음서에 예수의 말씀이 수록되어 있음을 시인하였다. 더욱이 흥미 있는 것은 우리가 인식하고 있는 도마복음서에는 위의 두 외전 복음서에서 모든 것과 비슷한 내용을 가진 말씀들이 포함되어 있다. 또한 전문 학자들의 연구에 의하면 1897년과 1904년에 역시 애굽에서 발견된 소위 「옥시린쿠스 지편」(Oxyrhynchus Papyri) I, 654, 655 등에 수록되어 있는 모두 14편의 예수의 말씀이 전부 도마복음서 안에 포함되어 있다. 전기 옥시린쿠스 문서는 희랍어로 기록되었기 때문에 이해하기에 다소 편리한 점이 있기는 하나, 본래 그 지원의 파손 때문에 전문을 완전하게 읽을 수 없었던 것이 도마복음서의 발견 때문에 큰 빛을 보게 되었다. 그런데 이 두 문서 사이의 관계가 어떤 것이냐의 문제는 아직 완전한 해결을 못 보고 있어서 일부 학자 중에서 콥트 도마복음서가 원본이고 옥시린쿠스 문서는 콥트어로부터 희랍어로 번역된 것이라고 주장하는 이들이 있는가 하면, 두 문서는 각기 독립된 문서라고 보는 이들도 있지만, 대부분의 학자의 의견 경향을 보면 콥트어로 된 본 복음서가 희랍어 원본의 번역이라고 보는 편이 우세한 것 같다. 이 문제는 앞으로도 계속 다루어져야 할 것이다.

지금까지의 전문가들의 연구로서는 이 문서의 저자, 저작 연대 또는 저작된 장소 등에 관하여 확증할 만한 자료를 찾지 못하고 있기 때문에 결론적인 말을 할 수는 없다. 그러나 지금까지의 연구의 손이 미치는 대로 보면 저자에 관해서는 본서 서문과 말문의 "디두모 유다 도마"라는 이름이 나타나 있는 것이 유력한 내증적 자료가 된다. 본서에 소개되어 있는 예수의 말씀은 전기의 도마가 예수께로부터 받은 "비밀의 말씀"(Secret Words)을 기록한 것으로 되어 있다. 그러면 여기에 나오는 도마는 누구를 말하는가? 요한복음 1:16, 20:24 또는 21:2에는 '도마'라는 이름 위에 '디두모'라는 말이 붙어 있는데, 여기의 '디두모'라는 희랍어는 '쌍둥이'라는 뜻을 갖고 있으며, 아라멕어 'Thomas'의 번역이다. 그러니까 결국 한 사람의 이름을 두 개의 말로 표현한 것에 지나지 않는다. 그런데 그 두 말 사이에 있는 '유다'는 우리 신약성서에는 '도마'와는 무관하다. 다만 "시리아 사본"의 요한복음 14:22에는 단순히 '유다'라는 말 대신에 '유다 도마'라는 이름이 나온다. 이 사실은 본 복음서가 시리아에서 유래한 문서가 아닌가 하는 추측을 어느 정도 밑받침해 준다. 저작 연대에 관하여도 학자들 간에 구구한 의견이 있어서 좀처럼 쉽사리 결론이 내려질 것 같지 않으나 저자가 전기한 「히브리인의 복음서」(주후 150년)를 알고 있었던 것으로 추측한다면 또 세기 초의 교부들이 문서를 인용한 것 등으로 미루어 본다면, 문서의 저작 연대는 180년경이 아닐까 짐작된다. 그러나 이것은 추산에 불과하고 앞서 말한 대로 본서와 옥시린쿠스 문서와의 관계가 밝혀지지 않는 한, 저작 연대에 관한 확언이 불가능하다.

고고학적 견지에서 볼 때 본서의 저자, 저작 연대, 장소 등이 중요하겠고, 앞으로 전문가들의 연구에 크게 기대되는 터이지만, 우리에게 당장 큰 관심을 끄는 것은 본서의 문헌적 성격이다. 더 구체적으로 말하면 본서의 자료는 어떤 성격의 것들인가 또는 본서의 내용에서 추리해 볼 수 있는 저자의 신학적 경향은 무엇인가 등의 문제가 매우 중대하기도 하고 우리의 관심사이기도 하다.

전자에 관하여는 본서 안에 신약의 공관복음서와 병행 기사가 많은 것으로 보아 자료 문제에 관하여 두 가지로 추측해 볼 수 있는데, 그 하나는 본서 저자가 공관복음서를 자료로서 사용했을지도 모른다는 것이고, 또 다른 하나의 추측은 본서의 저자가 현 공관복음서보다 더 오랜 자료를 사용했는지도 모른다는 것이다. 그리고 병행기사를 제외하고 나머지의 "예수의 말씀"은 어디에서 그 자료를 구했을 것인가의 문제도 역시 궁금하다. 여기에서 상상할 수 있는 것은 본서 저자가 어떤 독립 자료를 소유했을는지도 모른다는 것이다. 지금까지의 본서에 관한 연구 연륜이 깊지 못하므로 학자들은 각기 구구한 의견들을 들고 나오지만 대체로의 경향을 말한다면, 저자는 공관복음서를 알고 있었고, 따라서 거기에서 자료를 선택하되 그 자료에 수정을 가했으리라는 것과 또 한편 본서에는 공관복음서 자료보다 더 오래된 자료도 일부분 포함되어 있으리라는 것이다. 만일 그렇다면 저자가 어떤 신학적 입장에서 자료를 수집하거나 수정했을 것인가의 문제를 생각하게 되는데, 이것은 이 문서의 신학적 성격과도 관련이 있는 문제이다.

그래서 우리는 이 자료 문제와 더불어 신학적 성격에 관한 문제에 관심을 두게 된다. 위에서도 논급했거니와 자료 문제는 아직 정착된 결론을 얻지 못하고 있다. 물론 자료 문제와 신학적 성격을 구명하는 문제와는 서로 관련이 있는 것은 사실이다. 그러기에 전자에 관한 문제가 밝혀지면, 후자에 관한 문제도 해결을 보게 될 것이다. 그러나 자료 문제는 미해결 상태에 머물러 있다 하더라도 거기에 결정적인 구애를 받지 않고 신학적 성격의 문제를 논의할 수 있는 길이 있을 것이다. 그것은 이 문서 자체 내에서 말씀(logion)과 말씀, 또는 어구와 어구

사이의 관계를 관련시킨다든지, 서로 서로의 의미의 공통점 또는 차이점 등을 비교 검토해서 어떤 개념을 조직화해 볼 수 있을 것이다. 물론 우리는 저자가 세련된 신학적 훈련을 받은 사람이라고 전제하고 이 문제를 추구해 나갈 수는 없다. 또는 불과 114편밖에 안 되는 비교적 짧은 문서만을 가지고 저자의 전체적인 신학적 윤곽을 결정한다는 것도 무리한 일이라고 할 것이다. 그러므로 우리는 이 저서에 대한 어떤 편견이나 속단을 삼가는 동시에 저자의 신학적 성격에 관해서도 어떤 결정적 선언을 하는 것보다는 다만 그의 입장의 경향성을 이해하는 데 만족해야 할지도 모른다.

위에 말한 것을 전제하고 이제 본서가 지니고 있는 신학적 성격을 검토해 보기로 한다. 먼저 본서의 서론(Prologue)이 저자가 소개하려고 하는 예수의 말씀의 성격을 뚜렷하게 가리키고 있다. "살아계신 예수께서 말씀하신 것을 도마(디두모 유다)가 기록한 비밀의 말씀들이 여기에 있다. 그 말씀의 의미를 발견하는 자는 죽음을 맛보지 않을 것이다." 여기의 '비밀의 말씀'이라는 것이 본서의 특색을 잘 나타내고 있다. 즉, 도마가 전하려고 하는 예수의 말씀은 평범한 말 가운데 숨겨져 있는 은밀한 지식(secret knowledge)을 의미한다. 예수께서 적은 수의 자기 제자들에게 은밀한 지식을 가르쳐 주었다는 것은 같은 도마의 이름으로 저술된 외경「도마행전」(Acts of Thomas) 39장에도 나타나 있다. 그리고 여기의 "죽음을 맛보지 않는다"라는 말은 본서 안의 여러 군데에서 발견되는 말인데, 이것은 구원의 상태를 가리키는 말이다. 본서에는 '구원'이라는 말이 별로 사용되어 있지 않다. 그러나 "죽음을 맛보지 않는" 상태가 곧 구원을 의미하고 있다. 그리고 "이 말씀의 뜻을 발견한다"는 것은 구원에 이르는 방도를 의미한다. 즉, 예수의 말씀의 뜻을 내용으로 하는 지식(Gnosis)을 획득하는 것이 곧 구원의 조건이 된다는 것이다. 그리고 노스티시즘에 관하여 전문적으로 연구하고 있는 시카고大學의 그랜트(R. M. Grant) 교수는 그노시스(Gnosis)는 인간의 내적, 정신적 구속을 위한 것이지 신체의 구원을 위한 것이 아니라고 했듯이, 하늘나라와 인간 자신에 관한 지식을 내용으로 하는 이 그노시스는 인간 영혼의 구원을 위한 방도가 된다는 것이다.

본서에는 구원의 상태를 '쉼'(Anapausis)이라는 말로도 표현하였는데, 이 '아나파우시스'는 노스틱주의, 특히 헤르메틱(Hermetic) 노스틱주의에서 사용되는 전문 술어이다. 그 뜻은 은밀한 지식으로써 계몽을 받아 이 물질세계의 힘에 구속을 받지 않는 자의 상태를 가리킨다. 물론 그것은 시간적인 의미에서의 종말적 구원의 상태를 뜻하지 않는다. 본서에서는 그와 같은 종말 사상은 찾아볼 수 없다. 오히려 그런 사상을 부정하는 내용의 말씀이 있다. 예를 들면 제51편에는 다음과 같은 말이 있다: "그의 제자들이 그에게 말하였다. '언제 죽은 자들이 다시 살아날 것이며 언제 새 세계가 올 것입니까?' 그는 그들에게 말씀하셨다. '너희들이 바라고 있는 것이 이미 왔는데 너희들이 그것을 알지 못하고 있다.'" 이것은 확실히 시간적인 종말을 부정하는 말이라고 본다. 결국 하늘나라와 자기 자신에 관한 진정한 지식을 획득한 자는 현실에 있어서 이미 구원의 상태에 들어갔다는 사실을 가리키는 말이다.

그러면 이와 같이 현실적인 구원의 유일한 방도가 되는 지식(Gnosis)을 어떻게 얻을 수 있는가? 이 점에서 본서는 이원론 사상에 근거한 금욕주의적 색채를 뚜렷하게 나타내고 있다. 즉, 진정한 지식을 얻고 구원의 상태에 들어가기 위해서는 인간의 육과 물질세계를 포기하지 않으면 안 된다는 것이다. 이러한 사상은 다음 몇 구절 속에 드러나 있다. "너희가 세상을 버리지 않으면(직역: 세상으로부터 금식하지 않으면) 나라를 찾지 못하리라"(27편), "무역업자와 상인들은 나의 아버지의 곳(Topos)에 들어가지 못하리라"(64편). 그의 제자들이 말하였다: "언제 당신이 우리에게 나타나셔서 우리가 뵈올 수 있게 되겠습니까?" 예수께서 말씀하셨다: "너희들이 아무 부끄러움 없이 옷을 벗어서 어린아이들처럼 발아래 깔고 그 위를 밟으면 그 때는 너희들의 살아계신 이(Living)의 자녀가 될 것이고 두려움이 없게 되리라"(37편). 이것은 성적 행위를 부정하는 말로 해석할 수 있는데, 이와 같은 Asexualism의 사상은 76편과 78편에도 나타나 있다. 이와 같이 본서에는 육과 물질세계에 대하여 부정적 태도를 강하게 주장하고 있다. 독일의 괴팅겐대학의 예레미아스(J. Jeremias) 교수는 이와 같은 타계주의적(他界主義的) 태도는 초대교회의 금욕적 경향과 상통하는 사상이라 말하였고, 도마복음서 전문 연구가의 한 사람 게르트너(B. Gartner)는 이런 금욕주의적 현상은 초대교회의 생활에서의 보편적 사실이라고 하였지만, 본서에 나타난 금욕 사상은 훨씬 더 철저하며, 그것은 구원에 이르는 절대적인 전제 조건이 되어 있다. 전술한 예레미아스 교수는 또 말하기를 2세기 초엽에 애굽에 있는 한 노스틱파는 성적 금욕주의(Sexual Asceticism)는 종말이 오기까지 하나의 준비적 윤리로서 인정되어 있었다고 했지만, 만일 그것이 사실이라면 이 문서가 애굽에서 발견된 사실과 아울러 본서의 사상과 전술한 애굽의 한 노스틱파의 사상과의 관련을 상상해 볼 수도 있다. 그러나 본서에는 종말과 금욕 사상과는 별로 관계가 없으며, 금욕적 행위 그 자체가 구원에 이르는 방도로서 높이 평가되어 있다는 사실을 중요시해야 할 것이다.

여기에 한 가지 부언해 두어야 할 것은 저자의 '그노시스에 의한 구원'의 사상이 우리 복음서에서 말하는 신국 사상에 해당한다고 볼 수 있는데, 본서에는 구원의 실현은 어디까지나 현실적인 것이라는 사실이다. 제3편에는 "나라는 너의 안에 있다"는 말이 있는데, 이것은 하늘나라, 즉 구원의 실현은 그노시스를 획득한 인간 자신 안에 이루어지는 사실임을 가리키는 말이다. 또 제18편에도 이와 같은 사상이 나타나 있다: "제자들이 예수께 말하였다: '언제 우리의 종말이 올 것인지 말씀하여 주십시오.' 예수께서 말씀하셨다: '너희들은 이미 처음을 발견하고서 이제 종말에 관하여 묻느냐? 처음이 있는 곳에 마지막이 있을 것이다.'" 이 말씀 가운데 중요한 것은 종말에 관한 저자의 이해인데, 그에게는 과거와 미래가 현재에 다 흡수되어 있다고 생각되었다. 즉, 예수의 현존이 곧 제자들이 문제 삼는 종말의 실현이다. 그리고 이 사실을 인식하는 것은 곧 그노시스뿐이다. 즉, 하늘나라 또는 구원은 어디까지나 지식이 대상이다. 제46편에 "어린아이와 같이 되는 자는 하늘나라를 알게 될 것이다"라는 구절이 있는데, 이것은 복음서의 표현인 "하늘나라에 들어간다"와의 대조를 이루고 있다고 본다.

이렇듯이 쉼(Anapausis)으로서의 구원의 상태 및 이에 이르는 방도로서의 그노시스의 획득 등 특이한 사상을 내포하는 본 복음서에서 우리가 관심을 갖게 되는 것은 저자의 기독론적 이해의 문제이다. 이미 앞서 말한 대로 114편의 전체 내용이 전부 예수의 말씀을 포함하고 있다. 그만큼 저자는 예수의 위치를 매우 중요시했다고 볼 수 있는

데, 본서의 내용만으로는 통일적인 기독론을 구성하기가 어렵다. 그것은 본서 자체가 지니고 있는 기독론 사상의 다양성 때문이다. 우리는 잡다한 자료로서 엮어진 이 문서에서 통일적인 사상의 체계 같은 것을 기대하기 어려울 것이다. 저자 자신도 예수에 관한 철저한 그리고 명백한 표현이 불가능한 것을 고백하고 있다. 제13편 "… 또 도마는 말하기를, 선생님 저는 선생님이 누구와 같다는 것을 감히 말씀드릴 수 없습니다…" 그뿐만 아니라 더욱더 곤란한 것은 본서에는 예수의 말씀만이 기록되었을 뿐 예수의 생애와 행적 등에 관하여는 아무 기록도 없다는 사실이다. 그러므로 이러한 부분적인 자료만을 가지고 전체적인 기독론을 구성한다는 것은 무리한 일이다. 물론 우리는 예수의 말씀만을 취급한 저자에게서 어떤 특이한 기독론적인 의도를 찾아볼 수 있겠으나 보편적 의미에서의 기독론은 본서에서 기대하기 어렵다. 또 하나의 어려운 문제는 본서의 기독론적 사상의 유형에 관한 것이다. 지금까지 전문가들이 흔히 말하는 것은 도마복음서는 노스틱 문서(Gnostic Document)라는 것이다. 물론 이 문서가 노스틱 사상의 바탕을 가진 나그함마디 문헌 중의 하나라는 점을 고려하거나 또는 본서 자체 내에서 어느 정도 뚜렷이 보이는 노스틱 사상적 색채를 고려할 때 본서를 노스틱 문서라고 결정할 수 있는 근거가 있다고 봐야겠으나 문제는 그렇게 단순한 것은 아니다. 그것은 아직 노스티시즘 자체의 개념이 고정되지 않았고, 같은 노스티시즘이라는 이름 밑에서 여러 갈래의 사상의 교류가 있을 뿐만 아니라, 노스티시즘 안으로 스며들어온 다양한 사상적 요소 때문에 통일적인 개념을 설정할 수가 없다. 그러므로 도마복음서가 노스틱 문헌이라고 결정하기 전에 우선 본서에 나타난 노스틱 요소가 어떤 유형의 사상적 계보에 속한 것인가의 문제 또는 어느 범위에서 노스틱 요소가 본서 안에 자리를 잡고 있느냐의 문제 등을 신중하게 다루어야 할 것이다.

이제 대체로 보아 사상적 윤곽이 그려지는 대로의 저자의 기독론적 이해를 살펴보면, 다음의 제 요소를 골라낼 수 있다. 저자는 우선 예수를 '살아계신 이'(Living One)라고 불렀다. 이 칭호는 일반적으로 노스틱주의에서 쓰는 '부활하신 주'에 대한 대명사이다. 그리고 그것은 빛의 세계로부터 온 초월적 존재를 가리킨다. 물론 이 칭호는 신약성서에서도 찾아볼 수 있는 것이기 때문에 그것만 가지고는 저자가 노스틱 기독론을 말하고 있다고 단정하기 어렵겠으나 앞서 말한 대로 본서에서는 역사적 예수에 관한 아무런 기록이 없다는 점을 미루어 볼 때, 저자의 사상 가운데 노스틱 요소를 인정할 만한 근거가 없지 않다고 할 수 있을 것이다. 그러나 또 한편 본서 28편에 보면 "나는 이 세상에서 나의 자리를 잡고 육신으로 너희들 앞에 나타났다"라는 예수의 말씀이 있는데, 이것은 분명히 예수를 가리키는 말이다. 그러므로 이와 같은 상이한 사상적 요소가 있기 때문에 저자가 역사적 예수에 대하여 관심이 없고 부활의 주만을 전하고 있다든지 혹은 그런 점과 관련하여 저자가 가현설(Docetism)을 주장하고 있다고 보기도 어려울 것이다. 여기에 결국 저자의 의도가 어디에 있는가의 문제를 신중히 다루어야 할 것이다. 그뿐만 아니라 본서에는 한편 예수가 계시자(Revealer)와 말씀의 해석자(Interpreter)로 나타나 있고, 또 한편 인간 속에 이 계시자, 즉 '지식의 전달자'를 인식하고 그 지식을 획득할 수 있는 능력이 있는 것으로 되어 있는데, 이 사실에서 문제 삼아야 할 것은 저자가 예수의 십자가에 의한 인간의 죄의 용서, 속죄, 구원, 은총 등을 어떻게 이해하였느냐의 문제뿐만 아니라 예수와 인간의 평등화(levelling out)의 문제도 심각하게 된다. 또는 예수와 하나님과의 관계도 본서가 보여주는 커다란 문제점 가운데 하나인데, 우선 주목해야 할 것은 저자는 '하나님'이라는 말을 단 한 번밖에 쓰지 않았고(제100편), 그것도 '아버지'와 구별되어질 수 있는 가능성이 있는 것으로 보아 또는 이미 앞에서 논급한 대로 본서가 갖는 타계적 태도 등을 고려할 때, 저자는 창조신(Creator God)을 열등한 신으로 보는 노스틱 사상을 가진 것이 아닌가 생각해 볼 수 있다.

　위에서 말한 것 밖에도 본서의 사상과 요한복음의 사상과의 유사점 또는 저자의 사상에 유대주의적 경향 등 문제 삼을 것이 있으나 앞으로의 연구에 기대할 문제들이다.

도마복음서의 신학

「도마복음서」(*The Gospel according to Thomas*)는 1945~1946년경 애굽의 나그함마디(Nag-Hammadi)에서 발견된 13편의 콥트(Coptic) 문서 중의 하나다. 이 나그함마디 문고(Nag-Hammadi Documents)는 사해사본과 함께 성서학자들에게 큰 관심을 일으킨 고대 문헌들이며, 특히 그중에 포함돼 있는 도마복음서는 순전히 예수의 말씀(Logia)만으로 엮어진 문서라는 점이 이채를 띠기도 하고, 보다 더 흥미를 일으킨다.

현재까지 나그함마디 문고 중에서 도마복음서 밖에도 「진리의 복음서」(*Gospel of Truth*) 그리고 「빌립의 복음서」(*Gospel of Philip*) 등이 번역되어 널리 읽히게 되었으나 그중에서도 도마복음서는 정경의 복음서(Canonical Gospels)들과 비교해 볼 수 있는 좋은 자료들을 많이 갖고 있기 때문에 한층 더 연구의 의욕을 높여 준다.

114편의 예수의 말씀만으로 엮어진 이 복음서 가운데는 우리 복음서와 비슷한 것도 있지만, 전혀 다른 것들도 있다. 우리는 정경(Canon) 성립의 역사적 과정을 통해서 우리 복음서 밖에도 '복음서'라는 이름을 가진 다른 문서들이 있었던 것을 알고 있다. 내증적 근거로서도 신약성서 자체가 전하여 주는 대로 복음서를 기록할 것을 기도한 사람들이 많았다는 것(눅 1:1)과 사도행전의 저자 자신이 4복음서 안에 기록되어 있지 않은 예수의 말씀을 인용한 것이라든지 또는 요한복음서 저자도 자기가 기록하지 아니한 예수의 이적이 많았음을 시인하였다는 사실 등은 우리 복음서 밖에도 예수의 말씀이나 행적에 관해서 볼 수 있는 가능성을 시사하는 것이라고 하겠다.

1897년과 1903년에 역시 애굽에서 발견된 「옥시린쿠스 파피루스」(Oxyrhynchus Papyri) I, 654, 655 등에는 16편의 예수의 말씀들이 포함되어 있는데, 그동안 학자들 사이에는 이 파피루스 가운데 「히브리 복음서」(Gospel according to the Hebrews) 또는 「애굽인의 복음서」(Gospel of the Egyptians) 등의 단편들이 포함되어 있지 않은가 하는 추측이 떠돌았으나 확정이 불가능하였다.

이제 놀라운 것은 도마복음서 안에는 옥시린쿠스 파피루스의 16편 말씀들이 전부 포함되어 있다는 사실이다. 이에 따라서 도마복음서와 옥시린쿠스 파피루스 사이의 관계에 대하여 몇 가지 이론이 나왔으나 대체로 전자는 후자의 콥트어 번역이라는 의견이 우세한 형편이다. 어쨌든 도마복음서의 출현이 예수의 말씀 연구를 위해서 좋은 자료를 제공하고 있는데, 최근까지 이 문서에 관한 학자들의 연구 동향을 보면 대체로 자료 문제에 집중하는 경향을 보이고 있다. 다시 말하면 도마복음서 저자가 어떤 자료를 사용했는가? 이에 관해서도 두 가지 잠정적인 결론이 나왔는데, 그 하나는 본 복음서는 정경의 복음서를 이용했다는 의견이고, 또 하나는 도마복음서 안에는 공관복음서 자료보다 더 오랜 자료가 포함되어 있다는 견해가 나왔다. 이 자료 문제는 아직 최종적인 결론을 얻지 못하고 있다. 그래서 앞으로도 모든 가능한 방법으로 이 문제에 대한 새로운 연구가 시도되어야 할 것이지만, 도마복음서는 다른 각도에서도 충분히 연구되어야 할 내용을 가지고 있다.

그 다른 각도라는 것은 신학적 연구를 의미한다. 즉, 도마복음서와 노스틱 사상(Gnosticism)의 관계가 우선 중요한 문제다. 대체로 이 복음서를 포함한 나그함마디 문고가 모두 노스틱 문서(Gnostic Document)라는 것이 정평처럼 되어 있으나 이것은 그리 간단히 결론 내리기 어려운 문제이다. 그것은 한편 노스틱 사상에 관한 개념의 다양성 때문에 부딪히는 난점이고, 또 하나는 나그함마디 문고가 포함하고 있는 노스틱 사상의 색채의 다양성 때문에 그저 막연히 노스틱 문서라고 개괄적으로 취급해 버리기가 어렵다. 보다 더 심각한 사실은 도마복음서가 기왕의 노스틱 사상에 관한 이해를 수정하는 방향으로 이끌어 준다는 점이다. 우리는 원시 기독교와 노스틱 사상의 문제가 중요한 신학적 문제임을 시인해왔지만, 도마복음서의 연구를 통해서 이 문제에 관한 연구를 위해서 새로운 빛을 던져 줄 것을 기대하고 있다.

다음으로 신학적 문제로서 고려해야 할 점은 이 복음서의 저자 또는 저자들의 신학적 입장에 관한 문제이다. 이 문제는 물론 위에서 이미 말한 자료 문제와도 관련이 있다. 어떤 자료를 쓰고 있느냐에 따라서 저자 자신의 신학을 어느 정도 결정할 수도 있겠지만, 자료의 출처를 확정할 수 없다 하더라도 저자가 써놓은 글 자체 가운데서 저자의 신학적 의도를 살펴볼 수도 있으리라. 그러나 여기에서도 주의해야 할 점은 우리는 저자가 어떤 명확한 신학적 입장을 가진 세련된 신학자라고 미리부터 전제해서는 안 된다는 것이다. 우리의 연구 결과에 따라서는 저자는 사상의 통일성보다도 다양성을 본 복음서에서 보여 주고 있다고 할 수도 있을 것이다. 다만 우리에게 가능한 것은 저자가 어떠한 신학적 경향을 갖고 있느냐 하는 문제에 대한 결론을 찾는 것이다. 이 문제를 상세하게 하기 위해서는 다각도에서의 단편적인 연구를 종합해야 할 것이지만, 여기서는 문제의 어떤 특수한 측면만을 충분히 취급하지 않겠고, 본 복음서의 신학적 성격을 개괄적으로 정리해 보는 데 지나지 않는다.

다만 여기서 미리부터 필자의 방법론적 입장을 밝혀 두려는 것은 첫째로 자료 문제에서 필자가 취한 태도는 중립적이기 때문에 본 복음서가 정경의 복음서에 의존했느냐 함은 보다 오랜 자료를 갖고 있느냐의 문제에 대하여도 쌍방의 가능성을 다 인정할 수 있다는 것이다. 둘째로 필자는 본 복음서의 사상과 노스틱 사상과의 관계에 대한 비교 검토에서도 어느 하나의 특이한 노스틱 사상 가운데서 어떤 공통적인 사상적 요소에 비추어서 도마복음서의 노스틱적 색채의 농도를 밝혀보려는 것이다.

이상의 방법론적인 전제 위에서 도마복음서 가운데서 구원관, 인간관, 기독관 등을 차례로 개술해 보고자 하는데, 물론 여기서는 우리의 복음서와 마찬가지로 기독론이 중심을 차지한다고 볼 수 있으므로 기독론 문제에 치중해서 검토해 보려고 한다.

1. 구원관

도마복음서에는 우리의 복음서에서와 마찬가지로 구원에 관한 교설이 있다. 본서에는 구원에 관하여 두 가지 교설이 나타나 있다.

하나는 구원의 본질적 상태에 관한 것이고, 다른 하나는 구원에 이르는 길이다. 전자에 관하여는 본서 제1편의 "죽음을 맛보지 않는다"라는 말로 표시되어 있고, 후자에 관하여는 "이 말씀의 뜻을 발견한다"라는 말로써 표현되어 있다. 여기서 '이 말씀의 뜻'은 예수의 비밀의 지식(secret knowledge), 즉 그노시스를 의미한다. 그러니까 그노시스를 획득하는 것이 구원에 이르는 방도가 된다. 본서에는 가끔 '쉼'(Rest)이라는 말이 사용되는데(제 50, 5, 60, 86, 90편 등), 이 말은 노스틱, 특히 헤르메틱 영지주의에서 사용되는 특별 술어이다. 여기의 '쉼'의 뜻은 그노시스로서 변호를 받아 이 세상의 물질적 힘의 구속을 받지 않은 자의 상태를 가리킨다.

이러한 구원의 상태는 현재에서의 경험에서 이루어진다. 제5편의 내용은 그러한 사상을 잘 표현하고 있다. "그의 제자들이 그에게 말하였다. '죽은 자의 쉼과 새 세계가 언제 올 것입니까?' 그는 말씀하셨다. '너희들이 기대하는 것은 이미 왔다. 그러나 너희들은 그것을 알지 못하고 있다." 여기서 두 가지 주목할 만한 것이 있는데, 하나는 제자들의 질문에는 '쉼'과 종말이 결부되어 있는데 대하여 예수의 대답에는 그것들이 현재적인 사실이라는 점이고, 다른 하나는 '쉼'은 지식으로써 체득한다는 사실이다.

본서에서 또한 주목을 끄는 것은 금욕 사상이 구원관과 밀접하게 관련되어 있다는 사실이다. 제27편에는 아래와 같은 구절이 있다. "너희가 세상을 버리지 않으면(직역: 세상으로부터 금식하지 않으면), 나라를 찾지 못하리라"가 보다 더 흥미를 끄는 것은 제64편에 포함되어 있는 말이다: "무역업자와 상인들은 나의 아버지의 곳에 들어가지 못하리라." 또는 금욕 사상의 또 하나의 다른 표현으로서는 제37편을

들 수 있다: "그의 제자들이 말하였다. '언제 당신이 우리에게 나타나실 것이며, 어느 때 우리가 당신을 뵈오리까?' 예수는 말씀하셨다. '너희들이 아무 부끄러움 없이 옷을 벗어서 어린아이들과 같이 발아래 깔고 그것을 밟으면 살아계신 이의 아들(The Son of the Living)을 보게 되리라.'" 이 말씀들은 성적 행위에 대하여 부정적 태도를 시사하는 것이라고 볼 수 있다.

이러한 무성주의(Asexualism)의 사상은 제22편에서도 암시되었다: "… 남자와 여자가 단독자(Single One)가 되고 남자와 여자의 구별이 없게 되면(의역)… 너희들은 그 나라에 들어가게 될 것이다."

이와 같이 본서에는 금욕주의적 경향이 농후한데, 이런 경향은 초대교회의 생활에서 흔히 볼 수 있는 현상이었다. 또 2세기 초엽에 애굽에 있는 어떤 노스틱 분파에서는 성적 금욕주의가 종말이 오기까지 하나의 준비적 논의로서 알려졌다. 여기에서 우리는 도마복음서와 「애굽인의 복음서」 사이에 관계가 있을 것 같은 가능성을 인정할 수 있지만, 이 문제는 아직 더 연구의 여지가 있는 분야에 속한다.

위에서 우리는 제51편과 관련하여 종말에 관한 저자의 견해를 잠깐 보고 지나왔다. 사실에 있어서 본서에서는 시간적인 의미에서의 종말 사상을 찾아볼 수 없다. 영지주의를 획득한 사람에게 구원이 실현되는 것이고, 예수는 그 영지주의의 전달자 또는 계시자로서 이미 세상에 나타났으므로 과거나 미래는 문제가 아니다. 과거를 문제 삼지 않는 사상은 제52편에 나타나 있다: "그의 제자들이 그에게 말하였다. '24인의 선지자들이 이스라엘에서 당신에 관하여 말하였습니다.' 그는 그들에게 말하였다. '너희들은 너희들 앞에 나타난 살아계신 이(Living One)를 무시하고 죽은 자에 관하여서 말하고 있다.'"

여기서는 예수와 구약의 예언자들 사이에 아무 구속사적 연속이 없음을 시사하고 있다. 한편 미래에 관한 저자의 견해는 제18편에서 찾아볼 수 있다: "제자들이 예수께 말하였다. '언제 우리의 종말이 올 것입니까?' 예수께서 말씀하셨다. '너희들은 처음을 발견하고 나서 종말에 관하여 묻느냐? 처음이 있는 곳에 종말이 있다…'" 여기서 '처음'이라고 한 것은 비밀의 지식의 계시자로 나타나신 예수 자신을 가리키는 말이다. 현재 나타나신 예수에 대한 인식이 곧 종말의 현실적 경험이 된다. 이런 의미에서 도마복음서의 종말관은 일종의 현실적 종말론(Realized Eschatology)이라고 할 수도 있을 것이다.

따라서 본서에는 재림 사상이 전무하다. 누가복음 17:30 이하와 비슷한 내용을 갖고 있는 제6편을 전자와 비교해 보면, 누가복음의 기사는 예수의 재림과 이에 따르는 심판이 논의되어 있는데 대하여 도마복음서의 해당 기사는 그 내용이 전혀 예수의 재림과는 무관하다. 다만 현재에서 영지주의를 획득하는 자의 결과와 획득하지 못하는 자의 결과가 죽음과 '삶'이란 말로 시사되어 있을 따름이다. 이 점에서 생각할 수 있는 것은 도마복음서의 신학은 묵시문학적 유대주의에 대한 실망과 반동에서 출발한 것이 아닌가 하는 추측이다. 이것이 본서가 내포하는 반유대주의적 경향을 보아 그 가능성이 짙어진다.

2. 인간관

위에서 취급한 구원관에서 보는 대로 도마복음서에는 구원의 주체적 행위로서 인간의 영지의 획득이 논의되어 있다. 이 때문에 죄의 주체인 인간을 전제하는 우리의 복음서의 입장에서는 도마복음서가 인간을 어떻게 보느냐의 문제가 우리의 관심을 끌고 있다. 물론 이것은 다음에 취급할 기독론의 문제와도 직접 관련되어 있는 문제이다. 본서에서 저자는 두 개의 카테고리에 인간의 상태를 분류하는 것으로 보인다. 하나는 "깨우침을 받지 못한 인간의 상태"(Unenlightened state of man)이고, 또 하나는 그와 반대로 "깨우침을 받은 인간의 상태"(Enlightened state of man) 또는 다른 말로 표시하면 "영지를 획득한 인간의 상태"를 의미한다. 전자는 "빈곤 가운데 있는 인간(man in poverty) 또는 마음의 눈이 어둡고, 속이 비고, 취한 상태의 인간"(제28편)으로서 표현되어 있는데, 이것은 모두 무지의 상태 또는 깨우침을 받지 못하고 있는 상태를 의미한다. 이런 상태에 있는 자에게 물론 구원이 실현되지 않는다. 무지에서 스스로가 깨어날 때까지 그는 구원의 자리에 앉을 수가 없다.

둘째 카테고리에 속하는 인간, 즉 "깨우침을 받은 인간"은 여기서는 영지를 획득한 인간을 가리킨다. 그런 상태에 있는 인간을 도마복음서 저자는 '단독자'(Solitary One)라는 기이한 용어로서 표시하고 있다. 이 단독자는 금욕주의의 실천자이며, 이로써 영지를 획득한 상태에 있는 인간이다.

여기서 특기해야 할 몇 가지 사실이 있다. 첫째는 본서에서는 영지를 찾는 것이 인간 자신의 힘이고, 따라서 구원을 이룩하는 것도 인간 자신의 노력의 결과라는 점을 밝히고 있는 것이다. 제24편에는 이런 말이 있다: "그의 제자들은 말하였다. '당신이 계신 곳을 보여주십시요. 우리에게 그곳을 찾는 것이 필요하기 때문입니다.' 그는 말씀하셨다. '귀 있는 자는 들으라 빛의 사람 안에 빛이 있고 그는 온 세상을 비친다…'" 이 나중 구절은 인간의 내재적인 가능성을 말하고 있다.

인간 자신의 내재적인 힘으로 영지주의의 세계를 발견할 수 있음을 말해 준다. 또 제90편에는 같은 사상을 더 분명히 말하고 있다: "예수는 말씀하셨다. '내 멍에는 가볍고 나의 주장함은 부드러우니 내게로 오라. 그러면 너희는 너희들의 자신의 힘으로 쉼을 찾으리라.'" 이것은 분명히 인간 자신의 노력으로 구원을 이룩할 수 있는 것을 말하고 있다. 둘째로 본서에 나타난 대로 보면, 예수는 약하고 보잘것없는 자를 찾으시는 구주가 아니라, 크고 좋은 자에게 더 관심을 갖는 분으로 묘사되어 있다. 제107편에 이러한 말이 있다: "예수께서 말씀하셨다. '나는 마치 백 마리의 양을 치는 목자와 같다. 그 양들 가운데 가장 큰 것이 길을 잃어버렸을 때, 그 목자는 아흔아홉 마리를 뒤에 남기고 잃어버린 한 마리를 끝내 찾아다녔다. 피곤에 지쳐버린 그는 도로 찾은 그 양에게 말하였다. 나는 아흔아홉 마리보다 너를 더 사랑한다.'" 여기에서 주목할 만한 것은 예수가 끝까지 찾아다닌 잃어버린 양은 백 마리 양 가운데 가장 큰 놈이라는 사실이다. 크고 좋은 양은 영지 사상이 누구보다 먼저 깨달아 알 수 있는 능력을 가진 인간을 의미한다고 본다. 이 비슷한 사상은 제8편에서도 나타난다: "또 그는 말씀하셨다. '사람은 마치 바다에 그물을 던지는 지혜로운 어부와 같다. 그는 수많은 작은 고기를 잡았지만, 그 가운데 한 마리의 크고 좋은 고기만을 간직하고 다른 고기들은 전부 내버렸다. 그러나 그에게는 아무 유감이 없었다. 귀 있는 자는 들으라.'" 여기서도 "크고 좋은 고기만을 간직하고 다른 고기들은 전부 버렸다"는 말의 뜻은 제107편의 '가장 큰 양'과 동일하다고 본다.

셋째로 저자의 인간관에서 발견되는 또 하나의 요소는 예수와 인간은 동위적인 관계를 가질 수 있다는 사실이다. 이 사상을 시사하는 말씀이 제108편에서 발견된다: "예수께서 말씀하셨다. '누구든지 내 입에서 나오는 것을 마시면 나와 같이 될 것이고 나는 그와 같이 될 것이다. 그리고 감추인 것이 그 앞에 드러날 것이다.'" 이 말씀의 뜻은 영지 사상을 획득하는 사람은 예수와 같은 존재가 될 수 있다는 말이다.

위에서 주목한 몇 가지 점은 저자의 인간관의 특색이라고 할 수 있는 동시에 그것들은 저자의 기독관을 이해하는 데 있어서 매우 중요한 요소들이다.

3. 기독관

이제 우리는 도마복음서에서 기독론을 취급할 단계에 이르렀다. 정경의 복음서에서와 마찬가지로 도마복음서의 신학적 주제는 기독론이다. 위에서 고찰한 구원관, 인간관 등은 기독론을 구성하는 데 있어서의 전제적 위치를 차지하고 있다. 본서의 구성 요소로 보아 이 문서의 명칭을 '도마복음서'라고 하기보다는 '도마가 기록한 예수의 말씀'이라고 부르는 것이 더 마땅할 것이다. 114편의 말씀 가운데 예수의 말씀이 포함되어 있지 않은 것이 하나도 없다. 이렇듯 저자는 예수의 말씀의 수록을 통해서 그가 어떻게 예수를 이해하고 있었으며, 어떻게 묘사하려고 했는가를 우리에게 보여 준다. 이것을 이해한다는 것은 흥미롭기도 하고 중대하기도 하다.

그러나 이렇게 연구과제가 뚜렷한 반면에 우리는 몇 가지 난점을 무시할 수 없다. 첫째는 유추의 문제이다. 본서 안에 사용되어 있는 기독론적 칭호(Christological Titles)가 정경의 복음서의 그것과는 상이

한 것이 태반이다. 예를 들면 본 복음서에는 예수를 가리키는 술어로서 '살아계신 이'(Living One), '하늘의 예수'(Heavenly Jesus), '빛', '모든 것'(All) 등의 말이 사용되어 있는데, 이런 것들은 우리의 복음서의 입장에서 볼 때 퍽 기이한 칭호들이다. 이런 술어를 이해하는 데 필요한 것은 병행 또는 유사 술어를 어떤 자료에서 찾아내서 비교 검토하는 일인데, 그런 자료를 널리 찾기 어려운 것이 실정이다.

한편 본서에는 우리 귀에 익숙한 기독론적 술어인 '그리스도', '하나님의 아들' 또는 '인자'라는 말들이 아주 드물게 사용되어 있을 뿐이다. 이러한 사정이기 때문에 본서와 정경의 복음서의 비교 연구에도 큰 난관이 가로놓여 결국 도마복음서가 어떤 개념적인 카테고리에서 이해되어야 할 것인가에 관하여 방법론적인 전제 설정이 크게 문제되는 것은 사실이다.

둘째 난점은 본서의 기독론적 사상의 다양성 때문에 어떤 통일적인 기독론을 도마복음서에 기대하기 어렵다는 점이다. 이것은 본서에 사용된 자료의 다양성 또는 저자 자신의 통일성 없는 신학적 입장 등에 기인한다고 볼 수 있을 것이다. 하여튼 양립하기 어려울 것 같은 사상들이 공존하고 있는 것만은 사실이다. 예를 들면 제100편에는 예수와 하나님 사이에 이질성이 있는 것같이 보이는가 하면, 제77편에는 아버지와 아들이 동일한 위치에 있는 것 같은 인상을 준다. 또 다른 예로서는 본서 전반에 걸쳐서 저자는 인간 예수보다도 부활하신 예수를 전제하고 있는데, 제28편에는 분명히 '육적 예수'를 전제하는 말이 있다: "예수께서 말씀하셨다. '나는 이 세상에서 나의 자리를 잡고 육신으로 너희들 앞에 나타났다…'" 이런 점을 보아서 본서의 저자가 가현설(Docetism)을 주장했다고 보기는 어렵지만, 부활한 예수와 지상의 예수가 잘 조화되어 있지 않은 것만은 사실이다. 여기에서 우리는 또다시 저자의 경향성, 근본적 의도 등을 모색해야 할 필요를 느끼게 된다.

셋째로 우리가 도마복음서에서 기독론을 구성하는 데에 봉착하는 난점으로서는 저자 자신이 고백하고 있는 대로 '표현의 불가능'의 문제를 들 수 있다. 다시 말하면 이 복음서의 저자 자신이 인간의 용어로서는 예수가 어떤 분인지를 바로 묘사할 수 없다는 것을 고백하고 있다: "예수께서 그의 제자들에게 말씀하셨다. '내가 누구와 같으냐?' … 또 도마는 말하기를 '선생님 저는 선생님이 누구와 같다는 것을 감히 말씀 드릴 수가 없습니다….'"(제13편). 게다가 우리는 이 복음서에는 지상의 예수에 관해서 아무런 지식도 얻을 수 없기 때문 도마복음서를 가지고는 통속적인 의미에서의 기독론을 구성하기에는 매우 곤란하다는 사실을 생각하지 않을 수 없다. 그러나 한편 바로이 사실이 도마복음서의 기독론의 특징을 이루고 있는 요소의 하나이므로 그것 때문에 기독론 성립이 불가능하다고 볼 수는 없을 것이다. 이제 그러면 위에서 열거한 몇 가지 난점을 염두에 두면서 저자의 기독관 가운데 중요한 요소를 개술해 보려고 한다.

1) '살아계신 이'

이 칭호는 제37편, 50편, 52편, 59편, 111편 말씀들에서 발견된다. 여기서 '살아계신 이'란 말은 영지 사상에서는 흔히 '부활의 주'의 대명사로서 사용되어 있다. 이는 하늘나라의 빛의 세계로부터 온 초월적 존재를 의미한다. 이 말이 예수께 대한 칭호로서 사용되어 있는 것을 보면 저자는 부활의 주 또는 하늘나라의 빛의 세계로부터 온 초월적 존재와 예수를 동일시한 것으로 보인다. 또한 '살아계신 이'라는 통칭이 예수에게만 적용되어 있지 않고, 제50편에서는 '살아계신 아버지'의 표현에서 보는 대로 '아버지'에게도 적용되어 있는 것으로 보아서 저자는 예수를 '아버지'와 같이 초월적 존재로 본다는 인상을 더욱 짙게 주고 있다. 이렇게 '아버지'와 '아들'을 동일한 존재로 취급하는 경향은 다른 영지주의 문헌에도 흔히 볼 수 있는 것이다. 그 때문에 도마복음서를 또 하나의 영지주의 문헌으로 취급할 수 있을지 모르나 엄연하게 따지고 보면 본서에는 '아버지'와 '아들'을 동일화하려는 경향이 그다지 강하다고 할 수 없다. 보다 뚜렷한 것은 예수를 초월적이고 하늘의 빛의 세계에서 온 존재라고 보는 점이다. 위에서 이미 언급한 대로 제50편 같은 데서는 육적인 예수는 시인하고 있지만, 전반적으로 보아서 지상의 예수보다도 초월적 예수가 고조되어 있다는 사실 때문에 영지주의적 경향이 많다는 결론이 타당하리라고 본다.

2) 비밀의 지식의 계시자(啓示者)

본서에서 뚜렷한 또 하나의 사실은 저자는 철두철미 예수를 비밀의 지식의 계시자로 보았다는 점이다. 이것은 우선 본서의 서언에 분명히 나타나 있다: "살아계신 예수께서 말씀하신 것을 도마가 기록한 비밀의 말씀들이 여기에 있다." 그리고 제1편에도 아래와 같은 구절이 있다: "또 그는 말씀하셨다. '누구든지 이 말씀의 뜻을 발견하는 사람은 죽음을 맛보지 않을 것이다.'" 여기서도 비밀의 지식의 계시자로서의 예수를 전제하고 있는 것이다. 또한 제38편은 진정한 지식을 희구하고 있는 제자들의 태도를 묘사하고 있다: "예수께서 말씀하셨다. '너희들은 내가 말하는 이 말씀들을 듣기를 여러 번 희망하였다. 그리고 그 말씀들을 다른 아무에게서도 들을 수 없었다….'"

그리고 저자는 그 비밀의 말씀은 지상의 예수에게서는 들을 수 없었고, 다만 부활의 주 예수에게서 비로소 들을 수 있게 되었다는 사실을 제92편에서 밝히고 있다: "예수께서 말씀하셨다. '찾으라 그러면 만날 것이다. 그러나 이전에 너희들이 내게 물은 것에 대하여서는 나는 그때는 말하지 않았다. 이제 나는 그것을 너희들에게 가르쳐주려고 하지만 너희들이 찾으려고 하지 않는다.'" 저자에게는 비밀의 말씀의 계시자로서의 예수를 인식하는 것이 매우 중대한 것이 되었다. 제9편에는 다음과 같은 구절이 있다: "그들은 그에게 말하였다. '우리가 당신을 믿을 수 있기 위해서 당신이 누구신지를 우리에게 말씀하여 주십시요.' 그는 말씀하셨다. '… 너희들 앞에 있는 그를 알지 못하고 있다….'"

이와 같은 뜻의 말씀이 제5편에서도 발견된다: "예수는 말씀하셨다. '너희들 눈앞에 있는 것을 알라….'" 여기서 '너희들 앞에 있는 것'은 비밀의 말씀을 계시하시는 예수 자신을 시사하는 말이다.

3) '아버지'와 예수와의 관계

마지막으로 본서에 흥미 있고도 곤란한 문제는 '아버지'와 예수와의 관계다. 여기서 우리는 다시 한번 이 문제에 관한 사상의 다양성을 시인하지 않을 수 없다. 제6편 같은 데서는 '아버지'와 예수와의 동질성 내지는 유사성을 말하고 있지만, 한편 제100편 같은 데서는 예수는 하나님보다 우월한 존재로서 묘사되어 있다는 사실을 지적하지 않을 수 없다. '아버지'와 아들과의 위치를 동일하게 보는 경향은 다른 영지주의 문헌에서도 발견되는 사실이다. 빌립의 복음서 122:23 또는 마니교의 시편 121:25 등에도 그러한 사상이 나타나 있다. 물론 이 비슷한 사상은 신약성서의 요한복음 5:18 이하, 빌립보서 2:6 이하에서도 찾아볼 수 있지만, 거기에는 도마복음 서의 경우와 근본적으로 다른 점이 있다. 그것은 신약에서는 예수의 복종적 태도, 아버지께 대한 종속적 위치, 자기의 독립적 권위나 영광을 구하지 않는 자기 겸비의 태도가 뚜렷하다는 점을 지적하지 않을 수 없다. 그것은 아버지와의 동일한 권위를 주장하는 도마복음서의 사상과는 다르다.

제100편 말씀에서 한 가지 지적되어야 할 또 하나의 기이한 사실이 있는데, 그것은 본문에서는 예수가 '하나님'보다 우위를 차지하고 있는 것 같은 인상을 준다는 사실이다: "그들은 예수께 돈을 보이며 말하였다. '가이사의 사람들이 우리에게 세금을 요구하고 있습니다.' 그는 말씀하셨다. '가이사의 것은 가이사에게 주고 하나님의 것은 하나님께 돌리고 나의 것은 나에게 가져오라.'" 이 말씀은 마태복음 22:15-22의 말씀과 비슷한 내용을 가지고 있는데, 양자를 비교해 보면 도마복음서보다 그 내용이 퍽 짧고 반면에 "나의 것은 나에게 가져오라"는 말이 부가되어 있다. 그리고 예수가 하나님과는 달리 독립적 권위를 주장하고 있다는 점과 본 복음서에는 '하나님'이란 말이 오직 한 번(제100편)밖에 사용되어 있지 않다는 사실 또는 본 복음서 전반에 흐르는 타계주의적 금욕주의적 경향 등을 고찰할 때 본문에 나타난 '하나님'은 영지주의자들이 흔히 생각하는 것처럼 'inferior God = 창조주 하나님'을 의미하지 않는가 생각된다. 이

점에 있어서도 본서가 지니고 있는 영지주의적 경향을 지적할 수 있다고 본다.

4. 결론

위에서 말한 도마복음서의 신학적 성격에서 우리는 본 복음서의 색채를 농도와 우리 복음서와의 가치의 비교를 고려해야 할 필요를 느낀다. 우리가 발견하는 대로는 도마복음서 가운데 사용되어 있는 술어 가운데는 성서적 술어가 많다는 것과 본 복음서의 내용 가운데 우리 복음서와 비슷한 것이 많다. 또 사상성에 있어서는 요한복음과 비슷한 요소들이 적지 않다. 그와 반면에 본 복음서에는 정경의 복음서의 주요한 사상과 배치되는 점들도 많다.

문제는 저자의 신학적 의도가 무엇이냐 하는 것이다. 다시 말하면 저자는 노스틱화한 기독교를 말하려고 하느냐 또는 기독교화한 영지주의를 말하려 하느냐의 문제가 성립된다. 이것을 확고하게 결정한다는 것은 매우 곤란한 일이지만, 복음서가 지니고 있는 전체적인 경향성을 결정하는 일은 가능할 줄로 생각된다. 본서가 어느 정도 뚜렷하게 보이고 있는 대로 저자는 역사적 예수에 대해서 관심이 적다. 그것이 저자에게 크게 문제가 아니었으리라 생각된다. 왜냐하면 저자에게는 비밀의 말씀의 계시자로서의 예수가 기독론적 이해의 핵심이었기 때문이다. 그에게는 예수의 행위보다도 말씀이 더 중요하였다. 다음으로 본서는 뚜렷하게 타계주의적 금욕주의적 색채를 보이고 있다. 육과 물질에 대해서 결정적으로 부정적 태도를 보이고 있다. 마지막으로 저자는 신앙 대신에 영지주의를 강조하고 있다. 영지주의의 획득이 구원에의 방도인 것으로 이해되어 있다. 그의 기독론적 이해에 있어서도 영지주의가 중심이 되어 있으며, 예수는 영지주의의 계시자로 나타나 있다.

이상의 몇 가지 특색들을 고려할 때, 우리는 본서가 영지주의 문헌이라는 카테고리에 속한다고 볼 수 있다. 결국 기독교적 용어를 사용해서 영지 사상을 선전하려는 경향이 없지 않다고 본다. 본서 안에서 조물주 사상이 뚜렷하게 나타나지 않았다든가, Aeon에 관한 복잡한 신화적 설명이 없는 것이라든가, 극단의 금욕주의가 강조되어 있지 않다는 사실 등으로 미루어 보아 저자가 극단적인 영지주의자였다고 보기는 힘들겠고, 오히려 영지주의의 입장에 서서 기독교와의 접합 공작을 기도한 것이 아닌가 추측된다.

이제 마지막으로 도마복음서의 기독론과 우리 복음서의 그것과 비교할 때 전자에는 결여된 것이 몇 가지 있다. 그것은 도마복음서의 기독론에서는 십자가가 아무런 자리를 갖지 못하고 있으며, 따라서 죄와 용서의 개념이 결여되어 있다. 억지로 '죄'의 문제를 논한다면 본서에서는 지식의 빈곤이 '죄'의 개념을 구성하고 있다. 죄의식이 문제가 되지 않기 때문에 용서라는 개념이 성립되지 않는다. 용서의 개념이 없기 때문에 '은총'이란 것이 필요 없게 되어 있다. 이미 위에서 말한 대로 본서에서는 구원은 인간 자신의 주체적 노력으로 이룩되는 것이기 때문에 은총이란 관념이 성립되지 않는다.

결과적으로 볼 때 도마복음서는 우리의 정경의 복음서의 우월성을 재확인하는 것이지만, 한편 본서가 출현한 것 때문에 영지주의에 대한 새로운 이해와 평가를 필요로 하게 만들어준 것은 본서의 큰 공헌이라고 아니할 수 없다. 따라서 기독교와 영지주의와의 관계에 있어서 오랫동안 과제로 내려오던 영지주의와의 개념과 발전 과정 등에 관해서 매우 중요한 자료를 제공하고 있으니, 앞으로 계속해서 연구의 개척 분야로 삼아야 할 것이라 본다.

부 록 3

도마복음서와 노스티시즘

1. 서론

나그함마디(Nag-Hammadi) 문고에 속하는 여러 문서 가운데 하나로서 도마복음서의 발견 이래 학자들 사이에는 큰 관심을 가지고 이 문서를 연구하여 왔다. 그 연구의 초기에는 이 문서가 '제5복음서'라는 칭호를 받을 만큼 정경 복음서에 못지않은 내용과 가치를 가진 것으로서 평가받은 때도 있었다.

그러나 그러한 평가가 옳지 않다는 견해가 연구의 진행 과정에서 여러 학자들 사이에서 나오게 되었다. 그 중요한 이유는 이 문서가 정경복음서와 비교하여 볼 때, 너무나 차이가 많다는 것이 드러났기 때문이다.[1] 콜린스(John J. Collins)는 그의 짧은 논문에서 기왕의 그런 평가의 부당성을 지적하는 데 노력하였다.[2] 자세한 연구를 거듭한 결과 그가 발견한 사실은 도마복음서는 본질적인 의미에서 복음서라

---

[1] B. Gärtner, *The Theology of the Gospel according to Thomas,* trans. by E. J. Sharpe (New York: Harper & Brothers, 1961), 11.

[2] John J. Collins, "Fifth Gospel," *Theology Digest* (1959): 365-367.

고 말할 수 없다는 것이었다. 왜냐하면 본서에서는 예수의 생애에 관한 여러 가지 사적들, 특히 기적이나 죽음, 부활 등에 관한 기사가 하나도 없다는 것 때문이다. 본서에는 다만 예수의 말씀만이 기록되어 있을 뿐이다.3 베어(F. W. Beare)는 도마복음서 전반에 걸쳐서 노스틱 요소가 뚜렷하기 때문에 그것을 '제5복음서'라고 보는 것은 전혀 부당한 것임을 지적하였다.

이 문서에 관한 연구는 아직 그 역사가 짧다. 많은 문제가 아직도 완전한 해결을 짓지 못한 채 그대로 남아 있다. 현재까지의 연구 결과로 보면 대체로 두 가지 경향이 나타나 있다. 그 하나는 미국의 학자들은 대체로 본서 안에서 고대의 복음서 전승을 더 찾아보려는 노력을 하지 않는 반면에 도마복음서 저자가 정경 복음서에서 많은 자료를 끌어 오지 않았나 하는 가능성에 대하여 관심을 모으고 있다. 한편 유럽의 여러 학자는 본서에서 오랜 복음서 전승, 이를테면 아라멕 자료 같은 것을 찾으려고 시도하는 경향을 보여 준다. 만일 그러한 시도가 성공한다면 본서에는 정경 복음서에 포함되어 있는 자료 이외의 보다 오래고 순수한 복음서 자료4를 찾는 셈이 된다. 그러나 이러한 시도들은 그동안 다양한 견해가 속출되는 가운데서 아직도 결정적인 주장이 인정될 만한 단계에 이르지 못했다.

이제 이러한 자료 문제에 관한 연구와 함께 그동안 다각도로 연구가 진행되어온 또 하나의 문제점이 있다. 그것은 도마복음서의 노스틱

---

3 O. Cullmann, "Gospel of Thomas and Problems of Age of the Tradition," *Interpretation* 16 (1961), 419; R. Mcl. Wilson, *Studies in the Gospel of Thomas* (London: A.R. Mowbray & Co. Ltd., 1960), 4.

4 W. C. van Unnik., *Newly Discovered Gnostic Writings* (Naperville: ILL Alec R. Allenson, Inc. 1960), 47.

적 성격에 관한 문제이다. 이 문제는 매우 타당성이 있는 문제이다. 왜냐하면 도마복음서가 노스틱 문서로서 정평을 받고 있는 나그함마디 문고에 속한 문서이기 때문이다.

그 때문에 대부분의 학자는 대체로 노스티시즘의 관점에서 이 문서를 이해하려고 한다.[5] 그러나 이 논문이 결론에서 밝혀지는 대로 이 문서를 노스틱 일색으로 채색하는 것은 신중히 고려해야 할 문제다. 필자의 의견으로는 이 문서는 사상적으로 단일한 성격을 가지고 있지 않다. 현재까지 밝혀진 대로는 이 문서에는 다양한 자료가 혼입되어 있다.

그 위에 저자 자신의 편수상 수정의 흔적도 적지 않게 보인다. 이러한 사실들은 저자의 사상도 단색이 아니라는 것을 말한다고도 볼 수 있다.

본서를 자세하게 검토할 때 한편 정경 복음서의 주요 사상과 불일치하는 면이 있는가 하면, 또 다른 한편 문서에는 노스티시즘의 주요 사상과 일치하지 않는 면도 뚜렷하게 보인다. 그러므로 본서는 일률적으로 그 사상적 성격을 판정하기가 매우 곤란하다.

필자가 취급하려는 문제는 본서와 정경 복음서와의 비교 연구가 아니고, 본서와 노스티시즘과의 관계에 관한 문제이다. 이 연구의 결과로서 도마복음서의 사상적 성격을 밝히는 데 도움이 될 뿐만 아니라, 우리 복음서의 정경성을 이해하는 데 도움이 되기를 바란다.

---

5 Puech는 도마복음서와 Acts of Thomas 및 다른 외경복음서, 교부들의 문서, 노스틱 문서, Manichean 문서들과 관련시키고 있다. H-Ch. Puech, "Une Collection de Paroles de Jesus récemment refrouvee: L'Évangile selon Thomas," *Comptes Rendus de L'Academie des Inscriptions, et Belles Lettres 2* (1957), 146-168. cf. Rodolphe Kasser, *Revue de Théologie et de Philosophie* (1959), 357ff.

2. 노스틱 문제의 중요성

도마복음서에 관한 연구가 진행되는 동안에 노스티시즘의 문제를 해결하는 데 있어서 본서가 큰 공적을 끼칠 것이라는 기대가 있었다. 대체로 보아 "나그함마디 문고"는 사해문서들보다 더 학계의 관심을 끌었다. 그것은 역사적으로 볼 때 노스티시즘의 문제가 쿰란의 종파적인 운동에 관한 것보다 교회사적 의의가 더 크다고 생각할 수 있기 때문이다.

원시 기독교를 이해하는 데 있어서 노스틱 운동에 관한 지식이 매우 중요하다는 것은 다시 말할 필요도 없는 주지의 사실이지만, 지금까지 오랜 세월이 흘러가는 동안에 대단히 많은 수량의 노스틱 문서들이 분실되었다는 것은 매우 유감스런 일이다. 그렇게 충분한 문서적 자료가 없기 때문에 지금까지 노스티시즘에 관한 이해도 불충분했으며, 때로는 왜곡된 평가를 하기도 하였다. 우리가 한 가지 더 중요하게 알아야 할 것은 노스티시즘에 관한 단편적인 지식은 대부분이 사상에 대한 반대자들, 특히 교회 교부들[6]의 저작에 의거한 것이라는 사실이다. 그러므로 과연 그렇게 의거된 지식의 공정성 여부도 문제가 되겠으며, 한편 교회에게 큰 위협을 주었다고 전해지는 이 놀라운 이적 운동의 본체가 무엇인지에 관하여 한층 더 호기심을 일으키게 된다. 이러한 사정을 고려할 때 나그함마디 문고의 출현은

---

6 교회 교부들이 남겨 놓은 Gnosticism에 관한 설명이 다음과 같은 문서에 나타나 있다. "A Letter of Ptolemaeus to Flora," Clement of Alexandria; "Excerpts from Theodotus," Origen; "Pistis Sophia" 및 "Books of Jeu" 등에 포함된 "Heracleon's Commentary on the Gospel of St. John."

매우 큰 빛을 던져 준다. 기왕의 소위 노스틱 문서들은 대부분 비노스틱 저자들의 호교적인 의도에서 저작된 것들인데 대하여 나그함마디 문고는 노스틱에 깊은 관련을 가진 사람들의 친필로 저작된 문서들이다. 이것은 노스티시즘에 관한 편견 없는 합당한 이해를 얻는 데 매우 도움이 된다. 그런 까닭에 노스티시즘에 관한 연구가들은 이 문서에 대하여 지대한 관심을 가지게 되었다.

1913년 프랑스의 노스티시즘 연구가 드 페(De Faye)의[7] 대작이 나온 이래로는 교회 교부들이 노스틱주의자들에 대하여 논평한 내용의 공정성에 관해서 매우 회의적인 인상을 받지 않을 수 없다는 것이 공론되어 있다.[8] 그러나 나그함마디 문고의 발견 이래로 특히 우리는 노스틱 운동에 포함되어 있는 사상적 요소가 무엇이며, 그들의 지향한 바가 무엇인지에 관하여 더 자세하고 정확한 내용을 알 수 있는 위치에 놓이게 되었다. 여기서 우리가 희망할 수 있는 것은 이러한 중요한 문서의 발견 때문에 앞으로 더 이상 노스티시즘에 관한 순전히 가설적인 개념 위에서 이를 평가하지 않을 수 있게 되었다는 사실이다. 왜냐하면 우리에게는 노스틱 문서로서의 보다 신빙성 있는 자료들이 있기 때문이다.

그러나 이와 관련해서 우리가 주의해야 할 중대한 것이 하나 있다. 그것은 나그함마디 문고들 특히 그중에서도 도마복음서는 비록 노스티시즘의 문제에 관한 우리의 지식을 넓히고 교정하는 데 크게 도움을 주는 것은 사실이지만, 그렇다고 해서 이 문서가 노스티시즘의 전반적

---

7 E. de Faye, *Gnostiques et Gnosticisme* (Paris: Ernest Leroux Éditeur, 1913).
8 H-Ch. Puech, G. Quispel, van Unnik, *The Jung Codex*, trans. and ed. by F. L. Cross (London: A. R. Mowbray Co. Ltd., 1955), 123.

문제에 대해서 만족한 해답을 주지는 못한다는 사실이다. 다만 우리는 이런 문서를 통하여 노스티시즘에 관한 연구의 새로운 방향을 여는 데 크게 도움을 얻을 수 있다는 것이 중요하다.

노스티시즘에 관한 여러 문제 가운데 가장 큰 문제는 그것의 기원과 발전 과정에 관한 것이다. 비록 많은 학자의 다양한 연구적인 시도에 의하여 이런 문제들에 관한 많은 제안이 있었으나 아직 문제의 종국적인 해결점에 이르지 못하였다. 지금까지 이 문제에 관하여 두 가지 판이한 질문이 제기되었다. 그 하나는 노스티시즘이 기독 교회 안에서 일어난 이단 운동인가라는 문제이고, 다른 하나는 이 운동이 기독교 밖에서 일어났던 이교적 현상인가라는 문제이다. 우리는 불트만(R. Bultmann)이 일찍이 노스티시즘을 기독 교회 안에서 처음으로 발생한 현상이 아니라는 것을 주장한 사실을 잘 알고 있다.9 노스티시즘을 기독교 이전의 현상이라고 보는 학자들의 견해에 의하면, 노스틱 운동의 근원은 동양으로부터 헬레니즘 세계에 파고들어 온 이원론적인 구속적 종교에서 찾을 수 있다는 주장도 있다. 또 다른 한편 노스틱주의자란 원시 기독교에 있어서 그 당시에 기독교 복음을 변증하려고 시도한 기독교도들을 가리킨다는 주장도 있다.10 여하튼 이런 질문들에 대한 해답도 각각 다르다. 이 논문의 목적은 이러한 전통적인 문제를 해결하려는 데 있지 않다. 우리의 주제의 입장에서 무엇보다 중요한 것은 나그함마디 문고가 전반적으로 특히 도마복음서가 유달리 그러한 노스틱 문제에 관하여 무슨 중대한 도움을 주는가

---

9 R. Bultmann, *The Theology of the New Testament*, trans. by Kendrick Grobel (New York: Charles Scribner's Sons. 1951), Vol. I, 109.

10 Eg. F. Burkitt, *Church and Gnosis* (England: Cambridge, 1932), 27f.

를 결정하는 것이다.

노스티시즘의 기원을 결정하는 데 있어서 나그함마디 문고가 무슨 중대한 빛을 던져줄 수 있는가에 관하여 두 가지 의견이 제출되었다. 즉, 노스틱 사상의 전문적 연구가 도레스(J. Doresse)[11]는 나그함마디 문고에서 하나의 중요한 사실을 발견하였다는 것이다. 그의 관찰에 의하면 본서에는 초기의 비기독교적 형태의 노스티시즘이 기독교화한 흔적이 뚜렷하게 보인다는 것이다. 그런 의미에서 본서를 기독교적 문서라고 볼 수 있다는 것이다.

그러한 제안에 대해서 하나의 반론으로서 그랜트(R. M. Grant)는 다음과 같은 의견을 내놓았다: "… 우리는 최소한도 도마복음서와 빌립의 복음서에서 볼 때, 노스티시즘이 기독교 이전의 현상(Pre-Christian Phenomenon)이라고 할 만한 충분한 근거를 찾지 못한다. 그 문서들은 본래 기독교적인 자료들을 특이한 각도에서 관찰한 것 같은 인상을 준다."[12]

우리는 나그함마디 문고가 기독교 이전의 시대에 속하는 약간의 노스틱적 요소를 포함한 것 같다는 도레스의 의견을 전적으로 무시할 수는 없다. 그러나 그것은 어느 정도의 가능성을 가진 가설로서 남아 있어야 할 것이다. 왜냐하면 이 문서 중의 어느 하나도 주후 2세기 이전에 저작되었다고 볼 수 없으며, 따라서 그 모든 것이 어떤 면에서든지 기독교와 접촉된 것들이기 때문이다. 그러므로 이 문서의 발견 때문에 기독교 이전의 현상으로서의 노스티시즘을 확인하는 것은

---

11 Jean Doresse, *The Secret Books of the Egyptian Gnostics*, trans. by Philip Mairet (New York: The Viking Press, 1960), 300ff.

12 R. M. Grant, "Two Gnostic Gospels," *JBL* 79 (1960), 10.

불가능하다고 보아야 할 것이다. 특히 도마복음서를 취급해 볼 때 그런 사실이 더 명확하게 드러난다. 한 걸음 더 들어가서 살펴볼 때 도마복음서의 저자는 본래 기독교적이었던 사상을 어느 정도 노스틱적인 방향으로 옮긴 듯한 흔적도 발견될 것이다.

그러나 무엇보다도 중요한 것은 도마복음서에는 하나의 특수한 형태의 노스티시즘이 발견될 수도 있다는 사실이다. '노스티시즘'이라는 술어는 대단히 광범위한 개념을 포함하고 보편성이 짙은 것이므로 원시 기독교 때의 다양한 형태를 혼합적인 사상을 다 표현할 수 있는 말이다. 비록 여러 가지 형태의 노스틱주의 가운데는 약간의 공통적인 사상적 요소가 포함되어 있는 것이 사실이나 통일적인 내용을 그 안에서 발견한다는 것은 불가능하다.[13]

우리는 도마복음서 안에 반영되어 있는 노스티시즘은 발렌티니안이나 바실리디안 타입의 성숙한 노스티시즘이 아니라는 것을 유의해야 한다. 그것은 아직도 무르익지 않은 단계에 있는 노스티시즘이다. 이 문서에는 저자의 신학적인 사상 면에 있어서 약간의 노스틱적 요소가 착색되어 있다고 말할 수 있을 것이다. 도마는 기독교의 복음서와 가까운 접촉을 가졌던 것 같으며, 보다 나은 신학적 이해를 얻기 위하여 고심한 것 같다. 그러므로 본서의 저자가 예수에 관하여 이해하고 있는 바가 어떤 것이며, 기독론적 이해에 있어서 정경 복음서의 저자들과 본서 저자 사이에 유사점과 상이점을 찾아내는 것도 매우

---

13 Haenchen의 주장에 의하면, Gospel of Thomas는 Gnosticism에 관한 우리의 지식을 시정하고 풍부하게 만든다. 그러나 그는 Gnosticism의 사상적인 혼합성보다도 통일성을 주장한다(H. Haenchen, *Die Botschaft des Thomas-Evangeliums*, Berlin: Verlag Alfred Töpelmann, 1960, 68).

중요하다.

이렇게 해서 다른 나그함마디 문고들과 함께 도마복음서는 교회사에 있어서 가장 명백하고 충분한 내용이 알려져 있지 않은 2세기 기독교의 판도에 관하여 여러 가지 중요한 자료들을 제공하여 준다.14 그러나 이 말은 본서가 그 시기에 있어서의 기독 교회에 관한 직접적인 자료를 우리에게 준다는 것을 의미하지 않는다. 다만 우리는 본서를 통하여 그 당시의 기독 교회가 당면하였던 사상적인 환경에 관하여 필요한 지식을 넓힐 수 있다는 말이다. 이 문서에 관한 연구 결과로서 2세기의 기독 교회에 관한 우리의 종전의 관념을 상당히 수정하게 될 가능성도 내다보인다.

우리가 이미 알고 있는 대로 2세기는 기독교 신앙과 혼합주의적인 이교적 사상과의 충돌이 있었던 시대이다.15 노스틱 운동이 기독 교회 안팎에서 뚜렷하게 전개된 것도 바로 이 시대였다. 도마복음서는 아마 우리에게 정통적 기독교와 노스티시즘 사이의 유사성과 함께 상이점을 식별하는 눈을 뜨게 하여 줄 수 있을 것이다. 이 점에 관하여 터너(H. E. W. Turner)는 다음과 같이 말한다: "도마복음서와 신약성서와의 관계가 매우 밀접하므로 정통 교회의 신앙과 노스틱 종파의 사상 사이의 차이점이 다른 많은 추상적인 문서에서보다도 본서에 더욱 명백하게 드러난 것 같다."16

---

14 Gärtner, *op. cit.*, 10.

15 van Unnik, *op. cit.*, 43.

16 Hugh Montefiore and H. E. W. Turner, *Thomas and the Evangelists* (Naperville: ILL Alec R. Allenson, Inc. SCM Press, 1962), 7.

3. 도마복음의 노스틱 성격

위에서 우리는 노스티시즘과의 관계에 있어서 도마복음서가 가지고 있는 중요한 의의에 관하여 논의하였다.

이제 본론에서는 구체적으로 이 문서 안에 포함되어 있는 노스틱적 요소를 밝혀 보고자 한다. 이렇게 함으로써 본서의 신학적 성격을 이해할 수 있을 뿐만 아니라, 우리 복음서들의 정경성도 더 밝히 이해할 수 있을 것이다.

그러나 도마복음서의 노스틱적 성격에 관한 문제는 간단하게 처리할 수 없는 복잡성을 띠고 있다. 그간 학자들 사이에 다른 나그함마디 문고들과 함께 본서의 노스틱적 성격에 관하여 많은 논의가 있었으나 아직 뚜렷한 결론을 얻지 못하고 있다. 우리의 과제는 만일 본서가 노스틱 문서라고 한다면, 어느 정도로 또는 어떤 의미에서 노스틱적인가를 밝히는 데 있다.

여기서 우리는 우선 하나의 커다란 문제점에 봉착한다. 노스틱 문제를 취급하는 데 있어서 먼저 전제되어야 할 것은 노스티시즘의 정의에 관한 것이다. 노스틱적이냐 또는 비노스틱적이냐 하는 결정을 내리기 위해서는 판단의 규준이 확립되어야 할 것이다.

그런데 우리가 크게 곤란을 느끼는 것은 아직까지 노스티시즘의 개념이 통일적으로 확립되어 있지 않다는 사실이다. 그런 관점 때문에 도마복음서의 노스틱적 성격을 규명하는 것 자체도 매우 곤란한 일이라고 생각된다. 아마 우리는 끝내 노스티시즘에 관한 단일한 개념을 설정하는 것을 포기할 수밖에 없을는지도 모른다. 지나간 약 반세기 동안 노스틱 문서에 관한 증대된 지식에도 불구하고 아직까지 노스티시즘의 기원 및 그 발전 과정 등의 여러 문제에 대해서 아직 이렇다 할 해결을 보지 못하고 있다. 특히 노스티시즘의 전반적인 사상 체계 또는 노스티시즘과 기독교와의 관계 등의 문제도 앞으로 더 많은 연구를 요청하고 있는 형편이다. 이러한 여러 가지 문제들을 해결하기 위하여 근년에 이르러 많은 학자의 다양한 연구가 있었다.[17] 그러나 아직도 희미한 채로 남아 있는 문제들이 많다. 그중에도 학자들의 논의에서 나타난 결과로 본다면, 기독교 이전의 현상으로서의 노스틱 운동에 관한 것은 아직 더 논의를 거듭해야 할 난문제로 남아 있다. 노스티시즘의 발전 과정에 관한 문제에 대해서도 통일이 없는 착잡한 의견이 제시되어 있을 뿐이다.

물론 이러한 문제들은 전문가들에 의하여 앞으로 더 깊이 연구되어야 할 것이겠지만, 우리의 당장의 목적을 위해서는 이런 문제들에 관하여 광범위하게 논의할 필요는 없을 것이다. 우리가 관심을 기울이는 사실은 노스틱 사상에는 다각적인 요소가 섞여 있기 때문에 노스

---

17 Grant, "Gnosticism," 15ff.; "Gnosticism and Early Christianity," 6-38, 151-185; H. Jonas, "The Gnostic Religion," 31-47; G. Quispel, "The Jung Codex and its Significance," *The Jung Codex*, 76ff.; Wilson, Gnostic Origin Again, *Vig. Chr.* II (1957), 110; K. Schubert, "Der Sektenkanon von En Fesheha und die Anfänge der judischen Gnosis," *TLZ* 78 (1953), 495ff.; J. Munck, "The New Testament and Gnosticism," *Current Issues in New Testament Interpretation*, ed. by W. Klassen and G. F. Snyder (New York: Harper and Brothers, 1962), 224-245; G. Quispel, *Gnosis als Weltreligion* (Zürich: Origo Verlag. 1951), 1-12, 28-44; Kasser, *L'Évangile de Judas*, 11ff.; Bultmann, *op. cit.*, Vol. I, 109ff.; van Unnik, *op. cit.*. 28-45; M. P. Nilssen, *Geschichte der Griechischen Religion* (München: C.H. Becksche Verlagbuchhandlung, 1950), 586-589; E. Haenchen, "Gab es eine vorchristlichen Gnosis," *ZTK* (1952), 316ff.; W. Schmithal, *Die Gnosis in Korinth* (Göttingen: Vandenhoeck und Ruprecht, 1956), 240-242; J. Daniélou, *Théologie du judeo-christianisme* (Paris: Deselee, 1958), 86f. 등.

티시즘에 관한 일정한 개정을 고정화할 수 없다는 것이다. 그 기원과 발전 과정이 복잡한 것과 마찬가지로 노스티시즘의 사상적인 내용 또한 매우 착잡하다는 것도 우리가 공인하는 사실이다. 이 사실이 가장 중대한 문제를 던져 주는데, 그랜트 교수는 이에 관하여 다음과 같이 말한다: "노스티시즘에는 조로아스터, 바벨론 제종교, 유대교, 헬레니즘의 종교와 철학 그리고 기독교 사상 등이 혼합되어 있다. 그러면 우리가 어떻게 노스티시즘을 통일적으로 개념화할 수 있겠는가?"[18] 우리가 이와 같이 노스티시즘이 기독 교회에 대하여 위협을 주었던 일련의 이교적 사상 운동을 전체적으로 통합해서 가리키는 것이라고 전제할 때 문제는 우리를 곤경에 빠뜨린다. 만일 윌슨(R. Mcl. Wilson)[19]이나 멍크(J. Munck)[20]가 주장하는 것처럼 'Syncretistic' 이라는 말이 노스티시즘의 본질을 설명하는 데 가장 적절한 용어라는 것을 우리가 인정한다 해도 위에서와 같은 문제가 생긴다. 또 만일 노스티시즘이란 이름 아래 다양한 노스틱의 제종파가 다 포함되어 있다고 보고 더욱이 우리가 당장에 취급하려는 나그함마디 문고가 쇼텔(W.R. Schoedel)[21]이나 우닉(van Unnik)[22]이 지적하는 대로 극단적인 노스틱 사상과 semignostic 사상을 다 포함한다고 본다면, 우리가 도마복음서를 어떤 특정한 타입의 노스티시즘의 입장에서 다룬다는 것이 불가능할 뿐만 아니라 그런 시도의 합법성도 문제가 될 것이

---

18 Grant, "Gnosticism and Early Christianity," 6. cf. Wilson, "Gnostic Problem," 78.

19 Wilson, "Gnostic Problem," 178, 260f.

20 Munck, "New Testament and Gnosticism," 236.

21 W. R. Schoedel, "Rediscovery of Gnosis," *Interpretation*, 16(1961), 396.

22 van Unnik, *op. cit.*, 21.

다. 물론 어떤 특정된 노스틱 종파를 선정하여 그것과 도마복음서의 사상을 비교해서 양자 간의 유사점과 상이점을 찾는 것은 가능할 것이다. 그러나 그러한 방법으로 논구해서 얻은 결론을 가지고 도마복음서의 노스틱적 성격을 보편적으로 결정한다는 것은 옳지 않다. 왜냐하면 그 어느 노스틱 종파도 노스티시즘 전체를 대변하는 것이 못 되기 때문이다.

그러한 사정을 고려할 때, 우리의 과업을 수행하기 위해서 한 가지 가능한 길이 있다. 그것은 각종 타입의 노스티시즘 가운데서 주로 공통적인 주요한 사상적 요소를 찾아내서 그러한 요소들과 도마복음서의 사상적 요소와 비교하는 길이다. 그것은 가능한 일이다. 왜냐하면 아무리 노스티시즘이 다원적인 성격을 가지고 있다고 하더라도 그 가운데는 몇 가지의 공통된 주요소가 발견되기 때문이다. 그러므로 우리는 그러한 전제 밑에서 우리의 과업인 도마복음서의 노스틱적 성격의 문제를 취급하려고 한다.

사실상 이미 널리 공인되어 있고 또 위에서도 여러 번 언급된 것처럼 노스티시즘은 통일적인 사상을 가지고 있지 않다. 그것은 차라리 다양한 양상으로서 많은 노스틱 종파에 구현되어 있는 어떤 경향성 혹은 사상적인 분위기라고 보는 것이 타당할 것이다. 같은 노스틱 종파 안에서도 비록 기본적인 바탕은 같다고 하더라도 세부에 이르러서는 그 종파에 속하여 있는 노스틱들 사이에 많은 사상적 차이를 보이고 있다. 그럼에도 불구하고 노스티시즘의 각 종파 사이에 공통된 요소 또는 경향성을 발견하는 것은 불가능하지 않다. 내용과 범위에 있어서 고도로 사변적인 요소를 가지고 있으면서도 노스티시즘에는 그 모든 사변을 이끌고 나가는 공통적인 전제적 근거가 있는 것 같다. 그러한 전제를 발견할 수 있는 곳은 노스틱들의 신관, 세계관, 인간관 등이며, 그러한 제 관념에 있어서 그노시스가 중요한 위치를 차지하고 있다.

　노스틱주의자들은 보통으로 복수적 신관(複數的 神觀)을 가지고 있다. 즉, 그들의 신관에 의하면 최고신과 또한 이에 비하여 열등한 제신들이 있다. 그런데 그들은 이 완전하고 최고의 지상신은 인간에게 전적으로 알려지지 않은 존재라고 생각한다.[23] 그는 이 세계와는 분리된 신이다. 그는 이 세계에 대하여 아무런 관계도 책임도 없다. 왜냐하면 노스틱들의 관념에 의하면, 이 세계는 열등신에 의하여 창조되었으며 또 그의 손의 지배를 받기 때문이다. 인간의 본질적인 존재, 즉 이른바 내적 인간은 이 완전하고 진정한 신에게 속하여 있다. 왜냐하면 그는 본질상 이 신과 비슷하기 때문이다. 그러나 지상 세계에서 그는 나그네와 같은 외로운 존재다.[24] 그것이 이 세계 안에 사는 인간의 운명이다. 본래 신적인 본질을 가졌던 인간(內的)이 육체 안에 갇혀 사는 동안 그는 깊은 잠에 빠진 상태 또는 술에 취한 것 같은 상태에 있다. 그래서 진정한 신이 누구인지도 모르며, 자신의 본래적 존재에 관한 자각도 없다. 그러나 이 세계는 현재로서는 인간의 운명에 대한 주도권을 가지고 있지만, 그것도 일시적인 현상에 지나지 않으며, 인간은 결국 그의 존재의 근거였던 영원하고 무시간적인 세계로[25] 옮겨갈 것이다.

---

23 Jonas, "Gnostic Religion," 326ff.; Wilson, *Studies in the Gospel of Thomas*, 21; van Unnik, *op. cit.*, 22; Grant, "Gnosticism and the Early Christianity," 26.

24 H-Ch. Puech, "The Jung Codex and other Gnostic Documents," *The Jung Codex*, 33.

25 '에온'(Aeon)은 우주의 구조(構造)를 설명하는 하나의 중요한 신화적 술어이다. 노스틱들은 우주와 인간의 기원에 관한 자세한 신화적 사변에 깊은 관심을 가지고 있다.

이 세계 안에 있어서 인간의 운명을 그와 같이 전제하기 때문에 노스틱들의 공통된 견해에 의하면, 인간의 구원은 이 세상으로부터의 해방을 가리킨다. 그리고 그것이 실현되는 방도는 오직 그노시스를 얻는 길뿐이다. 여기서 그노시스라는 것은 진정한 신과 인간의 진정한 본질에 관한 인식을 의미한다. 이리하여 노스티시즘의 근본적인 모티프는 진정한 신과 진정한 자아에 관한 지식인데, 그것은 인간에게 이 악의 세계로부터 이탈의 길을 열어 주며, 하늘의 세계에 있는 진정한 신과의 재합일을 가능하게 만든다. 그러므로 구원이란 죄악으로부터의 구출이 아니라, 이 세계 안에 살고 있는 인간의 운명으로부터의 해탈을 의미한다. 그런데 그런 운명은 하나님이나 인간 자신의 책임이 아니라, 이 세상의 악의 세력에게 귀추되는 책임이다. 따라서 구원을 이룩하기 위해서는 인간의 회심이나 구독의 객관적인 조건 같은 것이 필요 없고, 다만 육체에 갇혀 있는 인간의 신적인 존재를 그 육체로부터 이탈시키는 것이 필요할 뿐이다.

이와 같은 구원관에 관련해서 노스틱주의자들은 그대로의 그리스도에 관한 해석을 내리고 있다. 그 해석은 기독 교회의 교리와는 여러 모로 변형된 것이다. 노스틱 기독론의 근본적인 사상에 의하면 구속주로서의 그리스도는 최고신으로부터 유출된 존재이며, 그는 이 세상의 악의 세력으로 말미암아 속박되어 있는 사람들을 해방시키기 위하여 그 악의 세력을 파멸할 목적으로 이 세상에 왔다. 이 세상에서의 그의 과업은 구원을 위하여 그를 통하여 지식을 얻고자 탐구하는 사람들에게 그 지식을 나누어 주는 일이다.

그가 본래 하늘의 세계로부터 왔으며 신적 존재이었기 때문에 노스틱들은 그리스도의 인성(人性)을 무시하면서까지 그의 신성(神性)

을 강조했다. 물론 이와 같은 주장은 노스티시즘의 기본적 전제라고 볼 수 있는 인간의 육체 및 이 세상에 대한 부정적 견해에 뿌리를 박고 있다. 따라서 땅 위에서의 그리스도의 삶과 죽음은 노스틱들에게는 아무런 의의가 없다. 왜냐하면 그들의 사상에 의하면, 구원을 이룩하는 방편은 그리스도의 삶과 죽음이 아니라 그에게서 나누어 받는 그노시스이기 때문이다. 노스틱 기독론에 있어서는 구원에 이르는 진정한 지식의 계시자로서의 그리스도의 역할이 무엇보다도 중요한 요소이다. 이와 같이 하나님과의 적대적 관계를 가진 세계관, 이 세계 안에 나그네로서 존재하는 인간 그리고 인간의 육체에 대한 부정적인 태도 등이 노스티시즘의 기본적인 전제이며, 노스틱 기독론은 이 전제에서 출발한다.

이제 우리는 위에서 논의한 대로의 노스티시즘의 기본 사상에 의거하여 도마복음서의 노스틱적 성격의 범위를 결정하려고 한다. 먼저 참고 자료를 위해서 이 문제에 관한 학자들의 의견을 살펴보기로 한다. 도마복음서에 관한 연구가 시작된 이래 몇몇 학자를 제외하고[26] 대부분의 학자들의 의견에 따르면, 도마복음서가 틀림없이 노스틱 문서라는 것이다. 터너는 도마복음서와 노스티시즘과의 유사성은 의심할 여지없이 명백하다고 보았다.[27] 왜냐하면 본서 안에 있는 개개의 말씀에 대한 병행문이 각종 노스틱 문서에서 발견되기 때문이다. 그래서 그는 다음과 같이 말하였다: "본서의 자료가 무엇이었든지

---

26 Eg. J. Daniélou, "Un Recueil inedit de paroles de Jesus?" *Etudes* 302 (1959): 38-49. Cf. A. J. B. Higgins, "Non-Gnostic Sayings in the Gospel of Thomas," *Novum Testamentum* 4 (1960): 292-306; K. Grobel, "How Gnostic is the Gospel of Thomas?," *NTS* 8 (1962): 367-373.

27 Turner · Montefiore, *op. cit.*, 19.

간에 노스틱 서클에서 그것이 다루어지고 편집된 것만은 사실이다."[28] 터너는 도마복음서가 노스틱의 교본과 같은 문서로서 사용되었을 것이라고 상상하였다. 사실 그것은 노스틱 입교자들을 교육하는 데 사용되었을는지도 모른다.

본서를 취급함에 있어서 게르트너[29]가 분명하게 말하는 바에 의하면, 노스틱 문서 또는 노스틱 경향이 있는 문서들이 도마복음서 안에 있는 제 표현의 의미를 설명할 수 있다는 것이다. 이러한 극단적인 해석 방법의 제시에 대해서 윌슨은 반론을 펴기 위하여 게르트너의 저서에 대한 그의 논평에서 다음과 같이 말하였다: "비록 이 새로운 복음서의 노스틱적 성격을 충분히 인정하는 사람들일지라도 게르트너가 제시한 과격한 해석 방법에 대해서는 놀라지 않을 수 없다."[30] 그러나 윌슨 자신도 다음과 같은 사실을 시인한다: "도마복음서는 노스틱 문서 가운데서 발견되었으며, 그 안에 있는 내용이 노스틱의 목적에 적용되지 않는 것이 하나도 없을 것이다."[31] 그는 도마복음서가 주는 전반적인 인상이 노스틱적이라고 본다.

카세르(Kasser)는[32] 문학적 형식의 견지에서 도마복음서 안에 노스틱적 시가(詩歌)의 요소가 있다는 것을 상상하는 한편 기독론에서 노스틱적 색채가 특히 농후하다는 것을 지적하였다. 본서의 교리적

---

28 Turner · Montefiore, *op. cit.*, 83.

29 Gärtner, *op, cit.*, 147f. 저자는 도마복음서의 기독론에 있어서 명백한 노스틱 요소를 인정한다.

30 *New Testament Studies* 8 (1962), 284.

31 Wilson, *Studies in the Gospel of Thomas*, 11; Hennecke-Schneemelcher, "New Testament Apocrypha," 305.

32 Kasser, *L'Évangile de Judas*, 14.

성격에 대한 그의 견해에서 스미스(K. Smyth)가 제출한 의견에 의하면 도마복음서에서 정통적인 교리를 찾는다는 것은 어리석은 일이다. 왜냐하면 본서 전체에 걸쳐서 노스틱적 경향이 뚜렷하기 때문이다.[33] 또 그의 주장에 의하면 본서는 히폴리터스(Hippolytus)가 언급한 바 있는 Nassene Gnosticism과 유사한 일종의 범신론 같은 것을 가르쳐 준다. 커팍스(L. Cerfaux)는 본서 안에 있는 말씀들이 노스틱적 견해, 특히 발렌티니안 그노스틱의 견해에서 수정되고 재해석되었다는 것을 주장하는 것이 필요하다고 생각한다.[34]

푸에치,[35] 쿨만,[36] 도레스[37] 등 학자들은 콥트 도마복음서가 단순한 희랍어 텍스트의 번역이라 보지 않고, 본래보다 '정통적'이었던 텍스트를 노스틱적인 방향으로 수정하였다는 데 의견을 같이하고 있다. 왜냐하면 그들은 콥트어 텍스트 안에서 노스틱적 추가와 수정의 흔적을 발견하기 때문이다. 그중에서 가장 현저한 예를 5편의 말씀에서 발견하였다. 여기에는 그것의 병행문인 옥시린쿠스 파피루스 654번에 다음과 같은 맺는말이 포함되어 있지 않다: "… 파묻힌 것 가운데 다시 살아나지 않는 것이 없다." 이 사실이 뜻하는 바는 콥트어 텍스트의 편집자가 부활에 관한 부분을 제거한 것이라 볼 수 있다는 것이다.

그랜트는 희랍어 텍스트에서 콥트어 텍스트로 번역되는 과정에서

33 K. Smyth, "Gnosticism in the Gospel according to Thomas," *Heythrop Journal*, 1 (3, 1960): 189-198.

34 L. Cerfaux, *Le Muséon*, 70 (1957), 321ff.

35 H-Ch. Puech, "Gnostic Gospels and Related Documents," Hennecke-Schneemelcher, "N.T. Apoc.," 305f.

36 O. Cullmann, *Interpretation*, 16 (1961), 427.

37 Doresse, *The Secret Books of the Egyptian Gnostics*, 348.

원문의 한 부분이 삭제된 것이라고 생각되는 예를 지적하였다.[38] 예를 들면 그는 제36편의 말씀과 옥시린쿠스 파피루스 655번을 비교하는 데서 다음과 같은 사실을 발견하였다. 즉, 이 말씀의 희랍어 텍스트는 콥트어 텍스트보다 공관복음서에 있는 예수의 말씀을 더 많이 포함하고 있다. 이것은 이 세상에 대한 편자의 극단적인 부정적 태도를 강조하기 위해서 취해진 조처로서 볼 수 있는 것이다.

한편 이와 같이 삭제된 사실을 노스틱적 경향의 증거로서 취급해 볼 수 있는가 하면, '부가적' 사실도 보다 노스틱적 방향으로 수정하려는 편자의 의도를 보여 주는 증거로서 생각해 볼 수도 있을 것이다. 게르트너[39]는 그러한 점을 지적하였다. 그는 정경 복음서에서는 병행되는 문구를 찾아볼 수 없는 말들이 예수의 말씀으로서 본서에 부가되어 있다는 사실을 발견하였는데, 이것은 곧 노스틱적인 착색이라고 본 것이다. 예를 들면 86편에 있는 특징적인 노스틱적 술어 '안식'(rest)이 "… 인자는 머리 둘 곳이 없다"(마 8:20; 눅 9:58)라는 유명한 공관복음서의 말씀에 부가되어 있다. 이것은 편집자의 신학적 견해를 반영하는 사실이라고 취급되었다.

정경복음서 안에 병행 기사를 가진 본서의 비유 말씀들을 검토하고서 베어[40]는 도마복음서 안에 있는 비유들이 많은 수정의 흔적을 보여 준다고 주장하였다. 그리고 그러한 수정은 노스틱적 색채를 더 농후하게 만들기 위한 편집자의 의도에 의한 것이라고 그는 보았

---

38 Grant, *Vig. Chr.*, 13 (1959), 170; Grant · Freedman, *The Secret Sayings of Jesus*, 51f., 152.

39 Gärtner, *op. cit.*, 60f. 저자는 '안식'이 '축복의 상태'를 가리키는 표현인데 이것은 후기 유대교-기독교 또는 노스티시즘에 있어서 중요한 모티프라고 본다.

40 Beare, *Canadian Journal of Theology*, Vol. 6 (1960), 109.

다. 가령 예를 들면 '밭을 갈다'(제29편), '크고 좋은 고기'(제8편), '가장 큰 양'(제10편) 등의 말들은 정경복음서의 병행 기사에는 없는 것들인데, 이것은 예수가 그의 제자들을 선택하는 데 있어서 취한바 배타적인 태도를 가리키기 위한 노스틱적인 견해에 의한 것이라고 생각한다. 베어의 의견은 다음과 같은 견해에 근거를 둔 것이다: "노스틱주의자들에게는 복음은 죄인의 구원을 위한 능력의 말씀이 아니라 진정으로 '영적'인 소수의 사람들, 즉 죄의 용서를 의미하는 구속이 필요하지 않은 몇몇 선택받은 사람들을 위한 숨은 진리의 계시를 의미한다."41

우리는 위에서 본 대로 대부분의 학자는 콥트 도마복음서가 확실히 노스틱 문서 또는 노스틱 경향을 가진 문서라는 의견에 찬동하는 편이다. 그러나 비록 그들이 지적하는 내용의 몇 가지는 정당화할 수 있는 근거가 있다고 하더라도, 그들의 그와 같은 견해에 대해서 우리는 이의(異議)를 제기하지 않을 수 없다. 우리가 관찰하기는, 그들의 주장은 대부분 자기들이 이끌고자 하는 결론에 뒷받침이 될 만한 약간의 특정된 말씀만을 재료로 써서 논의하였다는 사실이다. 우리는 그와 같이 일방적인 관찰에 의거한 결론을 정당한 것이라고 볼 수 없다. 비록 우리는 본서 안에 있는 몇몇 말씀에서 노스틱적 요소를 인정하는 데 주저할 필요가 없지만, 또 한편 본서의 비노스틱적 성격도 무시할 수 없다. 이 점에 있어서 히긴스(Higgins)와 그로벨(Grobel) 등이 도마복음서의 비노스틱적인 말씀을 지적한 것은 그들의 공헌이라고 아니할 수 없다. 더욱이 게르트너의 경우와 같이 이 문서에 대해서 일방적으로 노스틱적인 눈으로 본 나머지 본서를 '노스틱화'한

---

41 Beare, *Ibid*. cf. Cerfaux, *op. cit*., 11, 34, 322ff.

사실을 고려할 때, 그들의 관찰은 더욱 유용하다고 볼 수 있다.

그러면 위에서 이미 언급한 바와 같은 노스티시즘의 기본적인 사상적 요소를 규준 삼아서 도마복음서가 어느 정도로 노스틱적 문서인가를 살펴보기로 한다.

우리가 위에서 이미 누차 언급한 대로 도마복음서의 사상적 특징은 이 세상에 대한 극단의 부정적 태도이다(제21, 27, 42, 64, 105, 110편 등). 그리고 인간의 육체에 대해서도 같은 태도를 취한다(제29, 37, 46, 79, 104, 112편 등). 또한 본서에는 '아버지'(最高神)와 이 세상 사이(제3, 15, 27, 100편 등) 그리고 빛의 인간과 어둠의 인간 사이(제1, 11, 18, 19, 24, 111편 등)를 뚜렷하게 대립시켜 놓았다.

도마복음서의 주제인 Gnosis는 이 세상에서의 인간은 정황(제67, 28편 등), 빛의 세계에 근원을 가진 인간의 진정한 본질(제50편), 예수를 통하여 '계시자', '살아계신 이', '빛', '모든 것' 등으로 나타나신 하늘의 아버지(제3, 15, 50, 51, 59, 77, 111편 등) 등의 인식을 말한다. 그노시스는 '가치 있는 사람들'(제8, 9, 50, 62, 107편 등)에게 '비밀의 말씀'(서언, 제17, 38, 92, 108편 등)을 주기 위하여 이 세상에 와서 그들을 물질세계의 모든 악한 세력의 속박으로부터 해방시키는 예수로 말미암아 주어진다.

예수는 하나님과 같은 본질을 가졌으며(제61, 100편 등), 선재이고(제18, 19편 등), 무죄하신 분이다(제104편). 비록 그가 육체로서 이 세상에 나타났으나(제5, 28편 등) 그 자신은 그의 비밀의 말씀들과 함께 높은 지성을 가진 사람, 즉 '가치 있는 사람들'밖에는 도저히 이해될 수 없다(제13, 38, 43, 52, 91, 113편 등). 예수의 지상 생활(제28, 92, 99, 101편 등), 죽음(제55편) 그리고 그의 부활 등은 전혀 부정되지 않으나 그런 것들은 도마복음서 저자에게는 아무런 의의가 없다.

위에서와 같은 사실들을 고려할 때, 우리는 도마복음서가 기독론에 있어서 노스티시즘의 기본적 요소를 가지고 있다는 것을 합법적으로 주장할 수 있다. 아버지와 예수, 이 세상과 예수, 인간과 예수의 관계 등에 있어서 본서 안에는 노스틱적 요소를 찾는다는 것은 그리 곤란하지 않다. 예수의 비밀적 교훈에 있어서 이 세계와 인간의 육체에 대한 부정적 태도가 본서 전반에 두루 나타나 있다. 구원의 방편으로서 예수에게서 받는 그노시스의 중요성이 강조되어 있다. 여기서 말하는 구원은 아버지와 인간의 본래적 자아를 인식함으로써 성취된다. 그러므로 도마복음서에는 노스틱 기독론을 구성할 수 있는 충분한 자료가 있다고 볼 수 있다.[42] 우리는 이 복음서의 편자가 다양한 자료들을 모아서 근본적으로 예수에 관한 노스틱적 견해를 표현할 수 있도록 편집하였다고 말할 수 있다.

그러나 이 문서 전반에 꿰뚫고 있는 기독론이 전적으로 성숙한 노스티시즘을 나타낸다고 말할 수는 없다. 우리는 본서 안에서 저자가 노스틱적 사변의 신화적인 환상을 예수의 입을 통하여 표현케 하려고 하지 않았다는 사실을 간과해서는 안 된다. 저자는 인간의 기원과 그의 운명, 이 세상에서의 나그네 생활을 마치고 하늘의 세계로 길을 떠나게 될 노스틱의 운명, 천체(天體), Pleroma, 하늘의 세계에 있어서의 예수의 신화적인 기원 그리고 물질세계에서의 그의 위치 등에 관하여 자세하게 설명하지 않는다.

비록 본서 안에 최고신과 구별되는 Demiurge(造物主)에 관한 힌트가 있기는 하지만(100편), 거기에 관해서 명확하게 또는 자세하게 기록

---

42 H-Ch. Puech, Hennecke-Schneemelcher, "N. T. Apoc.," 278ff. cf. Gärtner, *op. cit.*,134.

되어 있지 않다.43 우리가 이미 위에서 본 대로 이 복음서에는 Docetic
(假現的) 기독론이 나타나 있다고 말할 수 없다. 가현적 기독론은 하늘
에 속한 신적인 예수가 다만 가상적으로만 지상에 현현하였다고 보는
노스틱적 성육신(成肉身)의 해석과 일치한다. 그런데 그러한 기독론의
흔적이 본서에 나타나 있다고 말할 수 없다. 저자는 비록 '지상의
예수'가 적극적인 의의를 가졌다고 보지는 않지만, 그것을 부정하기
까지 노스틱적인 것도 아니다.

　　예수와 아버지와의 관계에 있어서도 본서 저자가 양자의 차이를
없애버리려고 시도했다는 증거도 불충분하다.44 비록 본서에는 예수
의 선재적 위치(제18-19편), 그의 무죄(제104편)에 관한 시사가 있기는
하지만, 저자는 예수의 위치를 아버지의 '보냄을 받은 자' 이상의 위치
로 끌어올리려고 하지 않는다(제37, 61, 65,110편 등 참조). 본서 전반을
통해서 저자가 '아버지의 나라'(제57, 97, 78, 99, 113편 등), '살아계신
아버지의 뽑힘을 받은 자'(제50편), '나의 아버지'(제61, 64편 등), '너희
아버지'(제15편) 등의 어구를 사용하였다는 것은 의의 없는 일이 아니
다. 이 사실이 뜻하는 바는 저자가 예수를 아버지와 동일시하고 있지
않다는 것이다.

　　이상의 논의에서 우리가 확인하는 것은 비록 본서 안에 노스틱적
이라고 취급해야 할 요소들이 있는 것은 사실이지만, 이 복음서 전체
가, 그중에도 특히 본서의 중심 주제인 기독론이 충분히 성숙한 노스

---

43 H. Jonas(*op. cit.*, p.295)는 Nag-Hammadi 문고 중 다음의 문서에서 'Demiurge'의
　주제를 발견한다: "Paraphrase of Shem"; "Hypostasis of the Archons"; "Origin of the
　World"; "Sacred Book of the invisible Great Spirit"; "Sophia of Jesus"; "Apocryphon
　of John."

44 Eg. Gärtner, *op. cit.*, 100, cf. 137.

틱적 기독론이라고 말하는 것은 부당하다. 이 복음서는 극단적으로 노스틱적 문서라는 인상을 우리에게 주지 않는다.[45] 차라리 우리는 이 문서에 나타난 노스티시즘을 'semi-gnostic' 타입이라고 보는 것이 타당할 줄로 생각한다.

그러나 'semi-gnostic'이라는 술어로서 우리는 본서의 저자나 노스틱 사상에 절반쯤 접근했다든가 혹은 반대로 그것으로부터 이탈했다는 것을 의미하지 않는다. 다만 여기에 뜻하는 바는 본서에 나타난 노스틱적 요소는 원숙하게 발전된 노스티시즘이 아니라는 것뿐이다. 이와 같은 사상적 성격 때문에 도마복음서는 "노스틱적 사상 체계에 관한 예비지식의 교육"[46]을 위한 교본으로서 사용되었을지도 모른다. 물론 본서의 저자가 그러한 교육적 목적으로 본서가 사용될 것을 의도했는지 우리는 그것을 알 길이 없다.

4. 결론

나그함마디 문고에 속한 다른 문서들과 함께 도마복음서가 발견된 이래 학자들은 비상한 흥분 속에서 이 새로운 문서에 대하여 관심을 기울였다. 때로는 이 문서를 '제5복음서'라고 부를 만큼 가치가 있는 것으로 생각할 정도였다. 이 문서가 발견된 이래 많은 학자가 열의를 다하여 이에 대한 연구를 진행시켰다. 그런데 대부분의 연구는 이 문서와 정경 복음서와의 관계, 그중에도 주로 자료 문제를 중심한 연구였다. 반면에 이 문서에 관한 사상적 연구에는 그다지 큰 관심을

---

45 Puech, Hennecke-Schneemelcher, "N.T. Apoc," 305.
46 Turner · Montefiore, *op. cit.*, 97.

기울인 것 같지 않다. 그저 이 문서의 발견 이래 대부분의 학자는 조속하게도 노스틱 문서의 하나로서 결론을 짓고 말았다.

우리가 여기 논의하지는 않았으나 대부분의 학자들에 따라 본서를 정경 복음서와 대등한 수준의 가치를 가졌다고 보지는 못하게 되었다. 왜냐하면 주로 그들은 본서의 내용에는 정경 복음서에 있는 중요한 사실들이 포함되어 있지 않았다는 사실을 발견하였기 때문이다.

또 한편 우리는 본 논문에서 도마복음서가 원숙하게 발전한 노스티시즘을 보여주지 않았다는 사실을 지적하였다. 이것은 다시 말하면 본서에는 비노스틱적 요소가 있을 뿐만 아니라, 비록 노스틱적 요소라 하더라도 발전된 노스티시즘을 가리키는 것이 아니라는 사실을 말한다. 그렇다면 우리는 도마복음서를 어떠한 신학 권내에 그 위치를 설정해야 할 것인지 문제가 된다. 이 문서의 저자가 한편 전반적으로 정통 복음서와 같은 요소들을 가지고 있지 않은 반면에 노스티시즘의 특징적인 요소를 충분히 포함하지도 않고 있다는 사실은 우리에게 무엇을 상상할 수 있게 만들어 주는가? 우리는 혹시 본서의 저자가 비교적 온건한 복음서를 가지고 기독 교회 신도들의 마음을 이끌기 위한 노스틱 사상의 선전자가 아닌가 짐작한다. 그러나 비록 그와 같은 가능성이 지지를 받을 만한 어느 정도의 근거가 없다고는 말할 수 없으나 우리는 그것을 확신할 수 있을 만큼 충분한 증거를 가지고 있지 않다. 우리는 사실상 본서의 저자의 집필 당시의 역사적인 정황에 관하여 별로 아는 바가 없다. 그런데 저자가 무슨 의도를 가지고 이 문서를 저작하였는가의 문제와는 관련 없이 우리는 이 문서가 기독교도를 노스틱적인 방향으로 이끌기 위한 초보적인 노스티시즘의 선전 문서로서 사용되었을는지도 모른다는 상상을 할 수 있다. 만일 그렇다면 이 문서의 효과는 컸으리라고 짐작된다. 그러나 아무리 이러한 사상이 흥미 있는 것이라고 하더라도 현재로서는 그것은 어디 까지나 사상의 울타리를 벗어나지 못한다. 그러나 여하튼 본서의 저자가 노스틱 사상의 선전을 처음부터 의도했든지 안 했든지 간에 그가 본서를 전적으로 노스틱화하려는 태도를 가졌다고 보기는 어렵다.

그렇다면 우리는 사실상 이 문서 중의 어떤 특정된 부분만을 자료로 하여 저자가 의도한 바가 무엇이었는지를 결정짓지 않는 한, 본서의 저자가 노스틱 사상을 기독교화하려고 했는지 혹은 본래의 기독교 복음을 노스틱화하려고 했는지 결정 짓는 것이 불가능하다고 인정할 수밖에 없다. 이 점에 있어서 사실상 저자의 의도가 무엇이었는지 우리는 모른다. 아마 그는 이러한 두 가지 길 가운데 어느 하나도 택하지 않았을는지도 모른다. 또 저자가 여러 가지 종류의 잡다한 자료들을 사용한 것은 그중에서 기독교적 요소와 노스틱적 요소를 병합해서 저자 자신이 가장 최고의 복음서라고 생각하는 문서를 만들기 위한 것이라고 상상하는 것도 불가능하지는 않다. 또 저자가 기독교의 복음서나 극단적인 노스틱 사상에 대하여 모두 불만을 느낀 나머지, 그가 알고 있는 어느 복음서보다도 예수의 말씀의 진정한 의미를 전할 수 있는 가장 좋은 복음서를 만들려고 했다는 것도 상상 가능한 일이다. 그래서 그의 사상을 정리하는 과정에서 때로는 그 두 요소를 다 보유하거나 혹은 제거한 것도 자기 자신의 주체성 있는 복음서를 만들기 위한 이유 때문이었으리라. 그러나 저자의 의도가 사실상 무엇이든지 간에 그가 남겨 놓은 결과는 결국 노스틱적 색채를 보다 짙게 만들어 놓은 것만은 사실이다.

도마복음서 본문

서문

이것들은 살아계신 자 예수가 말했고, 디듀무스 유다 도마(Didymus Judas Thomas)가 기록한 비밀의 말씀들이다.

말씀 1

그리고 그가 말했다. "이 말씀들의 해석을 발견하는 누구든지 결코 죽음을 맛보지 않을 것이다."

말씀 2

예수가 말했다. "찾는 자는 그가 발견할 때까지 중지하지 말라. 그가 발견하면 그는 걱정하게 될 것이다. 그가 걱정하게 되면, 그는 놀랄 것이다. 그러면 그는 우주를 다스릴 것이다."

말씀 3

예수가 말했다 "(1) 너희를 유혹하는 자들이 너희에게 '보라, 왕국이 하늘에 있다!'라고 말한다면, 하늘의 새들이 거기서 너희 앞에 있을 것이다. 만일 그들이 너희에게 '그것은 바다 속에 있다!'라고 말한다면—물고기가 거기서 너희 앞에 있을 것이다. 그러나 왕국은 너희 안에 있다—그리고 너희 밖에도 있다. (2) 만일 너희가 너희 자신을 안다면 알려질 것이고 너희가 살아계신 아버지의 아들들이라는 것을 알 것이다. 그러나 만일 너희가 너희 자신을 알지 못한다면, 너희는 결핍 속에 있고 너희 자신이 결핍이다."

말씀 4

예수가 말했다. "날이 찬 노인은 7일 된 아이에게 삶의 장소에 관하여 묻기를 주저하지 말라. 그러면 그는 살 것이다. 먼저 된 많은 사람이 나중될 것이고 그들은 단일한 자가 될 것이기 때문이다."

말씀 5

예수가 말했다. "너희 앞에 있는 것을 인지하라. 그러면 감추인 것이 너희에게 알려질 것이다. 감추인 것이 드러나지 않을 것이 없기 때문이다."

말씀 6

그의 제자들이 그에게 질문하였다. 그들이 말했다: "당신은 우리가 금식하기를 원합니까? 어떻게 우리가 기도하고 자선을 베풀까요? 그리고 우리가 무엇을 먹고 살까요?" 예수가 말했다: "거짓말하지 말고 너희 자신에게 해로운 것을 다른 사람들에게 행하지 말라. 이 모든 것들은 하늘에 계신 분 앞에서 드러날 것이기 때문이다. 숨긴 것이 드러나지 않을 것이 없고 감추인 것이 널리 빛나지 않을 것이 없다."

말씀 7

예수가 말했다. "사람이 먹는 사자는 복되다. 그래서 사자가 사람이 되기 때문이다. 그러나 사자가 먹는 사람에게 화가 있다. 그래서 사람이 사자가 되니까!"

말씀 8

다음에 그가 말했다. "사람은 그의 그물을 바다에 던지는 현명한 어부와 같다. 그는 작은 고기들로 가득 찬 바다로부터 그물을 끌어올려, 그 가운데서 이 현명한 어부는 한 마리 크고 좋은 고기를 발견하였다. 그는 작은 고기들을 모두 바닷속에 도로 던졌다. 주저하지 않고 그는 그 큰 고기를 선택했다. 들을 귀 있는 자는 들으라!"

말씀 9

예수가 말했다. "보라, 씨 뿌리는 자가 나갔다. 그는 (씨들을) 그의 손에 가득 채웠고 뿌렸다. 어떤 것들은 길 위에 떨어졌다. 새들이 와서 그것들을 쪼아 먹었다. 어떤 것들은 바위 위에 떨어졌다. 그것들은 땅속에 뿌리를 내릴 수가 없었고 하늘을 향하여 이삭들을 내지 못하였다. 어떤 것들은 가시덤불 가운데 떨어졌다. 가시덤불들이 씨들을 질식시켰고 벌레가 그것들을 먹어 치웠다. 그러나 어떤 것들은 좋은 땅에 떨어졌다. 그것은 좋은 열매를 내었다. 그것은 60배, 100배, 200배의 열매를 맺었다."

말씀 10

예수가 말했다. "나는 세상에 불을 질렀다. 보라, 나는 그것이 불타오르기까지 그것을 주시하고 있다!"

말씀 11

예수가 말했다. "(1) 이 하늘은 사라질 것이고 하늘 위에 있는 것도 사라질 것이다. 그리고 죽은 자들은 살아 있지 못하고 살아 있는 자는 죽지 않을 것이다. (2) 오늘 너희는 죽은 것들을 먹고 그것들을 살게 만들 것이다. 그러나 너희가 빛 안에 있을 때, 너희는 무엇을 하겠는가? 너희가 하나였던 날에, 너희는 둘이 되었다. 그러나 너희가 둘이 되었을 때, 너희는 무엇을 하겠는가?"

말씀 12

제자들이 예수에게 말했다. "우리는 당신이 우리를 떠나려 하는 것을 압니다. 그러면 누가 우리의 우두머리가 될까요?" 예수가 그들에게 말했다. "너희가 가는 곳에 의인 야고보에게 가라, 그를 위하여 하늘과 땅이 똑같이 만들어졌다."

말씀 13

예수가 그의 제자들에게 말했다. "내가 누구와 같은지 비교하고 내게 말하라." 시몬 베드로가 그에게 말했다. "당신은 거룩한 천사와 같습니다." 마태가 그에게 말했다. "당신은 현인과 철인 같습니다." 도마가 그에게 말했다. "선생님, 내 얼굴은 당신이 누구와 같은가를 전혀 파악할 수 없어서, 나는 그것을 표현할 수가 없습니다." 예수가 말했다. "나는 너의 선생님이 아니다. 너는 마시고 있었기 때문이다. 너는 내게 속하고 내가 널리 퍼뜨린 넘치는 샘에 도취되어 있다." 그다음에 그는 그를 잡아 그 옆에 끌어당겨 그에게 세 마디 말을 하였다. 도마가 그의 동료들에게 돌아왔을 때, 그들은 그에게 물었다. "예수가 너에게 무어라고 말했는가?" 도마가 대답하였다. "만일 내가 너희에게 그가 내게 한 말들 중 한 마디를 말한다면, 너희는 돌들을 들어서 내게 던질 것이다. 그러면 불이 돌들로부터 나와서 너희를 태워 버릴 것이다!"

말씀 14

예수가 그들에게 말했다. "너희가 금식할 때, 너희는 너희 자신에게 죄를 지을 것이다. 너희가 기도할 때, 너희는 정죄를 받을 것이다. 너희가 자선을 베풀 때, 너희는 너희의 정신을 해칠 것이다. 너희가 어떤 지방에 들어가서 그 시골을 통과할 때, 너희가 영접을 받을 때, 너희 앞에 놓여있는 것을 먹고 그곳에 있는 병자들을 치료하라. 너희의 입으로 들어가는 것은 아무것도 너희를 더럽히지 않을 것이고, 너희의 입에서 나오는 것이 너희를 더럽힐 것이기 때문이다."

말씀 15

예수가 말했다: "너희가 여인에게서 태어나지 않은 자를 볼 때, 너희의 얼굴을 땅에 대고 꿇어 엎드려 그를 찬양하라. 그는 너희의 아버지이기 때문이다."

말씀 16

예수가 말했다. "진실로 사람들은 내가 세상에 평화를 주러 왔다고 생각한다. 그러나 그들은 내가 세상에 불, 칼, 전쟁을 주러 왔다는 것을 깨닫지 못한다. 진실로 만일 한 집 안에 다섯이 있다면, 그들은 셋이 둘과, 둘이 셋과—아버지가 아들과, 아들이 아버지와 싸울 것이다. 그리고 그들은 단독으로 서 있을 것이다."

말씀 17

예수가 말했다. "나는 눈으로 결코 보지 못한 것, 귀로 결코 들어보지 못한 것, 손으로 결코 만져 보지 못한 것, 사람의 마음에 결코 만져 보지 못한 것, 사람의 마음에 결코 들어가 보지 못한 것을 너희에게 주겠다."

말씀 18

제자들이 예수에게 말했다. "우리의 끝이 무엇과 같을지 말해 주십시오." 예수가 말했다. "그러면 너희들이 끝에 관하여 질문하기 위하여, 시작의 베일을 벗겼는가? 시작이 있는 곳에 끝이 있을 것이기 때문이다. 시작에 서 있는 자는 행복하다. 그는 끝을 알 것이고 죽음을 맛보지 않을 것이기 때문이다."

말씀 19

예수가 말했다. "(1) 태어나기 전에 존재했던 자는 행복하다. (2) 만일 너희가 내 제자가 되고 내 말을 듣는다면, 이 돌들이 너희를 섬길 것이다. 너희는 여름이나 겨울에 확고부동한 낙원에서 다섯 나무들을 소유할 것이고 그것들의 나뭇잎들이 떨어지지 않는다. 그것들을 아는 자는 죽음을 맛보지 않을 것이다."

말씀 20

제자들이 예수에게 말했다. "하늘나라가 무엇과 같은지 말해 주십시오." 그가 그들에게 말했다. "그것은 모든 씨보다 더 작은 겨자씨 한 알과 같다. 그러나 그것이 경작지에 떨어지면, 그것은 큰 가치를 내고 하늘의 (그) 새들을 위하여 피난처를 마련한다."

말씀 21

(1) 마리아가 예수에게 말했다. "당신의 제자들은 누구를 닮는가?" 그가 그녀에게 말했다. "그들은 그들에게 속하지 않은 밭으로 나간 아이들과 같습니다. 밭의 주인들이 왔을 때, 그들(아이들)은 말할 것입니다, "우리에게 우리의 밭을 맡기시오!"라고. 그러자 주인들은 그들에게 그들의 밭을 맡기기 위하여 그들 앞에서 포기하고 그것을 그들에게 인계합니다. (2) 그러므로 나는 너희에게 말한다. "만일 집 주인이 도둑이 오고 있다는 것을 안다면, 그는 깨어있을 것이고 도둑이 그의 왕가에 침입하여 그의 재산을 가져가지 못하게 할 것이다. 이처럼 너희는 체면불구하고 조심하여야 한다. 너희 허리띠를 세게 매어 도둑들이 너희를 붙잡지 못하게 하고, 너희가 그것을 위하여 준비한 이익을 붙잡으라. (3) 너희 가운데 이해력이 있는 사람이 있다면, 열매가 익었을 때, 그는 손에 낫을 들고 급히 나가서 그것을 베어들였을 것이다. 들을 귀 있는 자는 들을지어다!"

말씀 22

예수는 몇몇 어린이들을 품에 안고 보았다. 그는 그의 제자들에게 말했다. "품에 있는 이 어린이들은 왕국에 들어가는 자들과 같다." 그들이 그에게 말했다. "그러면 우리가 어린이들처럼 왕국에 들어갈까요?" 예수가 그들에게 말했다. "너희가 둘을 하나로 만들고, 안을 밖처럼, 밖을 안처럼, 위를 아래처럼 만들고, 남자와 여자를 하나로 만들어서 남자가 더 이상 남자가 아니고 여자가 더 이상 여자가 아닐 때, 그리고 너희가 한 눈 대신에 눈들을, 한 손 대신에 한 손을, 한 발 대신에 한 발을, 한 형상 대신에 한 형상을 만든다면, 너희는 왕국에 들어갈 것이다."

말씀 23

예수가 말했다. "나는 너희를 1천 명 가운데 하나, 2천 명 가운데 둘을 선택할 것이다. 그리고 그들은 단일한 자로서 서 있을 것이다."

말씀 24

그의 제자들이 그에게 말했다. "당신이 계신 곳을 우리에게 보여 주십시오. 우리는 그것을 찾고 있기 때문입니다." 그가 그들에게 말했다. "귀가 있는 자는 들을지어다! 빛의 사람 속에 빛이 있고 그것이 온 세상을 비친다. 그것이 온 세상을 비치지 않으면, 그것은 암흑이다."

말씀 25

예수가 말했다. "너희 형제를 너희 자신의 영혼처럼 사랑하라. 그를 너희의 눈동자처럼 지켜라."

말씀 26

예수가 말했다. "너희는 너희의 형제의 눈 속에 있는 티는 보면서 너희 자신의 눈 속에 있는 들보는 보지 못한다. 너희가 너희 자신의 눈으로부터 들보를 제거한다면, 너희는 너희의 형제의 눈으로부터 티를 제거할 수 있을 것이다."

말씀 27

[예수가 말했다.] "만일 너희가 세상과의 관련에서 금식하지 않는다면, 너희는 왕국을 발견하지 못할 것이다. 만일 너희가 참된 안식을 지키지 않는다면, 너희는 아버지를 보지 못할 것이다."

말씀 28

예수가 말했다. "나는 세상의 한가운데 서 있었고 나는 육 안에서 나 자신을 이것들에게 나타냈다. 나는 그것들이 모두 취해 있는 것을 발견하였다. 나는 그들 가운데 아무도 목마르지 않은 것을 발견하였다. 그리고 나의 영혼은 사람들의 자녀들을 위하여 슬퍼하였다. 왜냐하면 그들은 마음에 있어서 눈이 멀고 보지 못하기 때문이다. 그들은 세상 안에 빈손으로 들어왔기 때문에, 그들은 빈손으로 세상 밖에 나가려고 노력한다. 그러나 어떤 사람이 와서 그들을 바로잡기를! 그래서 그들이 푹 자서 술기운을 없앤다면, 그들은 회개할 것이다."

말씀 29

예수가 말했다. "만일 육이 영을 위하여 존재 속에 들어왔다면, 그것은 하나의 기적이다. 그러나 만일 영이 육을 위하여 [존재 속에 들어왔다면] 그것은 기적 중의 기적이다. 나는 어떻게 이 큰 부요가 이 가난 속에 거주하였는지 감탄한다."

말씀 30

예수가 말했다. "세 신들이 있는 곳에 신들이 있다. 둘이 또는 [심지에] 하나가 있는 곳에, 내가 그와 함께 있다."

말씀 31

예수가 말했다. "예언자는 그 자신의 마을에서 환영받지 못한다. 의사는 그를 알고 있는 자들에게 치료를 행하지 못한다."

말씀 32

예수가 말했다. "높은 산 위에 세워지고 잘 요새화된 도시는 무너질 수 없고 숨겨질 수도 없다."

말씀 33

예수가 말했다. "너희가 너희의 귀로 듣는 것을 너희의 지붕 꼭대기에서 다른 사람의 귀에 선포하라. 아무도 등불을 켜서 그것을 말 아래 또는 숨겨진 곳에 놓지 않고 그것을 동경 위에 두어 들어가고 나오는 모든 사람이 그 빛을 볼 수 있게 한다."

말씀 34

예수가 말했다. "만일 맹인이 맹인을 인도하면, 둘 다 도랑에 빠진다."

말씀 35

예수가 말했다. "누구든지 강한 사람의 손을 묶지 않으면 그 강한 사람의 집에 들어가서 강제로 그것을 빼앗을 수 없다. 그의 손을 묶고 나서야 그는 그의 집을 강탈할 것이다."

말씀 36

예수가 말했다. "너희가 무엇을 입을까에 대하여 아침부터 저녁까지, 저녁부터 아침까지 아무 걱정하지 말라."

말씀 37

그의 제자들이 그에게 말했다. "당신은 언제 우리에게 나타나실 것입니까?

언제 우리가 당신을 볼 것입니까?" 예수가 말했다. "너희가 부끄러워하지 않고 너희 옷을 벗어, 너희의 옷을 들어 조그만 아이들이 하듯이 그것을 너희의 발밑에 놓고 그것을 밟는다면, 너희는 살아계신 분의 아들들이 될 것이 고 너희는 아무런 두려움을 가지지 않을 것이다."

말씀 38

예수가 말했다. "너희는 내가 너희에게 말하는 이 말들을 듣기를 자주 원했다. 그러나 너희는 이 말들을 그로부터 들을 수 있는 다른 사람을 갖지 못했다. 너희가 나를 찾을 것이지만 나를 찾지 못할 날이 올 것이다."

말씀 39

예수가 말했다. "바리새인들과 율법 학자들이 지식의 열쇠들을 가져갔고 그것들을 숨겨 놓았다. 그들은 그들 자신이 들어가지 않았고 들어가기를 원하는 자들이 들어가려 하는 것을 허락하지도 않았다. 그러나 너희에 관하여 뱀처럼 신중하고 비둘기처럼 순진하라."

말씀 40

예수가 말했다. "한 포도나무가 아버지 밖에서 심어졌다. 그것은 힘을 얻지 못하였다. 그것은 뿌리째 뽑혀질 것이고 말라버릴 것이다."

말씀 41

예수가 말했다. "가진 자에게 주어질 것이다. 그러나 가지지 않은 자는 그가 가진 적은 것(까지도)을 빼앗길 것이다."

말씀 42

예수가 말했다. "건너가는 자들같이 돼라."

말씀 43

그의 제자들이 그에게 말했다. "우리에게 이것들을 말하는 당신은 누구입니까?" [그가 말했다.] "너희는 내가 누구인가를 내가 너희에게 말하는 것들에 의하여 인식하지 못하는가? 그러나 너희들 자신이 유대인들처럼 되었다. 그들은 나무를 사랑하고 열매는 미워한다. 그들은 열매를 사랑하고 그 나무는 미워한다."

말씀 44

예수가 말했다. "아버지를 모욕한 자는 용서를 받을 것이다. 아들을 모욕한 자도 용서를 받을 것이다. 그러나 성령을 모욕한 자는 지상에서나 하늘에서나 용서를 받지 못할 것이다."

말씀 45

예수가 말했다. "사람들은 가시나무에서 포도를 따지 않고 낙타의 등으로부터 무화과를 따지 않는다. 이것들은 아무런 열매도 주지 않는다. 좋은 사람은 그의 창고로부터 좋은 것을 낸다. 그러나 나쁜 사람은 그의 마음속에 있는 그의 창고로부터 나쁜 것을 낸다. 그는 나쁜 것들을 말한다. 그의 마음의 풍요로부터 그는 나쁜 것들을 말한다."

말씀 46

예수가 말했다. "아담부터 세례 요한까지 여인들에게서 난 자들 가운데

세례 요한보다 더 위대한 사람은 아무도 없다. 그러나 너희의 눈이 [멀지 않도록] 내가 말했다. 즉 '너희들 가운데 가장 작은 자가 왕국을 알게 될 것이고 요한보다 더 높이 울 것이다.'"

말씀 47

예수가 말했다. "아무도 두 말을 타거나 두 개의 화살을 동시에 당길 수 없다. 어떤 종도 두 주인을 섬길 수 없다. 그렇지 않으면 그는 한 주인을 공경하고 다른 주인에 의하여 학대를 받을 것이다. 아무도 낡은 술을 마시고 같은 순간에 새 술을 마시기를 원하지 않는다. 새 술은 낡은 가죽 부대에 따르지 않는다. 그것이 터지지 않도록 하기 위해서이다. 낡은 술은 새 가죽 부대에 따르지 않는다. 그것이 못 쓰게 되지 않게 하기 위해서이다. 아무도 낡은 조각을 새 옷에 대고 깁지 않는다. 그것이 찢어질 것이기 때문이다."

말씀 48

예수가 말했다. "만일 두 사람이 같은 집에서 평화스럽게 함께 지낸다면, 그 들은 산을 향하여 '움직이라!'고 말할 것이다. 그러면 그 산은 움직일 것이다."

말씀 49

예수가 말했다. "단일한 자들과 선택된 자들은 복이 있다. 너희는 왕국을 발견할 것이기 때문이다. 너희는 거기로부터 나왔기 때문에 거기로 다시 돌아갈 것이다."

말씀 50

예수가 말했다. "만일 사람들이 너희에게 '너희가 어디로부터 왔는가?'고 묻는다면 그들에게 말하라. '우리는 빛으로부터, 빛이 스스로 생기는 곳으로부터 왔다. 그것은 그들의 형상 속에 [서 있었고] 자체를 나타냈다.' 만일 그들이 너희에게 '너희는 누구냐?'고 말한다면 이렇게 말하라. '우리는 그의 아들들이다. 우리는 살아계신 아버지의 선택받은 자들이다.' 만일 그들이 너희에게 '너희 속에 있는 너희 아버지의 표지가 무엇인가?'라고 묻는다면, 그들에게 이렇게 말하라, '그것은 운동이고 휴식이다.'"

말씀 51

그의 제자들이 그에게 말했다. "어느 날에 죽은 자들의 휴식이 일어나고 어느 날에 새 세계가 옵니까?" 그가 그들에게 대답하였다. "너희가 기다리는 이 휴식은 이미 왔다. 그런데 너희가 그것을 깨닫지 못하였다!"

말씀 52

그의 제자들이 그에게 말했다. "24 예언자들이 이스라엘에서 말했고 그들 모두가 당신 안에서 말했습니다." 그는 그들에게 말했다. "너희는 너희 눈앞에 살아 있는 한 사람을 잊었다. 너희는 죽은 자들에 관하여 말하였다."

말씀 53

그의 제자들이 그에게 말했다. "할례가 유익합니까, 그렇지 않습니까?" 그는 그들에게 말했다. "만일 그것이 유익하다면, 사람들의 어머니들은 그들의 아버지들에게 이미 할례를 받은 아이들을 낳았을 것이다. 그러나 유익한 것은 영 안에서의 참된 할례이다."

말씀 54

예수가 말했다. "가난한 자들이 복이 있다. 하늘나라가 너희의 것이기 때문이다."

말씀 55

예수가 말했다. "자기 아버지와 어머니를 미워하지 않는 자는 나의 제자가될 수 없다. 자기 형제와 누이를 미워하지 않고 나처럼 자기 십자가를 지지않는 자는 내게 합당하지 않은 것이다."

말씀 56

예수가 말했다. "세상을 알게 된 자는 한 시체를 발견하였다. 한 시체를발견한 자에 관하여, 세상은 그에게 합당하지 않다."

말씀 57

예수가 말했다. "아버지의 나라는 (좋은) 씨를 그의 밭에 가진 사람과 같다.밤에 그의 원수가 와서 그 좋은 씨 위에 가라지를 뿌렸다. 이 사람은 이가라지를 뽑을 것을 허락하지 않았다. '너희가 가라지를 뽑으러 간다면가라 지와 함께 밀도 뽑을까 두렵기 때문이다. 진실로 추수 때에 가라지는식별될 수 있을 것이고, 그것은 뽑혀져서 불에 태울 수 있다'라고 그는 그들에게 말했다."

말씀 58

예수가 말했다. "일한 자는 복이 있다. 그는 생명을 발견하였기 때문이다."

말씀 59

예수가 말했다. "너희가 살아 있는 동안 살아계신 분을 바라보라. 너희가 죽을 때, 그를 찾다가 찾지 못하는 일이 없도록 하기 위해서이다."

말씀 60

어떤 사마리아 사람이 어린양 한 마리를 짊어지고 유대로 가고 있는 것을 [그들은 보았다]. 그가 그의 제자들에게 말했다. "이 사람은 어린양으로 무엇을 하고 있는가?" 그들이 그에게 말했다. "그는 그것을 죽여서 먹으려고 합니다." 그는 그들에게 말했다. "그것이 살아 있는 한, 그는 그것을 먹지 않을 것이다. 그러나 만일 그가 그것을 죽이면 그것은 시체가 된다." 그들은 그에게 말했다. "어떤 다른 방도로도 그가 그것을 할 수 없습니다." 그는 그들에게 말했다. "너희에 관하여, 너희가 시체가 되어 먹히지 않도록 너희 스스로 쉴 곳을 찾아내라."

말씀 61

예수가 말했다. "둘은 거기에 한 의자 위에서 쉬고 있을 것이다. 하나는 죽고자 했고 다른 하나는 살고자 했다." 살로메가 말했다. "선생님, 당신은 누구이고 당신은 누구의 아들입니까? 당신은 내 의자 위에 앉으셔서 나의 식탁에서 잡수셨습니다." 예수가 그녀에게 말했다. "나는 동일한 자(the Same)이신 그분으로부터 그의 존재가 유래하는 자이다. 나에게 나의 아버지에게 속하는 것으로부터 주어졌다." "나는 당신의 제자입니다." [그녀가 말했다.] 그러므로 [그는 말했다.] "내가 너에게 이것을 말한다. 즉 만일 사람이 결합되면 그는 빛으로 가득 찰 것이다. 만일 그가 나누어지면, 그는 암흑으로 가득 찰 것이다."

말씀 62

예수가 말했다. "나는 나의 비밀들에 [합당한] 자들에게 나의 비밀들을 말한다. 너의 오른손이 하는 것을 너의 왼손이 모르게 하라."

말씀 63

예수가 말했다. "많은 돈을 가진 한 부자가 있었다. 그가 말했다. '나는 뿌리고 수확하고 심는 데 나의 돈을 써서 열매로 내 창고를 가득 채워서 내게 부족한 것이 하나도 없게 하겠다.' 그렇게 그는 그의 마음속에 생각했다. 그러나 그날 밤 그는 죽었다. 들을 귀 있는 자는 들으라!"

말씀 64

예수가 말했다. "어떤 사람이 손님들을 초대하였다. 그가 잔치를 준비하였을 때, 그는 그의 종을 보내 그런 손님들을 불러오게 하였다. 그는 첫째 사람에게 가서 그에게 말했다. '나의 주인이 당신을 부르십니다!' 그가 대답하였다. '나는 상인들로부터 돈을 받아야 합니다. 그들은 오늘밤 내게 옵니다. 나는 가서 그들에게 주문서를 주어야 합니다. 제발 나를 그 잔치에서 제외시켜 주십시오.' 그 종은 다른 손님에게 가서 말했다. '나의 주인이 당신을 부르십니다!' 그는 종에게 말했다. '나는 집 한 채를 샀는데, 그것을 위해 하루 종일 일해야 합니다. 나는 시간이 없을 것입니다.' 그는 다른 손님에게 가서 그에게 말했다. '나의 주인이 당신을 부르십니다!' 그가 그에게 대답하였다. '나의 친구가 결혼하려고 합니다. 나는 그의 결혼 잔치를 준비해야 합니다. 나는 갈 수 없을 것입니다. 제발 나를 그 잔치에서 제외시켜 주십시오.' 그는 다른 손님에게 가서 그에게 말했다. '나의 주인이 당신을 부르십니다!' 그는 그에게 말했다. '나는 밭을 하나 샀는데 나는 아직 그것의 소작료를

받으러 가지 못했습니다. 제발 나를 그 잔치에서 제외시켜 주십시오.' 그
종은 돌아가서 그의 주인에게 말했다. '당신이 잔치에 초대한 사람들이
제발 제외시켜 달라고 말했습니다.' 주인은 그의 종에게 말했다. '거리로
나가서 만나는 사람마다 불러오라. 그들이 정찬을 들 수 있도록.' 장사꾼들
과 상인들은 나의 아버지의 처소에 들어가지 못할 것이다."

말씀 65

그는 말했다. "어떤 선한 사람이 한 포도원을 가지고 있었는데 그것을 경작
자들에게 그들이 그 안에서 일하고 그가 그들로부터 열매를 받을 수 있도록
맡기고 떠났다. 그는 경작자들이 그에게 그 포도원의 열매를 주도록 하기
위하여 그의 종을 보냈다. 그들은 그의 종을 잡아 그를 때리고 그를 거의
죽게 하였다. 그 종은 와서 그의 주인에게 전했다. 그의 주인이 말했다. '아마
그들은 그를 알아보지 못했을 것이다.' 그는 다른 종을 보냈다. 경작자들은
이 종도 때렸다. 다음에 주인은 그의 아들을 보냈다. 그는 말했다. '아마
그들은 나의 아들을 존경할 것이다.' 그러나 그들은 그가 포도원의 상속자
였다는 것을 알았다. 이 경작자들은 그를 잡아 죽였다. 들을 귀 있는 자는
들으라!"

말씀 66

예수가 말했다. "건축자들이 버린 돌을 내게 보이라. 그것은 모퉁이 돌이다."

말씀 67

예수가 말했다. "만유(the All)를 알고 있고 스스로에게 필요하지 않은 자는
모든 곳에서 필요하다."

말씀 68

예수가 말했다. "너희가 미움을 받고 박해를 받을 때 그리고 너희가 박해를 받는 거기에서 아무런 장소를 찾지 못할 때 행복하다."

말씀 69

예수가 말했다. "마음으로 박해를 받은 자들은 행복하다. 그들의 아버지를 알게 된다. 주린 자들은 행복하다. 왜냐하면 그들은 채워질 것이고 배부르게 될 것이기 때문이다."

말씀 70

예수가 말했다. "너희가 너희 자신 안에 있는 것을 내놓으면, 너희가 가진 것이 너희를 구할 것이다. 만일 너희가 너희 자신 안에 그것을 가지지 아니하면, 너희가 너희 안에 가지지 못한 것이 너희를 죽일 것이다."

말씀 71

예수가 말했다. "나는 이 집을 파괴할 것이고 아무도 그것을 다시 짓지 못할 것이다."

말씀 72

[어떤 사람이] 그에게 말했다. "나의 형제들에게 나의 아버지의 재산을 나와 나누라고 말해 주십시오." 그가 그에게 말했다. "이 사람아, 누가 나를 재산 분배인으로 만들었는가?" 그러고 나서 그의 제자들에게 향하여 그가 말했다. "결코 나는 재산 분배인이 되지 않겠다!"

말씀 73

예수가 말했다. "추수는 많고 일꾼들은 적다. 추수할 일꾼들을 보내달라고 주께 청하라."

말씀 74

그가 말했다. "주여, 빈터 주위에는 많은 사람이 있습니다. 그러나 우물에는 아무도 없습니다."

말씀 75

예수가 말했다. "많은 사람이 문밖에 서 있었다. 그러나 신부 방에 들어간 것은 독신자들뿐이다."

말씀 76

예수가 말했다. "아버지의 나라는 짐(상품)을 가지고 진주를 발견한 장사꾼 같다. 그는 현명한 사람이었다. 그는 짐(상품)을 팔아 그 진주를 샀다. 너희도 좀이 그것을 먹으려고 침입하지 않고, 벌레가 그것을 파괴하지 않는 곳에서, 견디는 불멸의 보화를 찾으라."

말씀 77

예수가 말했다. "나는 만유(all) 위에 비치는 빛이다. 나는 만유(the All)이다. 만유는 나로부터 나왔고 만유는 나에게 돌아왔다. 나무를 베어보라. 거기에 내가 있다. 돌을 들어 보라. 거기서 너희는 나를 발견할 것이다."

말씀 78

예수가 말했다. "왜 너희는 확 트인 시골로 나갔는가? 바람에 흔들리는 갈대를 보려는 것이었는가, 아니면 고운 옷을 입은 사람을 보려는 것이었는가? (아니, 그런 사람들은) 너희 왕들과 고관들의 [집에 있다.] 그들은 그렇게 옷을 입고 있으나 그들은 진리를 알지 못한다."

말씀 79

군중 속에서 한 여인이 그에게 말했다. "당신을 낳은 자궁과 당신에게 젖을 먹인 가슴은 복됩니다!" 그는 그녀에게 말했다. "아버지의 말씀을 듣고 그것을 참으로 지키는 자들이 복이 있다. 너희가 이렇게 말할 날이 올 것이다. '아이를 낳지 않은 자궁과 아이에게 젖을 먹이지 않은 가슴이 복이 있다!'"

말씀 80

예수가 말했다. "세계를 알게 된 자는 몸 안으로 떨어졌다. 몸 안으로 떨어진 자에 관하여, 세계는 그에게 합당하지 않다."

말씀 81

예수가 말했다. "부를 얻은 자가 왕이 되게 하고 권력을 가진 자는 그것을 포기하게 하라."

말씀 82

예수가 말했다. "나에게 가까이 있는 자는 불에 가까이 있다. 나로부터 멀리 있는 자는 왕국으로부터 멀다."

말씀 83

예수가 말했다. "형상들이 사람에게 나타난다. 그러나 그들 안에 있는 빛은 아버지의 빛의 형상 안에 감추어 있다. 그는 자신을 계시할 것이다. 그의 형상은 그의 빛에 의하여 숨겨져 있다."

말씀 84

예수가 말했다. "너희가 너희의 초상(likeness)을 볼 때 너희는 기뻐하라. 그러나 너희가 너희 앞에 존재하게 된 너희의 형상들(images)—죽지도 않고 명시되지도 않는—을 볼 때, 너희가 얼마나 많이 견디겠는가?"

말씀 85

예수가 말했다. "아담은 큰 권력과 큰 부로부터 존재하게 되었다. 그는 너희에게 합당치 않았다. 만일 그가 합당했다면, [그는] 죽음을 [맛보지] 않았을 것이다."

말씀 86

예수가 말했다. "[여우들은] 굴을 가지고 있고 새들은 보금자리를 가지고 있으나, 사람의 아들은 그의 머리를 두고 쉴 곳이 없다."

말씀 87

예수가 말했다. "몸에 의지하는 몸은 가련하다. 그들 모두에 의지하는 영혼은 가련하다."

말씀 88

예수가 말했다. "천사들과 예언자들이 너희에게 와서 너에게 너의 것을 줄 것이다. 너희에 관하여, 그들에게 너의 수중에 있는 것을 주고 너희 자신에게 이렇게 말하라. 어느 날에 그들이 와서 그들의 것을 가져갈까?"

말씀 89

예수가 말했다. "왜 너희는 잔의 겉을 씻는가? 너희는 속을 만든 이가 또한 겉을 만든 이라는 것을 알지 못하는가?"

말씀 90

예수가 말했다. "내게 오라. 내 멍에는 가볍고 내 규율은 부드럽고 너희는 너희 자신을 위하여 안식처를 발견할 것이기 때문이다."

말씀 91

그들이 그에게 말했다. "우리가 당신을 믿을 수 있도록 당신이 누구인가를 우리에게 말해 주십시오." 그는 그들에게 말했다. "너희는 하늘과 땅의 얼굴은 분간하나 너희는 너희의 얼굴 앞에 있는 것을 알지 못했다. 그리고 너희는 이때를 분간할 줄을 모른다."

말씀 92

예수가 말했다. "찾으라 그러면 발견할 것이다. 그러나 너희가 그때에 나에게 물었던 것들을 나는 너희에게 말하지 않았다. 지금 내가 그것들을 말하기를 원하는 때, 너희는 그것들에 관하여 묻지 않는다."

말씀 93

[예수가 말했다.] "거룩한 것을 개들에게 주지 말라. 그들이 그것을 똥더미 위에 던질까 하노라. 진주를 돼지들 앞에 던지지 말라. 그들이 그것을… 만들까 하노라."

말씀 94

[예수가 말했다.] "찾는 자는 발견할 것이다. 그것은 두드리는 자에게 열릴 것이다."

말씀 95

[예수가 말했다.] "만일 너희가 돈을 가지고 있다면, 이자를 받고 빌려주지 말라. 그러나 너희가 그것을 돌려받지 못할 자에게는 그것을 주라."

말씀 96

예수가 [말했다.] "아버지의 나라는 작은 누룩을 취하여 그것을 가루반죽 속에 감추어 큰 덩어리를 만든 여인과 같다. 들을 귀 있는 자는 들으라!"

말씀 97

예수가 말했다. "아버지의 나라는 밀가루가 가득 차 있는 단지 하나를 운반하면서 긴 길을 따라 걸어가고 있는 한 여인과 같다. 단지의 손잡이가 깨어졌고 밀가루는 그녀가 모르는 채 노상에서 그녀 뒤로 쏟아졌고 그것을 어떻게 할 수가 없었다. 그녀가 집에 도착하였을 때, 그녀는 단지를 내려놓았고 그것이 텅 비어 있는 것을 발견하였다."

말씀 98

예수가 말했다. "아버지의 나라는 어떤 고관을 죽이기를 원하는 한 사람과 같다. 그 자신의 집에서 그는 그의 칼을 뽑아서 그의 손이 튼튼한가를 확인하기 위하여 그것을 벽에 찌른다. 그리고 나서 그는 그의 희생자를 죽인다."

말씀 99

제자들이 그에게 말했다. "당신의 형제들과 어머니가 밖에 서 있습니다." 그는 그들에게 말했다. "여기 내 아버지의 뜻을 행하는 자들이 나의 형제들이고 나의 어머니이다. 나의 아버지의 나라에 들어갈 자들은 그들이다."

말씀 100

예수에게 금화 하나가 보여졌고 이렇게 말해졌다. "가이사의 사람들은 우리에게 세금을 요구하고 있습니다." 그는 그들에게 말했다. "가이사의 것은 가이사에게 주라, 하나님의 것은 하나님에게 주라, 그리고 나의 것은 나에게 주라!"

말씀 101

[예수가 말했다.] "자기 아버지와 어머니를 나의 길에서 미워하지 않는 자는 내 제자가 될 수 없다. 자기(아버지)와 어머니를 나의 길에서 사랑하지 않는 자는 내 제자가 될 수 없다. 왜냐하면 나의 어머니… 그러나 참으로 그녀는 나에게 생명을 주었다."

말씀 102

예수가 말했다. "바리새인들에게 화가 있을지어다. 그들은 사료더미 위에

앉아 있는 개와 같다. 그는 그것을 자신이 먹지도 않고, 다른 누가 그것을 먹도록 허락하지도 않을 것이다."

말씀 103

예수가 말했다. "밤 어느 시간에 도적들이 올 것을 아는 자는 행복하다. 그는 일어나서 그의 [기운]을 회복하여 도적들이 들어오기 전에 그의 허리 띠를 맬 수 있기 때문이다."

말씀 104

그들은 말했다. "오십시오. 오늘은 같이 기도하고 금식합시다." 예수가 말했다. "내가 무슨 죄를 지었는가 또는 내가 무슨 태만죄가 있는가? 신랑이 신부 방에서 나올 때, 사람들은 결코 금식하거나 기도하지 않는다."

말씀 105

예수가 말했다. "아버지와 어머니를 아는 자는 창녀의 아들이라고 불릴 것이다."

말씀 106

예수가 말했다. "너희가 둘을 하나로 만들 때, 너희는 사람의 아들들이 될 것이다. 그러면 너희가 '산더러 움직이라!'고 말한다면, 그것이 움직일 것이다."

말씀 107

예수가 말했다. "그 나라는 양 백 마리를 가진 어떤 목자와 같다. 그들 중 가장 큰 한 마리가 길을 잃었다. 그는 다른 아흔아홉 마리를 놓아두고 그가 그것을 찾을 때까지 이 혼자된 양을 찾아다녔다. 이 수고를 한 후에, 그는 그 양에게 말했다. 나는 너를 다른 아흔아홉보다 더 사랑한다."

말씀 108

예수가 말했다. "나의 입으로부터 마시는 자는 나처럼 될 것이고 나 자신이 그가 될 것이다. 그러면 감추인 것들이 그에게 드러날 것이다."

말씀 109

예수가 말했다. "그 나라는 그의 밭에 감추인 보화를 그것을 알지 못한 채 가지고 있는 사람과 같다. 그가 죽었을 때, 그는 그것 [밭]을 [그 보화에 관하여] 아무것도 모르는 그의 아들에게 남겨 주었다. 그가 그 밭을 상속 받았을 때, 그는 그것을 팔았다. 그것을 산 사람이 밭을 갈고 있는 동안에 그 보화를 발견하였다. 그러자 그는 그가 좋아한 모든 사람에게 이자를 주고 돈을 빌리기 시작하였다."

말씀 110

예수가 말했다. "세상을 발견하고 부를 얻은 자는 세상을 포기하라."

말씀 111

예수가 말했다. "하늘들과 땅이 너희 눈앞에 두루마리같이 말려 사라질 것이다. 살아계신 분(the Living One)으로부터 자기 생명을 끌어오는 자는 죽음을 보지 않을 것이다." 예수가 이렇게 말하기 때문이다. "자신을 발견하는 자에 관하여, 세상은 그에게 합당하지 않다."

말씀 112

예수가 말했다. "영혼에 의지하는 육에게 화가 있을 것이다. 육에 의지하는
영혼에게 화가 있을 것이다!"

말씀 113

그의 제자들이 그에게 말했다. "언제 그 나라가 오겠습니까?" [예수가 말했
다.] "그것은 그것이 기대되는 때에 오지 않을 것이다. 그들이 '보라, 여기
있다' 또는 '보라, 저기 있다'고 말하지 않을 것이다—그러나 아버지의 나라
는 땅 위에 널리 퍼지고 있고 사람들은 그것을 알지 못한다."

말씀 114

시몬 베드로가 그들에게 말했다. "마리아로 하여금 우리 가운데로부터 떠
나게 하라. 여인들은 [참] 생명에 합당하지 않기 때문이다." 예수가 말했다.
"보라, 나는 그녀가 너희 남자들처럼 산 영혼이 될 수 있도록 하기 위하여
그녀를 한 남자로 만들 수 있을 만큼 그녀를 끌어당길 것이다. 남자가 되는
모든 여인이 하늘나라에 들어갈 것이기 때문이다."

참 고 문 헌

1. 본문

Guillaumont, A. · Puech, H.-Ch. · Quispel, G. · Till, Walter, and Yassah' Abd Al Masih. *The Gospel according to Thomas*. Leiden: E.J. Brill, 1959.

Grant, Robert M., with Freedman, David Noel. *The Secret Sayings of Jesus*. New York: Doubleday & Co. Inc., 1960. (with an English Translation of the Gospel of Thomas by William R. Schoedel)

Labib, Pahor (ed.). *Coptic Gnostic Papyri in the Coptic Museum at Old Cairo*. Photographic edition. Plate 80-99. Cairo: Government Press, 1956.

Kasser, Rodolphe. *L'Évangile selon Thomas*. Neichatel(Suisse): Edition Delachaux & Niestle, 1961.

Leipoldt, J. and Schenke, H. M. *Koptisch-gnostische Schriften aus den Papyrus-Codices von Nag-Hammadi*. Hamburg-Bergstedt, 1960.

Doresse, Jean. *The Secret Books of the Egyptian Gnostics*. (Trans. rev. by Philip Mairet.) New York: The Viking Press, 1960.

Haenchen, Ernest. *Die Botschaft des Thomas-Evangeliums*. Berlin: Verlag Alfred Töpelmann, 1961.

Princeton Theological Seminary. *The Coptic Gospel of Thomas. A Gnostic Source of Unknown Sayings of Jesus from Chenoboskion*. (An English translation prepared by the New Testament Seminar of Princeton Theological Seminary), Princeton, N. J.: May 1959.

2. 도서

Barrett, C. K. *The Gospel according to St. John. An Introduction with Commentary and Notes on the Greek Text*. London: S.P.C.K., 1960.

_____. *The New Testament Background: Selected Documents*. London: S.P.C.K., 1956.

Bell, H. J. and Skeat, T. C. *Fragments of an unknown gospel and other early Christian papyri*. London: Published by the Trustees of the British Museum, 1935.

Bornkamm, Günther. *Jesus of Nazareth*. (Trans. by Irene and Fraser McLuskey with Hames M. Robinson.) New York: Harper & Brothers, 1959.

_____. *Mythos und Legende in den apokryphen Thomas-Akten*. Göttingen: Vandenhoeck & Ruprecht, 1933.

Bousset, Wilhelm. *Kyrios Christos. Geshichte des Christosglaube von anfängen des Christentum bis Irenaeus*. Göttingen: Vandenhoeck und Ruprecht, zweite Bd., 1921.

Bultmann, Rudolf. *Theology of the New Testament*. (trans. by Kendrick Grobel.) New York: Charles Scribner's Sons. Vol. I., 1951; Vol. II., 1955.

_____. *The History of the Synoptic Tradition*. (Trans. by John Marsh.) New York: Harper & Row, 1963.

_____. *Jesus and the Word*. (Trans. by Louise P. Smith and Erminie H. Lantero.) New York: Charles Scribner's Sons, 1958.

_____. *Das Evangelium des Johannes. In Meyer's kritischexegetischer Kommentar über das Neue Testament*. Göttingen: Vandenhoeck und Ruprecht, 1941.

_____. *Primitive Christianity in its Contemporary Setting*. (Trans. by R. H. Fuller.) New York: Meridian Books, 1956.

Burkitt, F. C. *Church and Gnosis. A study of Christian thought and speculation in the second century*. Cambridge: Cambridge University Press, 1932.

Casey, Robert P. *The Excerpta ex Theodoto*. (Edited with Translation, introduction and notes.) London: Christophers, 1934.

Chadwick, H. *Origenes, Contra Celsum*. (Trans. with introduction and notes.) Cambridge: Cambridge University Press, 1953.

Charles, R. H. *The Apocrypha and Pseudepigrapha of the Old Testament*. Vol. I & II. Oxford: Clarence Press, 1913.

Colpe, Carsten. *Die religionsgeschichtliche Schule. Darstellung und Kritik ihres Bildes vom gnostischen Erlösermythus*. Göttingen: Vandenhoeck & Ruprecht, 1961.

Crum, W. E. *A Coptic Dictionary*. Oxford: Oxford University Press, 1939.

Cullmann, Oscar. *The Christology of the New Testament*. (Trans. by Shirley C. Gutherie and Charles A. M. Hall.) Philadelphia: The Westminster Press, 1959.

_____. *Le problème littéraire et historique du roman pseudo Clemintin. Étude sur le rapport entre le gnosticisme et le judéochristianisme*. Paris: F. Alcan, 1930.

_____. *The Early Church. Studies in Early Christian History and Theology*. ed. by A. J. B. Higgins. Philadelphia: The Westminster Press, 1956.

Daniélou, Jean. *Thélogie du judéo-christianisme*. Paris: Desclee, 1958

Dodd, C. H. *The Interpretation of the Fourth Gospel*. Cambridge: University Press, 1963.

_____. *The Apostolic Preaching and its Development*. New York: Harper & Brothers, 1962.

_____. *The Parables of the Kingdom*. New York: Charles Scribner's Sons, 1961.

Faye, Eugéne de. *Gnostiques et Gnosticisme. Étude Critique des Documents du Gnosticisme Chrétien aux I et II Siècles*. Paris: Ernest Leroux Éditeur, 1913.

Fuller, Reginald H. *The Mission and Achievement of Jesus*. Chicago: Alec. R. Allenson, Inc., 1956.

_____. *The New Testament in Current Study*. New York: Charles Scribner's Sons, 1962.

Gärtner, Bertil. *The Theology of the Gospel according to Thomas*. Trans. by Eric J. Sharpe. New York: Harper & Brothers, 1961.

Goguel, Maurice. *Jesus and the Origins of Christianity*. Vol. II, "The Life of Jesus." trans. by Olive Wyon. New York: Harper & Brothers, 1960.

Grant, Robert M. *Gnosticism and Early Christianity*. New York: Columbia University Press, 1959.

_____. *Gnosticism: A Sourcebook of Heretical Writings from the Early Christian Period*. New York: Harper & Brothers, 1961.

_____. *The letter and the spirit*. London: S.P.C.K., 1957.

_____. *The Earliest Lives of Jesus*. London: S.P.C.K., 1961.

Grenfell, Bernard P., Hunt, Arthur. *Logia Iesou. Sayings of Our Lord from an early*

Greek papyrus discovered and edited with translation and commentary. New
    York: H. Frowed, 1897.

Grobel, Kendrick. *The Gospel of Truth. A Valentinian Meditation on the Gospel.* Trans.
    & Comm. by K. Grobel. New York: Abingdon Press, 1960.

Harnack, Adolf. *What is Christianity?* Trans. by Thomas B. Sanders. New York:
    Harper & Brothers, 1957.

Henderson, Ian. *Myth in the New Testament.* London: SCM Press, 1960.

Hennecke, Edgar. *New Testament Apocrypha.* Vol. I: Gospels and Related Writings,
    ed. by Wilhelm Schneemelcher, (English translation & ed. by R. McL. Wilson.)
    Philadelphia: The Westminster Press, 1963.

Héring, Jean. *Le royaume de Dieu et sa venue.* Neuchatel: Delachaux & Niestlé, 1959.

Hoskyn, Edwyn C. *The Fourth Gospel. Edited by Francis Noel Davey.* London: Faber
    and Faber Ltd., 1954.

Huck, Albert. *Synopsis of the first three Gospels.* 9th edition rev. by Hans Lietzmann.
    English edition by F.L. Cross. New York: American Bible Society, 1936.

James, Montague R. *The Apocryphal New Testament. Apocryphal Gospels, Acts, and
    Apocalypses.* Oxford: Clarendon Press, 1960.

Jeremias, Joachim. *Unknown Sayings of Jesus.* Trans. by Reginald H. Fuller. London:
    S.P.C.K., 1958.

_____. *The Parables of Jesus.* (Revised Edition) Trans. by S. H. Hooke. New York:
    Charles Scribner's Sons, 1963.

Jonas, Hans. *The Gnostic Religion. The Message of the alien god and the beginnings
    of Christianity.* Boston: Beacon Press, 1963.

_____. *Gnosis und spätantiker Geist.* Teil I: Die mythologische Gnosis. Göttingen;
    Vandenhoeck & Ruprecht, 1954.

Junsma, T. *A Selection from the Acts of Judas Thomas.* Leiden: E.J. Brill, 1952.

Kittel, Gerhard. *Bible Key Words.* Vol. II, trans. & ed. by J.R. Coates and H.P. Kingdon.
    New York: Harper and Brothers, 1958.

Klassen, Wilhelm & Snyder, Graydon F. (ed) *Current Issues in the New Testament
    Interpretation. Essays in honor of Otto A. Piper.* New York: Harper & Brothers.

1962.

Knox, John. *The Death of Christ. The Cross in New Testament History and Faith.* New York: Abingdon Press, 1958.

_____. *Jesus. Lord and Christ.* New York: Harper and Brothers.

Knox, W. L. The Sources of the Synoptic Gospels. Edited by H. Chadwick. Vol. I: St. Mark (1953); Vol. II: St. Luke & St. Matthew (1957). Cambridge: At the University Press.

Kraeling, Carl H. *Anthropos and Son of Man: a study in the Religious Syncretism of the Hellenistic Orient.* New York: Columbia University Press, 1927.

Leisgang, H. *Die Gnosis.* Stuttgart: Alfred Kröner Verlag, 4th ed. 1955.

Lidzarski, Mark. *Ginza. Der Schatz oder das Grosse Buch der Mandaer.* Göttingen: Vandenhoeck & Reprecht, 1925.

Lietzmann, Hans. *A History of the Early Church.* Trans. by Bertram L. Woolf. Vol. I: *The Beginning of the Christian Church.* Vol. II: *The Founding of the Church Universal.* Cleveland and New York: The Workd Publishig Co., 1961.

Malinine, Michel, Puech, H. -Ch., Quispel, G. *Evangelium Veritatis.* Zürich: Rascher Varlag, 1956.

Manson, T. W. *On Paul and John.* Naperville, Ill.: Alec R. Allenson, Inc. SCM Press, 1963.

_____. *The Teaching of Jesus.* 2nd ed. Cambridge: University Press, 1959.

Michaelis, Wilhelm. *Das Thomas-Evangelium.* Stuttgart: Calver Verlag, 1960.

Montefiore, Hugh and Turner H. E. W. *Thomas and the Evangelists.* Naperville, Ill.: Allec R. Allenson, Inc. SCM Press, 1962.

Nilsson, M. P. *Geschichte der Griechischen Religion.* Vol II, München: C.H. Beck'sche Verlagbuchhandlung, 1950.

Nock, A.D., Festugiere, A. J. *Corpus Hermeticum.* Paris: Societe d'édition "Les Belles." 1954-1960.

Pfeiffer, Robert H. *Histoy of New Testament Times: with an introduction to the Apocrypha.* New York: Harper & Brothers, 1949.

Plumley, J. Martin. *An Introductory Coptic Grammar* (Sahidic Dialect). London:

Home and van Thal. Harrison & Sons Ltd., 1948.

Puech, H-Ch., Quispel, G., van Unnik, W. C. *The Jung Codex.* Trans. ed. by F.L. Cross. London: A.R. Mowbray & Co. Ltd., 1955.

Quispal, Gilles, G. Quispal, Gilles. *Gnosis als Weltreligion.* I Auf., Zürich: Origo Verlag, 1951.

Reitzenstein. Richard. *Die Hellenistischen mysterienreligion nach ihren grundgedanken und wirkungen.* Leipzig: B.G. Teubner, 1927.

Sagnard, F. M. M. *La gnose valentinienne et le témoignage de saint zdwol A Irénée.* Paris: J. Vrin, 1949.

Schmidt, Carl. *Koptisch-gnostische Schriften.* Berlin: Akademie Verlag, 1954.

Schmithal, W. *Die Gnosis in Korinth: eine Untersuchung zu den Korintherbriefen.* Güttingen: Vandenhoeck & Ruprecht, 1956.

Schoeps, H. J. *Urgemeinde. Jüdenchristentum, Gnosis.* Tübingen: J.C.B. Mohr, 1956.

_____. *Theologie und Geschichte des Jüdenchristentums.* Tübingen: J. C. B. Mohr, 1949.

Steindorff, George. *Lehrbuch der koptischen Grammatik.* Chicago: Univercity of Chicago Press, 1952.

Strecker, Georg. *Das Jüdenchristentum in den Pseudoklementinen.* Berlin: Akademie Verlag, 1958.

Taylor, Vincent. *The Life and Ministry of Jesus.* New York: Abingdon Press. n.d.

_____. *The Names of Jesus.* London: MacMillan & Co. Ltd., 1962.

_____. *The Person of Christ in the New Testament Teaching.* New York: St. Martin's Press, 1958.

Till, Walter. *Die gnostischen Schriften des koptischen Papyrus Berolinensis 8502.* (Texte und Untersuchungen zur Geschichte der altchristlichen Literatur 60 Bd.) Berlin: Akademie Verlag, 1955.

Turner, H. E. W. *The Pattern of Christian Truth: A Study in the Relations between Orthodoxy and Heresy in the Early Church.* London: A. R. Mowbray & Co. Ltd., 1954.

Van Unnik, W. C. *Evangelien aus dem Nilsand: mit einem Beitrag "Echte Jesusworte?"*

van Johannes B. Bauer und mit einem Nachwort *"Die Edition der koptischg-nostischen Schriften von Nag-Hammadi."* Frankfurt am Main: Verlag Heinrich Scheffler, 1960.

_____. *Newly Discovered Gnostic Writings.* Naperville, Ill.: Alec R. Allenson, Inc. SCM Press, 1960.

Wainwright, Arthur W. *The Trinity in the New Testament.* London: S.P.C.K., 1962.

White. Evelyn H. G. *The Savings of Jesus from Oxyrhynchus.* Cambridge: 1920.

Wilson, Robert McL. *Studies in the Gospel of Thomas.* London: A. R. Mowbray & Co., Ltd., 1960.

_____. *The Gospel of Philip.* New York: Harper & Row, 1962.

_____. *The Gnostic Problem.* London: A. R. Mowbray & Co. Ltd., 1958.

3. 논문

Biblical Archaelogist

F. V. Filson. "New Greek and Coptic Manuscripts." 24 (1961).

Bibel und Kirche

Otto Knoch. "Neue Evangelien? Die Funde von Nag-Hammadi, die Gnosis und Neue Testament." 15 (1960): 22-25.

Bibel und Leben

Karl Th. Schäffer. "Das Neuentdeckte Thomasevangelium." I (1960): 62-74.

Biblische Zeitschrift

Heinz Schürmann. "Das Thomasevangelium und des Lukanische Sondergut." July 1963: 236-260.

Bulletin of the John Rylands Library

W. C. Till."New Sayings of Jesus in the recently discovered Coptic Gospel of Thomas." 41 (1959): 448-458.

Catholic Biblical Quarterly

G. W. MacRae. "The Gospel of Thomas-Logia Iesou?" 22 (1960): 56-71.

Canadian Journal of Theology

F. W. Beare. "The Gospel according to Thomas: a Gnostic Manual." 6 (1960): 102-112.

Comptes rendus de l'Academie des Inscriptions et Belles Letters

H.-CH. Puech. "Une collection de paroles de Jésus récemment retrouveé: L'Évangile
selon Thomas." 2 (1957): 146-168.

Études

J. Daniélou. "Un Recueil inédit de paroles de Jésus?" 92 (1959): 38-49.

Expository Times

H. K. MacArthur. "The Dependence of the Gospel of Thomas on the Synoptics."
71 (1960): 286-287.

R. McL. Wilson. "The Gospel of Thomas." 70 (1959): 324-325.

_____. "Thomas and the Synoptic Gospels." 71 (1960): 36-39.

Harvard Theological Review

R. McL. Wilson, "Thomas and the Growth of the Gospels." 53 (1660): 231-250.

Heythrop Journal

K. Smyth. "Gnosticism in the Gospel according to Thomas." I (1960): 189-198.

Interpretation

Oscar Cullmann. "The Gospel of Thomas and The Problem of the Age of the Tradition
Contained Therein." (Trans. by Balmer H. Kelley.) 16 (1962): 418-438.

William R. Schoedel. "The Rediscovery of Gnosis." 15 (1962): 378-401.

Otto A. Piper. "Change of Perspective." 16 (1962): 402-417.

Journal Asiatique

A. Guillaumont. "Semitisme dans les logia de Jésus retrouves á NagHammadi."
CCXLVI, 1958.

Journal of Biblical Literature

R. M. Grant. "Two Gnostic Gospels." 79 (1960): 1-11.

K. Grobel's book review of B. Gärtner's "Theology of the Gospel according to
Thomas." 80 (1961): 394-396.

A. F. J. Klijn. "The 'Single One' in the Gospel of Thomas." 81 (1962): 271-278.

Howard C. Kee. "Becoming a Child' in the Gospel of Thomas." 82 (1963): 307-314.

Journal of Theological Studies

A.D. Nock. "A Coptic Library of Gnostic Writings." 9 (1958): 314-324.

Le Muséon

L. Cerfaux and G. Garitte. "Les Paraboles du Royaume dans l'Evangile de Thomas."
70 (1957).

G. Garitte. "Le premier volume de l'Evangile de Thomas." 70 (1957).

_____. "Les 'Logoi' d'Oxyrhynque et l'apocryphe copte dit L'Évangile de Thomas."
73 (1960): 151-172.

A. Guillaumont. "Les Logia d'Oxyrhynchus son't-ils traduits du copte?" 73 (1960):
325-333.

K. H. Kuhn. "Some observations on the Coptic Gospel according to Thomas." 73
(1760): 317-323.

New Testament Studies

R. McL. Wilson. "The Coptic Gospel of Thomas." 5 (1959): 273-276.

G. Quispel. "Some Remarks on the Gospel of Thomas." 5 (1959): 276-290.

H. W. Bartsch. "Das Thomas-Evangelium und die synoptischen Evangelien; zu G.
Quispel, 'Bemerkungen zum Thomas-Evangelium.'" 6 (1960): 294-261.

K. Grobel. "How Gnostic is the Gospel of Thomas?" 8 (1962): 367-373.

R. E. Brown. "The Gospel of Thomas and the Gospel of John." 9 (1963): 155-177.

Novum Testamentum

A. J. B. Higgins. "Non-Gnostic Sayings in the Gospel of Thomas." 4 (1960): 292-306.

Princeton Seminary Quarterly

Otto A. Piper. "The Gospel of Thomas." Vol. 53 (1959): 18-24.

Revue d'Histoire et de Philosophie religieuses

P. Prigent. "*L'Évangile* selon Thomas:état de la question." 39 (1959): 39-45.

Revue de l'Histoire des Religions

H.-CH. Puech. "Gnose et christianisme." 151 (1957): 267-270.

Revue de Théologie et de Philosophie

Rodophe Kasser. "Les manuscrits de Nag-Hammádi:faits, documents, problémes,"
9 (1953): 357-370.

Scottish Journal of Theology

R. McL. Wilson. "The Coptic Library of Nag-Hammadi." 12 (1959): 161,170.

Studia Theologica.qa bae sotmed on

J. Munck. "Bemerkungen zum koptischen Thomas-Evangelium." 14 (1960): 130-147.

Theology

G. C. Stead. "New Gospel Discoveries." 62 (1959): 321-327.

Theology Digest

John J. Collins. "A Fifth Gospel?" (1959): 365-367.

Theologische Literaturzeitung

C. H. Hunzinger. "Aussersynoptisches Traditiongut in Thomas-Evangelium." 85 (1960): 843-846.

K. Schubert. "Der Sektenkanon von En Feshcha und die Anfänge der jüdischen Gnosis." 78 (1953): 495-506.

H. M. Schenke. "Das Evangelium nach Philippus." 84 (1959): 495-506.

Theological Studies

J. A. Fitzmyer. "The Oxyrhynchus Logoi of Jesus and the Coptic Gospel according to Thomas." 20 (1959): 505-560.

Theologische Rundschau

E. Haenchen. "Literature zum Thomasevangelium." 27 (1961): 147-178.

Vigiliae Christianae

H.-Ch. Puech and G. Quispel. "Les écrit gnostiques du Codex Jung." 8 (1954): 1-51.

_____. "Le quatrième écrit gnostique du Codex Jung." 9 (1955): 65-102.

G. Quispel. "The Gospel of Thomas and the New Testament." 11 (1957): 189-207.

_____. "*L'Évangile* selon Thomas et des Clemintines." 12 (1958): 181-196.

R. M. Grant. "Gnostic Origin Again." 11 (1957): 93-110.

_____. "Notes on the Gospel of Thomas." 13 (1959): 170-180.

G. Quispel. "*L'Évangile* selon Thomas et le Diatessaron." 13 (1959): 87-117.

William Schoedel. "Naassene Themes and Gospel of Thomas." 14 (19 60): 225-234.

R. M. Grant. "The Mystery of Marriage in the Gospel of Philip." 15 (1961): 129-140,

A. F. Walls. "Stone' and 'Wood' in *Oxy. Pap.* I." 16 (1962).

Zeitschrift für die neutestamentliche Wissenschaft und Kunde der Älteren Kirche

H. Köster. "Die ausserkanonischen Herrenworte als Produkte der Christlichen Gemeinde." 48 (1957): 220-237.

W. Krogmann, "Heliand. Tatian, und Thomasevangelium." 51 (1960): 255-268.

C. H. Hunzinger. "Unbekante Gleichnisse Jesu aus dem Thomas-Evangelium." 51 (1960): 209-220.

Zeitschrift für Theologie und Kirche

K. G. Kuhn. "Die in Palästina gefundenen Hebräischen Texte und das Neue Testament." 47 (1950): 209-211.

Ernest Haenchen. "Gab es eine vorchristliche Gnosis?" 49 (1952): 316-346.

김용옥 박사 문헌 목록

정리: 이원규

저서

Kim, Yong Ok. *The Christological Problem in the Gospel according to Thomas.* (Madison, New Jersey: Drew University, 1964.)

『신약 개론』	서울: 대한기독교서회, 1958
『고린도전서』 (주석)	서울: 대한기독교서회, 1961
『데살로니가전·후서』 (주석)	서울: 대한기독교서회, 1972

역서

예수(마틴 디벨리우스)	서울: 대한기독교서회, 1958
잠언·전도서·아가(라이라스담)	서울: 대한기독교서회, 1967
바이블 마태복음(인터프리터스)	서울: 총리원 출판사, 1967
종말론과 역사(노만영)	서울: 대한기독교서회, 1968

논문

"신앙과 윤리의 통일 — 롬 3:24 강해"	「신학세계」 28,5(1954. 12.)
"'예수전' 연구의 회고와 전망"	「신학세계」 30,1(1955. 11.)
"성서관의 재검토"	「기독교사상」 1,2(1957. 9.)
"복음서의 종말사상"	「기독교사상」 1,5(1957. 12.)
"교회의 본질과 사명: 혼란기에 처한 한국 교회의 방향"	「기독교사상」 2,8(1958. 8-9합.)
"급전하는 동남아의 교회"	「기독교사상」 3,4(1959. 4.)

"신약학에 있어서의 모더니즘의 조류"　　　　　「기독교사상」 4,3(1960. 3.)

"성서의 인간상: 새 시대의 인간상"　　　　　「기독교사상」 4,7(1960. 7.)

"신도론: 교회 혁신의 성격과 방향"　　　　「기독교사상」 4,10(1960. 10.)

"현대인의 허무와 절망"　　　　　현대사상강좌 8. 동양출판사, 1961.

"학생기독교운동의 방향과 문제점"　　　　「기독교사상」 5,5(1961. 5.)

"복음서의 종말사상"　기독교사상강좌 1. 대한기독교서회, 1961. 8.: 124-130.

"최근 역사적 예수 연구의 동향 ─ Post-Buultmannian들의 시도를 중심으로"

　　　　　　　　　　　　　　　　　「기독교사상」 8,11(1964. 11.)

"도마복음서의 신학"　　　　　「현대와 신학」 1(1964. 12.)

"도마복음서의 문제점"　　　　　「기독교사상」 9,1(1965. 1.)

"새로운 전도의 설계도: 새 시대의 전도태세"　　　「기독교사상」 9,1(1965. 1.)

"바르트 이래의 해석학"　　　　　「현대와 신학」 2(1965.)

"교회구조의 성서적 근거"　　　　　「기독교사상」 10,1(1966. 1.)

"도전 받는 불트만의 신학: 특히 Post-Buultmannian들의 반응을 중심으로"

　　　　　　　　　　　　　　　　　「현대와 신학」 3(1966. 12.)

"낙관주의와 신의 소외: 급진적 신학의 성격"　　　「기독교사상」 10,7(1966. 7.)

"목사상에 대한 성서적 이해"　　　　　「현대와 신학」 3(1966. 12.)

"엘리뜨 양성을 위한 기독교 대학과 교회의 과제: 한국 교회와 엘리뜨 형성"

　　　　　　　　　　　　　　　　　「기독교사상」 11,8(1967. 8-9합.)

"도마복음서와 노스티시즘"　　　　　「현대와 신학」 4(1967. 12.)

"세계학생 기독교운동의 맥박: 새 세계 형성과 세계교회"

　　　　　　　　　　　　　　　　　「기독교사상」 12,10(1968. 10.)

"역사적 예수의 문제"　　　　　「기독교사상」 12,12(1968. 12.)

"누가 4장 16-30절에 나타난 Universalism의 문제"

　　　　　　　　　　　　　　　　　「현대와 신학」 5(1969. 5.)

"The Gospel of Thomas and the Historical Jesus"

　　　　　　　North East Asia Journal of Theology Vol. 2(March, 1969)

"크리스챤의 책임과 결단"	「기독교사상」 15,1(1971. 1.)
"New Humanity의 성서적 근거"	홍현설 회갑논문집, 1971.
"한국적 신학형성의 재시도"	「기독교사상」 15,3(1971. 3.)
"세계교회와 한국교회: 대화의 신학"	「기독교사상」 15,7(1971. 7.)
"성서해석학의 문제점들: 현대신학의 동향"	「신학사상」 1(1973. 5.)
"아시아 신학 속의 한국 신학: 아시아인의 자각과 기독교"	
	「기독교사상」 15,9(1971. 9.)
"Ecumenical Associations as Agents of Renewal in Theological Education"	
	North East Asia Journal of Theology Vol. 9(Sep, 1972)
"두 역사의 만남: 힘의 방향과 한계"	「기독교사상」 17,5(1973. 5.)
"한국적 신학의 결산: 한국에서의 신학의 오늘과 내일"	「신학사상」 1(1973. 8.)
"한국교육의 한국적 문제상황: 교회개혁설의 검토"	
	「기독교사상」 17,10(1973. 10.)
"역사비판학과 성서해석학의 상관성"	「신학사상」 6(1974. 9.)
"미래의 교회"	「기독교사상」 18,11(1974. 11.)
"성서 해석학과 설교"	변종호 진갑 논문집, 1974.
"한국의 선교는 어디로: 기독교사상과 한국의 현실"	「기독교사상」 19,2(1975. 2.)
"누가 4:16-30에서 본 누가의 선교론"	「신학세계」 1(1975. 4.)
"신약학의 최근 동향"	「신학사상」 13(1976. 6.)
"기독교와 민족주의: 예수와 바울을 중심으로"	「기독교사상」 20,10(1976. 10.)
"불트만의 신학적 유산"	「신학과 세계」 2(1976. 9.)
"바리새적 권위와 예수의 권위: 권위주의"	「기독교사상」 21,5(1977. 5.)
"한국교회의 설교유형에 대한 성서해석학적 고찰"	「신학과 세계」 3(1977. 10.)
"너희는 나를 누구라 하느냐"	「기독교사상」 21,12(1977. 12.)
"Ἐν χριστῷ에 나타난 바울의 신비주의"	「신학과 세계」 4(1978.)
"사도행전에 나타난 바울의 신학"	「신학과 세계」 5(1979.)
"지성이 곁들여진 교회로"	「기독교사상」 24,1(1980. 1.)

"바람직한 인간 관계에 회복" 「기독교사상」 24,7(1980. 7.)

서평

신약성서 「기독교사상」 2,4(1958. 4.)

신약성서 신앙의 역사적 의의 「기독교사상」 2,6(1958. 6.)

케리그마와 신화 「기독교사상」 3,1(1959. 1.)

새로운 존재 「기독교사상」 5,7(1961. 7.)

고린도후서 「기독교사상」 9,3(1965. 3.)

아우구스불그 신앙고백서 「기독교사상」 9,10(1965. 10.)

성서 헬라어 사전 「기독교사상」 10,3(1966. 3.)

로마서 「기독교사상」 16,2(1972. 2.)

선교신학서설 「기독교사상」 19,6(1975. 6.)

신학과 교회 「기독교사상」 21,8(1977. 8.)

성서적 실존 「기독교사상」 22,7(1978. 7.)

회고집

『회고와 전망 — 김용옥 박사 설교, 연설, 컬럼집』 (서울: 성서교재간행사, 1982.)